U0816470

“十四五”职业教育国家规划教材

高等职业教育教学改革融合创新型教材 · 财经基础课

省级精品课程教材

公共关系原理与实务

(第五版)

GONGGONG GUANXI
YUANLI YU SHIWU

谢红霞 主编

东北财经大学出版社
Dongbei University of Finance & Economics Press
大连

图书在版编目（CIP）数据

公共关系原理与实务 / 谢红霞主编. — 5 版. —大连 ：东北财经大学出版社，2023.10（2025.6重印）
（高等职业教育教学改革融合创新型教材 · 财经基础课）
ISBN 978-7-5654-4960-4

Ⅰ. 公…　Ⅱ. 谢…　Ⅲ. 公共关系学-高等职业教育-教材　Ⅳ. C912.3

中国国家版本馆CIP数据核字（2023）第171901号

东北财经大学出版社出版
（大连市黑石礁尖山街217号　邮政编码　116025）
网　　址：http://www.dufep.cn
读者信箱：dufep@dufe.edu.cn

大连永盛印业有限公司印刷　　东北财经大学出版社发行

幅面尺寸：185mm×260mm　　字数：368千字　　印张：16.5
2023年10月第5版　　2025年6月第3次印刷

责任编辑：张晓鹏　王　斌　　责任校对：魏　巍
封面设计：原　皓　　版式设计：原　皓

定价：45.00元

教学支持　售后服务　联系电话：（0411）84710309

如有印装质量问题，请联系营销部：（0411）84710711

第五版前言

党的二十大绘就了中国未来发展的宏伟蓝图，对中国公共关系事业发展提出了新的要求，提供了广阔空间。党的二十大报告指出，要“增强中华文明传播力影响力”“坚守中华文化立场”“讲好中国故事、传播好中国声音，展现可信、可爱、可敬的中国形象”“推动中华文化更好走向世界”。这为我们更好地展示中国形象、讲好中国故事指明了方向。同时，报告中提到的关于“天下为公、民为邦本、为政以德、革故鼎新、任人唯贤、天人合一、自强不息、厚德载物、讲信修睦、亲仁善邻”等中华优秀传统文化和“必须坚持人民至上”的思想，都属于公关思想的精髓。因此，新时代的公关从业人员要积极发挥公共关系传播引导、协调各方的作用，在公关工作中不仅要很好地坚持与贯彻党的二十大精神，而且要通过对中华优秀传统文化的传播，来彰显历史自信和文化自信。

同时，大数据、云计算、5G、人工智能等新技术以及自媒体的飞速发展，催生了传播方式、传播格局的剧烈变化。数字化技术应用的不断深入和内容的不断升级，由5G带来的“高速舆情、百变舆论、海量信息、视频第一”等全新的现象集中出现，使公共关系的理论与实践都在被丰富、升级乃至改写。人工智能显著提升了公共传播的效率，打破了沟通障碍与隔阂，让传播内容越发人性化、情感化，让传播更有速度、更有温度。为了适应这些公关环境的变化，我们对教材进行了修订。新版教材呈现出以下特点：

1. 前瞻性强。修订版在更新了一些过时案例的基础上，为了更好地把学科前沿知识融入教学中，增加了“拓展阅读”数字化资源，把行业新知识、新技术及时传授给学生，确保了教学内容与时俱进。

2. 素质养成。为了更好地提升学生的职业素养，本次修订增加了“公关素养”和“课堂讨论”两个栏目。结合本课程的课程思政元素，培养学生良好的职业态度和职业精神；同时，通过课堂讨论帮助学生树立正确的价值观。

3. 注重实践。本次修订对课后的公关实训进行优化，在培养学生专业能力、方法能力和社会能力的基础上，提升学生的综合职业能力。

总之，我们希望通过此次修订，能够使本书的架构体系更趋合理与完善，在理论体系方面更具系统性与指导性，在实务实训方面更具操作性和实践指导作用，使学生不仅能够更好地掌握公共关系基础理论知识，而且能够得到更加全面的能力培养及技能锻炼，更好地满足公共关系原理与实务课程的教学需要，为培养符合社会需要的人才尽绵薄之力。

本次修订由山西省财政税务专科学校谢红霞教授负责，具体分工如下：谢红霞修订编写1～7章，山西省财政税务专科学校王爱东副教授修订编写8～10章。在编写过程中，得到了山西商务国际旅行社贺志勇董事长、山西文华国际旅行社李瑛总经理的支持，他们对编写提出了宝贵的意见，在此表示感谢。同时，还要感谢东北财经大学出版社张晓鹏编辑多年来的一路陪伴，不断给我们提出努力的方向与修正的机会，让我们的教材广受好评。

虽然我们有良好的愿望，但要做一本精品教材并非一件容易的事情，由于编者水平有限，恐难尽如人意，敬请各位同仁批评指正。

编　者

2023年7月

目　录

第1章

公共关系概述

情景导入

习近平的2019年6月：繁忙“外交月”

4次出访，参加4场国际会议，密集出席约90场双、多边活动……6月，习近平几乎“一周一访”，创造了单月出访之最。

繁忙“外交月”，见证中国外交的积极主动

2019年6月5日到7日，习近平对俄罗斯进行国事访问并出席第二十三届圣彼得堡国际经济论坛；12日到16日，对吉尔吉斯斯坦、塔吉克斯坦进行国事访问并出席上海合作组织（下文简称上合组织）成员国元首理事会第十九次会议、亚洲相互协作与信任措施会议（下文简称亚信）第五次峰会；20日到21日，对朝鲜进行国事访问；25日，同乌干达总统穆塞韦尼举行会谈；27日到29日，赴日本大阪出席二十国集团（下文简称G20）领导人第十四次峰会……

这个月，习近平还分别向首届中国–非洲经贸博览会致贺信、同爱尔兰总统希金斯就中爱建交40周年互致贺电、同美国总统特朗普通电话……

火热的6月，记录着大国领导人忙碌的身影，也见证着中国外交的积极和主动。

习近平的6月，统筹国内、国际两个大局，不断夯实中国自身发展根基，又以更加积极主动的姿态走向世界。

4场国际会议，展现中国责任与担当

每一场重要的国际会议都是一次中国声音的传递，都体现了中国继续做世界和平的建设者、全球发展的贡献者、国际秩序的维护者的决心。

圣彼得堡国际经济论坛是各方共商世界经济发展的重要平台。论坛以“打造可持续发展议程”为主题，具有重要现实意义。习近平指出，可持续发展是破解当前全球性问题的“金钥匙”，是各方最大利益契合点和最佳合作切入点。他呼吁一要坚持共商共建共享，合力打造开放多元的世界经济；二要坚持以人为本，努力建设普惠包容的幸福社会；三要坚持绿色发展，致力构建人与自然和谐共处的美丽家园。习近平的讲话阐释发展合作主张，展现中国责任担当，高屋建瓴、坦荡坚定，有力提振了国际社会对中国和全球可持续发展前景的信心。

上合组织和亚信都是中国外交的重要平台。习近平在上合、亚信“双峰会”期间的讲话，鲜明展现出中国“作为亚洲大家庭一员和国际社会负责任大国”的担当。

在上合组织比什凯克峰会上，习近平针对当前错综复杂的国际形势，倡议继续弘扬“上海精神”，强调要把上合组织打造成当今世界中团结互信、安危共担、互利共赢、包容互鉴的地区合作机制典范。他还着眼形势变化和上合组织发展，提出一系列加强组织成员合作的重要建议。习近平提出的打造四个“典范”的主张，必将对构建更加紧密的上合组织命运共同体产生深远影响，必将推动上合组织在新起点上实现新发展。

亚信成立27年来，已成为亚洲地区覆盖范围最广、成员数量最多、代表性最强的安全对话合作论坛。习近平此次出席亚信杜尚别峰会，围绕成员国追求亚洲美好明天的共同愿景发表重要讲话。他提出，要建设“互敬互信的亚洲”“安全稳定的亚洲”“发展繁荣的亚洲”“开放包容的亚洲”“合作创新的亚洲”。“五个亚洲”凝聚了各方对亚洲未来发展走向的广泛共识，拓展了亚信进程的内涵和外延，引领了区域合作的理念和方向。

此次G20大阪峰会在国际局势变乱交织的历史关口举行。在世界经济前行的十字路口，在国际体系变革的关键阶段，作为国际经济合作主要论坛的G20应该如何做？习近平提出“我们要尊重客观规律”“我们要把握发展大势”“我们要胸怀共同未来”的主张，并据此提出四个“坚持”：“坚持改革创新，挖掘增长动力”“坚持与时俱进，完善全球治理”“坚持迎难而上，破解发展瓶颈”“坚持伙伴精神，妥善处理分歧”。

三个“要”和四个“坚持”引领了G20前行的正确方向，为世界经济和全球治理指明了方向，展现了中国领导人的远见卓识，发挥了负责任大国的作用担当。

在参加国际会议期间，习近平还见缝插针地出席多个“小多边”活动以及双边会晤，进一步阐释中国主张，传递合作共赢理念。上合组织峰会期间，中俄蒙三国元首举行了第五次会晤。G20大阪峰会期间，习近平出席金砖国家领导人会晤、中俄印领导人会晤、中非领导人会晤等；与特朗普会晤，推进以协调、合作、稳定为基调的中美关系；与安倍晋三会谈，致力构建契合新时代要求的中日关系……

倡导伙伴合作精神，践行互利共赢理念，阐释共同发展主张。在这4场重要国际会议上，习近平的纵横捭阖大手笔紧密衔接、协调推进，实现了中国国际影响的再提升、外交总体布局的再完善、战略运筹空间的再拓展。

资料来源　赵银平. 习近平的2019·六月：繁忙“外交月”［EB/OL］.［2019-07-09］. http://www.xinhuanet.com/politics/xxjxs/2019-07/09/c_1124727718.htm.有删减。

【思考与讨论】

（1）习近平主席的“首脑公关”成功在哪里？

（2）什么是公共关系？该案例中公共关系的三要素各是什么？

学习目标

通过学习，认识公共关系的三要素；了解公共关系的基本特征，同时掌握公共关系的基本原则及公共关系的基本功能。

微课 1-1

公共关系的含义

1.1　什么是公共关系

公共关系学经过几十年的发展，已经成为一门相对独立的学科，因此，要学习公共关系，首先就要了解公共关系的定义和特征。

1.1.1　公共关系的定义

自从公共关系（或简称“公关”）诞生以来，人们总结了许多种公共关系的定义。美国著名公共关系学者雷克斯·哈罗博士收集了20世纪以来的472种有代表性的公共关系定义，但仍得不出令人们普遍接受的定论，原因就在于公关活动本身的复杂性。为复杂的社会现象、社会活动下定义有一定的难度。另外，由于人们观察的角度不同，侧重点不同，得出的结论也就不同。

我们认为，对公共关系的定义可以表述为：公共关系是社会组织为了塑造组织形象，通过传播、沟通手段来影响公众的科学与艺术。

具体来说，这一表述包含了下列三个方面的内容：

（1）公关活动的根本目的就是塑造组织形象。组织形象是公共关系理论的核心概念，是贯穿公共关系理论与运作的一条主线。组织形象是公众对于社会组织的总体评价，是社会组织的表现在公众心目中的反映。评价组织形象最基本的指标有两个——知名度和美誉度。知名度是一个组织被公众知晓、了解的程度。这是评价组织“名气”大小的尺度。美誉度是一个组织获得公众信任、赞许的程度。这是评价组织社会影响好坏程度的指标。知名度和美誉度分别从量和质两个方面评价组织形象。一个组织知名度高，其美誉度不一定高；知名度低，其美誉度不一定低。因此，一个组织若想树立良好的组织形象，就必须同时把知名度和美誉度作为工作的目标。

（2）社会组织通过传播、沟通手段影响公众。公共关系的主体是社会组织，客体是公众，手段是传播沟通。换言之，社会组织、传播沟通、公众是构成公共关系的三大要素。

（3）公共关系既是一门科学又是一门艺术。从理论上讲，公共关系是一门科学；从运作上讲，公共关系是一门艺术。它是科学与艺术的统一体。公共关系理论包括公共关系概述（公共关系是什么及其作用）、公共关系的产生与发展（公共关系的来龙去脉）、公共关系的主体（谁来公关）、公共关系的客体（对谁公关）、公共关系的传播（公共关系的手段）等问题。公共关系的实务包括公共关系的调查、策划、实施与评估，在每个操作过程中都要把握一定的技巧。

1.1.2　公共关系三要素

从公共关系的定义中，我们可以得出公共关系的三大构成要素分别为社会组织、传播沟通和公众。其中，社会组织是公共关系的主体，公众是公共关系的客体，而传播沟通是联系主体与客体的桥梁。社会组织、传播沟通、公众这三个要素共存于一个社会环境中，一起构成了公共关系（如图1-1所示）。

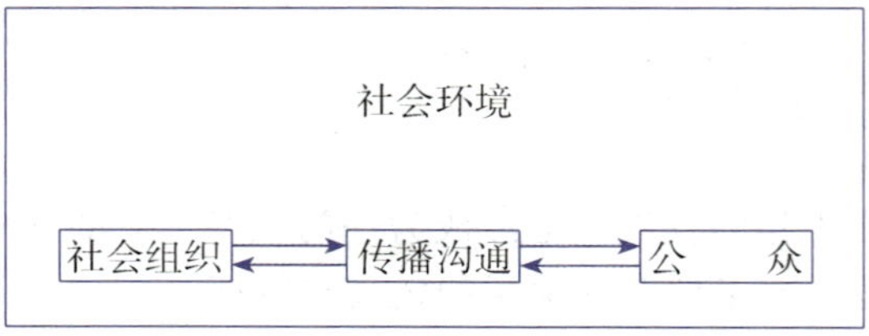

图1-1　公共关系构成图

1）社会组织——公共关系的主体

公共关系中的社会组织，是指按照一定的宗旨、任务和形式组织起来的社会群体或社会集团，通俗地说，就是指一个个具体的单位。每一个社会组织都处于一定的环境中，为了完成自己的任务、实现自己的目标，它需要优化环境，即营造一个有利于自己生存、发展的最佳环境。这就必须主动地处理与各类公众的关系，首先要营造一个良好的人际环境，以求得各方面公众的支持。为此，社会组织就需要开展公关活动。公关活动就是社会组织谋取社会理解、信任和支持的一种手段。

在开展公关活动的过程中，社会组织必须建立一定的职能机构，并配置必要的专业人员。

2）公众——公共关系的对象

公众是公共关系传播沟通的对象。公众关系是由组织运行过程中涉及的个人关系、群体关系、组织关系所共同构成的。这些个人、群体和组织构成了组织的公众环境。组织的公共关系工作便是针对这个公众环境进行的。

离开了公众，公关活动就无所指向，也就失去了意义，因此，任何组织在计划和实施自己的公关工作的时候，都必须首先确认自己的公众对象，分析研究自己的公众对象，根据公众对象的特点去制定公关工作的目标和计划，随着公众对象的变化去调整自己的公关策略和行为。

3）传播沟通——公共关系的过程和方式

传播沟通是公关活动的过程和方式。公关活动的过程，就是运用各种传播媒介和沟通手段，在组织与公众之间建立有效的双向联系和交流，促成相互间的了解、共识、好感与合作。因此，具体研究各种传播媒介和沟通方法的特点和作用，研究它们在公共关系中的应用方式，研究组织与公众之间的信息传播过程与模式，就构成了公共关系学的主要内容。离开了传播沟通这个要素，就无法界定公共关系。

拓展阅读

新媒体改变了我们的传播方式

新媒体是指利用数字技术，通过计算机网络、无线通信网、卫星等渠道，以及电脑、手机、数字电视机等终端，向用户提供信息和服务的传播形态。

如今，新媒体凭借其信息量大、覆盖面广、速度快、互动性强等特点，已成为越来越多的人接收信息的主要载体。新媒体的发展不仅改变了文化产业的生产方式，也改变了传播方式。

过去，书籍是传播方式的一种，传承千年；而在网络和信息化时代，许多人转向使用手机、平板电脑、电子书等终端进行阅读，新媒体逐渐改变着人们的阅读习惯，信息传达更具时效性。在新媒体发展所带来的种种新的传播方式中，强调人与产品交流互动的方式成为新传播方式的重要部分。

新媒体作为一种新的媒体形态，已经渗透到我们的工作、生活中。如果你想入行新媒体运营，入行之前肯定是要经过系统化学习，才能掌握新媒体人必须具备的技能，如文案能力、设计能力、数据分析能力和运营能力等。

资料来源　佚名. 新媒体改变了我们的传播方式［EB/OL］.［2021-10-20］. https://cloud.tencent.com/developer/news/868003.

4）公共关系三大要素的协调

（1）社会组织的主导性。社会组织作为公共关系的主体决定了公共关系状态并主宰着公关活动。社会组织的任何动作，都会通过传播沟通来影响公众。尤其是在当今的信息社会，社会组织的任何动作都会很快引起公众的反响。

（2）传播沟通的效能性。公共关系之所以能够产生作用，得益于传播沟通的手段，因此，社会组织的各种良好的行为要转化为实际公共关系中的知名度和美誉度，必须充分依靠传播沟通。在现代社会，“做了还要说”“做得好加上说得好”，是非常重要的。

（3）公众的权威性。虽然公众在公关活动中是被影响、被作用的一方，但是公众绝不是消极的被愚弄的对象。“凡宣传皆好事”的观点在公共关系历史上早已站不住脚。社会组织越来越认识到自身的每一步发展、每一项成就都离不开公众。公众的支持是无形的财富和成功的决定性因素，因此，在现代公共关系的三大要素中，公众的权威性正逐渐被承认。

（4）主体、传播沟通、客体的统一协调。构成公共关系的三大要素，存在着多种多样的组合。一切公关活动所追求的都是这三大要素的最优状态和优化组合。然而，最优状态和优化组合总是相对的，即协调是相对的，不协调是绝对的。公共关系从业人员的职责就是使之尽量趋向协调。

要取得三者的协调，必须充分重视三大要素的方方面面，切不可偏重一方而忽视其他。

1.1.3　公共关系的特征

1）客观性

公共关系是不以人们的意志为转移的客观存在，普遍地存在于社会组织的环境中。任何社会组织的存在与发展，都离不开公共关系的影响和制约。

2）公开性

公共关系的公开性主要表现在：公共关系是在法律、法规和政策允许的范围内进行的，以公开的手段、方式和渠道阐明组织的方针、政策和行为，以实现公关目标。

3）艺术性

社会组织面临的社会公众复杂多变，拘泥于一种公共关系模式无法适应复杂多变的公众要求，即使同一公众在不同的时期，其基本要求也有所不同，因此，有效的公关活动必然渗透着创造性的思维、针对性的模式、技巧性的方式和方法。

职场链接 1-1　　周恩来的外交艺术

周恩来在运用唯物辩证法分析矛盾和解决问题的时候，不仅看到了矛盾关系的对立属性或斗争属性，而且看到了矛盾同一性在事物发展过程中的重大意义，提出了求同存异的重要原则。

在中华人民共和国的建设中，他反复强调团结问题。他曾在矛盾同一性的意义上给“团结”下了一个定义：“团结是在矛盾中形成和发展的。人心不同，各如其面。人们的智慧、才能、性格各有不同，相互之间有时是有矛盾的。团结就是在共同点上把矛盾的各方统一起来。善于团结的人，就是善于在共同点上统一矛盾的人。”

这一思想后来在中华人民共和国成立后的外交中突出地体现出来。他认为，为了在地球上一起生存，应该撇开不同的思想意识、不同的国家制度和国与国之间的各种差异去寻找共同点。虽然这种共同点是相对的、有条件的，甚至是渗透着尖锐的矛盾对立的，但是，国与国之间的矛盾只有通过这一相对同一的途径才能妥善解决。周恩来在各种外交实践中还提出了一系列具体的“求同存异”原则：在两种不同的社会制度和思想意识的国家之间，要“从异中求同”；在社会制度或历史遭遇大体相同的国家之间，应“求大同、存小异”；对西方资本主义国家违反和平共处五项原则的行为，则应“求同抑异”；而在中美建交中则采取“求同立异”的做法。这种多方面、多角度、多层次、多渠道的求同存异方法，反映出周恩来解决国际关系问题的高度政治智慧。

资料来源　李洪峰．周恩来的外交艺术：坚持求同存异　坚定灵活［EB/OL］．［2021-10-25］．https：//www.sohu.com/a/497170881_188245.

4）情感性

公共关系强调以尊重他人、关心他人为宗旨，在其活动中重视情感上的沟通、联结、融洽，营造良好的组织气氛。

5）普遍性

普遍性是指公共关系存在于一切社会组织的形成与发展过程中，每一个社会组织自始至终都客观存在着公共关系和公关活动。

6）战略性

公共关系的基本方针是着眼于长期打算，着手于平时努力。任何一个组织要建立和巩固良好的社会形象，都不是一朝一夕、一蹴而就的事，必须付诸系统的、全面的、有计划的、连贯的、坚持不懈的、艰苦的、扎实的公共关系工作。

1.2　公共关系的目标与原则

1.2.1　公共关系的基本目标

公共关系的基本目标是使一定的组织机构在社会公众心目中树立良好的形象。

1）什么是组织形象

组织形象是公众对组织机构的总体印象。首先，公众是组织形象的评价者。其次，组织形象源于社会组织的表现，即公众对社会组织的印象不是凭空产生的，而是基于社会组织的表现。最后，组织形象强调总体评价，既包括对内部形象的评价，也包括对外部形象的评价。

2）良好形象的重要意义

公共关系之所以把塑造良好的组织形象作为基本目标，是因为组织形象问题是公关理论的核心问题，它支配着公关活动的各个方面、各个环节乃至整个过程。良好的组织形象是组织无形的财富，对内它可以产生强大的团体凝聚力，激励员工奋发向上；对外它可以产生强大的吸引力，吸引投资、人才、技术、客户和消费者，为组织的迅速发展创造良好的内部环境和外部环境，并给组织带来可观的经济效益，从而顺利实现组织目标。因此，树立良好的组织形象，是公共关系的基本目标。

3）如何塑造良好的组织形象

组织形象的塑造是一项庞大而复杂、长期而艰苦的系统工程。全部公共关系工作都是围绕塑造良好的组织形象这一目标而展开的。按照公共关系工作的一般程序，它通常分为四个步骤：第一步，调查分析，进行形象评估。要弄清“本组织目前的形象怎样”，即对自己的组织形象做一番调查分析，找出组织的自我期望形象与实际社会形象之间的差距，为设计形象提供依据。第二步，策划方案，进行形象设计。这是塑造组织形象的关键环节，即我们应树立怎样的组织形象才算有效，实际上就是组织形象的定位。第三步，传播沟通，进行形象塑造。这是指动用各种方法和技巧进行传播，进行形象渗透，使组织的良好形象在公众心目中深深扎根。第四步，反馈效果，对组织形象进行再评估，为下一步开展公关活动提供依据。这样循环往复，使组织形象越来越趋于完美。

1.2.2　公共关系的基本原则

1）真实的原则

真实是公共关系的生命。公共关系塑造组织形象，靠的是信息的真实性、客观性以及内在新闻性（新闻价值）。

真诚包含诚挚的意思，即要以诚待人。俗话说：精诚所至，金石为开。公关人员要善于用真情去感染公众，用“袒露胸襟”的语言叩开公众的心扉，达到感情的交流和共鸣。

2）公众至上的原则

组织战略目标的确立要以公众利益为出发点。在组织形象战略目标实施过程中也要随时根据公众的利益和要求及时修正和调整计划，遵循这个原则塑造的组织形象才能受到公众的欢迎。

党的二十大报告中指出，“必须坚持人民至上”“江山就是人民，人民就是江山”，体现在公共关系原则上，要求我们在开展公关工作中要坚持公众至上的原则，把人民利益放在首位，它是“人民至上”思想在公关工作中的应用。

3）传播沟通的原则

组织不但要懂得宣传自己，还要善于宣传自己、传播自己。只有这样，才能使更多的公众了解自己，在公众心目中塑造良好的组织形象，使组织如虎添翼、出奇制胜。

职场链接 1-2　韦伯传播凭借《延禧攻略》剧集公关传播服务斩获2019年金旗娱乐营销金奖

2019年10月26日，第十届西湖公共关系论坛暨2019金旗奖颁奖盛典在杭州隆重举行。韦伯传播凭借“爱奇艺《延禧攻略》剧集公关传播项目”，最终在900余件送选案例中脱颖而出，获得娱乐营销金奖。韦伯传播在此项服务中，展示出了精准的洞察力与策略把握、卓越的议题规划和媒体关系执行力，获得金旗奖评委会一致认可，从而摘得桂冠。

创办于2010年的金旗奖，不断借助搭建起的分享、链接、交流平台，挖掘商业领域独具价值的案例并放大其影响力，推动商业繁荣。汇聚传播业新趋势、新生态，汇集众智，引领公共关系创新发展，从而成为中国传播奖项中最负盛名的品牌之一。

伴随着娱乐形态的多元化及娱乐需求的升级，用户及市场对高品质娱乐内容的需求也随之增加。作为近年中国影视行业发展的一部标志性作品，《延禧攻略》获得的全民话题度与高品质口碑一时无两。同时，也充分向影视市场印证着好故事、好演员、精良制作、传统文化之间相互影响和作用产生的价值和影响力。

基于项目特点，在传播中从传统文化与清宫题材的创新结合出发，结合人物、剧情、历史典故、服饰、妆容、常识、情感、思维等多热点元素，借助多元媒体渠道助推，通过情感渲染和触达激发用户传统文化自信，放大剧集对现实生活及情感的映射，在传递正能量的同时，也不断引爆职场圈、“饭圈”、历史文化圈、时尚圈、戏剧圈、美食圈等多个圈层，从而充分担当起当时暑期档最强“社交货币”的角色。此番获奖，不仅放大了案例的可借鉴性和范本价值，更是对韦伯传播的影视剧集营销传播方法论的一次印证。

正如金旗奖创始人银小冬女士在此次颁奖典礼上所言，“每个获奖案例都是一面旗帜，每个公关人都是坚定的旗手，每个优秀企业都是行业旗舰。这个行业要有正确的价值观导向，最重要的是，要肩负起传播的责任”。韦伯传播作为一家长期专注于影视泛娱乐行业、提供专业化整合营销服务的机构，有着10年的沉淀与积累，不断以突破性的创新思维、行之有效的方法论，加之以个性化、丰富的媒体资源为驱动力，帮助客户实现作品与用户之间更为精准的触达和有效的沟通。未来，韦伯传播将更加专注深耕娱乐细分市场，助推行业繁荣、娱乐营销专业的持续发展。

资料来源　秦小童. 韦伯传播凭借《延禧攻略》剧集公关传播服务斩获2019金旗娱乐营销金奖[EB/OL].[2019-10-30].http://scroll.huanqiu.com/scrolling/2019-10/15613413.html.

4）立足长远的原则

组织为了适应变化着的公众评价标准，必须进行长期的、持久的、艰苦的公关工作。对于已经建立起来的良好的组织形象，也需要不断加以维护和强化。

5）互利互惠的原则

最好的公共关系状态便是公关主体与公众对象在道德规范下的利益目标的共同实现，这不是“我赢你输”或“你赢我输”，而是“大家都赢”，即互利互惠。

6）全员公关的原则

组织形象塑造，是一项关系到组织每一个员工、涉及组织各个方面的重要工作，因此，必须制定统一的公共关系政策，遵照公共关系整体化的原则，按照一定公关目标和计划来执行。

1.3 公共关系的职能

公共关系的职责和功能主要是解决公共关系在组织营运中是“做什么”和“有什么用”的问题。

1）公共关系的职责

围绕公共关系，以树立组织的良好形象、协调组织与公众之间的关系为主要工作目标所展开的具体活动和工作形成了公共关系的职责范围。经过长期的实践，逐渐形成了公共关系的一些最基本的职责，包括收集信息、辅助决策、传播推广、协调沟通、提供服务等。

（1）收集信息

公共关系首先要履行收集信息、监测环境的职责，即作为组织的预警系统，运用各种调查研究分析的方法，收集信息、监测环境、反馈舆论、预测趋势、评估效果，以帮助组织对复杂、多变的公众环境保持高度的敏感性，维持组织与整个社会环境之间的动态平衡。

（2）辅助决策

公共关系在组织的经营管理决策过程中，要协助决策者考虑复杂的社会因素，平衡复杂的社会关系，从社会公众和整体环境的角度评价决策的社会影响和社会后果，使决策目标能够反映公众的利益，使决策方案具备一定的社会适应力和社会应变力，使决策实施的效果有利于树立组织的良好形象。

（3）传播推广

公共关系在组织经营管理中要履行传播推广的职责，即通过各种传播媒介，将组织的有关信息及时、准确、有效地传播出去，增加公众对组织的了解和理解，提高组织及其产品、人员的知名度和美誉度，为组织创造良好的社会舆论环境，树立良好的社会形象。

公关素养

战“疫”关键时刻，习近平发出必胜强音

2020年新冠疫情暴发之后，对于疫情防控，习近平总书记始终高度重视，亲自指挥、亲自部署，通过密集发声增强全民战“疫”的信心。

“你们是最大的功臣，党和人民要给你们记头功！”决战疫情的关键时刻，习近平总书记亲赴武汉，向第一线的战“疫”者送去党中央的关怀与慰问。以医务工作者为代表的抗疫斗士舍生忘死、逆行出征，为战“疫”赢得转机。致敬用生命守护人民的英雄，有你们在，战“疫”必胜！

“党和人民感谢武汉人民！”总书记这句满含深情的话，道出了全国人民的心声，让无数人动容。面对疫情，武汉人民不畏艰险，主动投身斗争中；面对防控大局所需，武

汉人民高风亮节，自觉服从安排。他们的牺牲和奉献，加快了全国战“疫”胜利的进程，展现了中国力量、中国精神。感谢你们，英雄的武汉人民！

“武汉必胜，湖北必胜，全中国必胜！”在抗疫主战场武汉，总书记再次就打赢这场战争发出冲锋号令。疫情暴发以来，总书记心系人民安危，亲自指挥、亲自部署，推动疫情防控取得阶段性重要成果。形势虽已向好，任务依然艰巨。越是这时，越要慎终如始、善作善成。春已至，战“疫”决胜可期！

资料来源　王梦华. 战“疫”关键时刻，习近平发出必胜强音［EB/OL］.［2020-03-12］. http://opinion.cctv.com/2020/03/12/ARTItWcYfATmpMeJz6IuYGoM200312.shtml.

（4）协调沟通

公共关系是组织与社会环境之间的一种协调沟通机制，即运用各种协调、沟通的手段，为组织疏通渠道、发展关系、广交朋友、减少摩擦、化解敌意、调解冲突，使其成为组织运作的润滑剂、缓冲器，成为组织与各类公众交往的桥梁，为组织的自下而上发展创造“人和”的环境。

（5）提供服务

公共关系工作本身就是一种服务工作，它的管理地位和日常业务都具有明显的服务性质。公共关系工作的成效也需要以其服务的质量和水平来衡量。公共关系通过信息性、传播性、协调性、支持性、辅助性的服务使组织内部运转得更加顺畅、协调，使组织外部环境更加和谐、良好。

2）公共关系的功能

（1）公共关系对组织的直接功能

公共关系对组织的直接功能主要表现为树立组织的良好形象和协调组织的关系网络。

良好的组织形象，对组织来说是一笔无形的财富。公共关系的首要功能是在其职责范围内，通过深入细致、持之以恒的具体工作，使组织被社会公众所理解、接受，树立组织的良好形象，进而赢得公众的信任和支持。

在现代社会中，任何组织都不是孤立存在的，而是处在纷繁复杂的社会关系中。每一个组织都是关系网络中的一个节点，只有关系网络畅通运行，组织才能有效运转。协调内部关系可以增强组织的凝聚力，为建立和维护良好的组织形象提供条件；协调外部关系可以建立和谐的外部环境，使组织获得更加良好的生存发展空间。

职场链接 1-3　　**尊重，了解，倾听**

2014年3月，习近平主席在巴黎联合国教科文组织总部发表演讲指出：“文明因交流而多彩，文明因互鉴而丰富。文明交流互鉴，是推动人类文明进步和世界和平发展的重要动力。”国之交在于民相亲，民相亲在于心相通。“一带一路”为相关国家民众加强交流、增进理解搭起了新的桥梁，为不同文化和文明加强交流互鉴织就了新的纽带。公共关系从诞生之日起，就在促进理解、增进认同方面不断实践和总结。在增进相互信任、加深彼此感情方面，公关人正在通过专业的沟通和交流，推动文化和文明之间的理解互鉴。

作为“一带一路”的见证者、阐释者、参与者，在进入全新的市场时，首先要尊重共建国家（地区）的语言、文化、社会、经济、历史、商业制度、营商环境、宗教信仰，按经济规律办事。“一带一路”倡议将促进不同民族、不同文化相互接近、相互了解。在这样的历史背景下，公共关系行业的角色和作用尤其突出，公关从业者在语言、传播、人际沟通、分析判断上具有的专业优势，将在全球化的进程中发挥不可忽视的沟通、传播与促进作用。中国运用自己的智慧促进了不同文明之间的交流、沟通，推动了不同文明之间的尊重和包容。近些年来，公共关系行业赖以生存和发展的媒体环境也在发生着翻天覆地的变化。互联网、社交媒体已经彻底改变了人们的交流方式、行为习惯和消费方式，也改变了公共关系行业的工作方式。传统媒体和新媒体的关系，不是此消彼长，而是相互促进。移动化、视频化、社交化趋势凸显，但是新闻的真实性、独立性、公正性、及时性原则依旧适用。社交媒体上数不胜数的各种信息，真假混合，难以辨别。面对全新和复杂的局面，公共关系传播需要与时俱进，通过跨媒体合作，有效融合新闻媒体、自有媒体、社交媒体和付费媒体，最大限度地为品牌传播服务，以满足不断演进的传播需求。

资料来源　郇玉萍，“一带一路”与公关机遇［J］. 国际公关，2015（6）.

（2）公共关系对个人的间接功能

公共关系对个人的间接功能主要表现为公关活动对提升个人素质，使其适应现代社会的发展有着积极的作用。

首先，公共关系可以促使个人观念得以更新。公共关系有助于形成注重个人形象的观念，有助于形成尊重他人的观念，有助于形成交往合作的观念。

其次，公共关系有助于个人能力的提升，包括提升个人的创造能力，培养出色的交际能力及自我调节能力。

此外，公关活动还可以优化社会环境。社会环境包括社会互动环境、社会心理环境、社会经济环境和社会政治环境等。

公共关系的作用主要体现在对社会互动环境和社会心理环境的优化上。公共关系对社会互动环境的优化主要是通过沟通社会信息、协调社会行为、净化社会风气等来实现的。对社会心理环境的优化主要是通过为社会提供一种良好的关系氛围，用真诚、广泛的社会交往帮助人们摆脱孤独和消除隔阂，使其获得心理自控能力和心理释放能力。

公关实训

了解职场公关

【实训目的】

通过实训，了解公关在职场中的重要性，掌握不同行业、不同社会组织公关的特点，并能够撰写公关调查报告。

【实训内容】

了解职场公关。

【实训主要仪器设备及材料】

电脑、网络、教材、相关期刊。

【实训方法及步骤】

1.实训方法：文献调查法、小组讨论法。

2.实训步骤：

（1）教师布置实训任务，并提出实训要求。

（2）学生分组收集资料。

（3）学生分组进行资料的归纳、分类、总结。

（4）撰写职场公关情况调查报告。

（5）教师进行点评。

【实训报告要求】

1.格式要规范。

2.分析要有理有据。

3.语言表达准确。

4.既可以以小组为单位提交报告，也可以独立提交报告。

【实训注意事项】

1.实训中要注意各类实训工具的使用。

2.实训中要注意考察学生的沟通能力和合作精神。

本章小结

公共关系是社会组织为了塑造组织形象，通过传播、沟通手段来影响公众的科学与艺术。

公共关系具有三个要素：社会组织、公众、传播沟通。其中社会组织是公共关系的主体，公众是公共关系的客体，而传播沟通是联系主体与客体的桥梁。

公共关系具有客观性、公开性、艺术性、情感性、普遍性和战略性等特征。

公共关系的基本目标是使一定的组织机构在社会公众心目中树立良好的形象。其基本原则包括：真实的原则、公众至上的原则、传播沟通的原则、立足长远的原则、互利互惠的原则、全员公关的原则。

公共关系的职责是收集信息、辅助决策、传播推广、协调沟通、提供服务等；公共关系的功能包括对组织的直接功能和对社会与个人的间接功能。

同步测试

随堂测 1

一、单项选择题

1.公共关系的三个构成要素是社会组织、公众和（　　）。

A.公共关系意识　　B.企业文化

C.组织形象　　D.传播沟通

2.公共关系有助于个人能力的提高，这属于公共关系的（　　）功能。

A.直接功能　　B.间接功能

C.社会功能　　　　D.辅助功能

二、多项选择题

1.公共关系信息采集的内容主要包括（　　）。

A.组织的内部信息　　　　B.组织的外部环境信息

C.组织的公众信息　　　　D.组织的整体形象信息

2.公共关系的特征有（　　）。

A.客观性　　　　B.公开性

C.艺术性　　　　D.情感性

3.公共关系的基本职责是（　　）。

A.收集信息　　　　B.辅助决策　　　　C.传播推广

D.协调沟通　　　　E.提供服务

三、简答题

1.公共关系的三要素是什么？三者之间的关系如何？

2.公共关系的基本原则是什么？

3.公共关系的基本目标是什么？为什么？

4.简述公共关系的职责与功能。

四、情景题

小马很幸运，刚来公司不久就被提拔为公关部经理助理，负责办公室的日常工作。一天早晨，她刚上班就接到电话，说他们公司生产的药品出了问题，购买和使用该药品的人正被送往医院。她听了电话后不知所措，请你为她想个解决办法，她此时应当先做什么？

五、案例题

案例分析：与竞争者双赢

在一个偏僻的小山村，有一个独家经营的小百货商店，产品种类单一，盈利不多。后来，它旁边又开了一家经营项目类似的百货商店，两家从此展开了竞争。老店进新货，新店立即赶上；新店提供了新服务，老店也不甘落后。渐渐地，两家因竞争而矛盾重重，有时甚至大打出手。可它们却没有注意到：它们各自的利润比从前独家经营时还多。后来，一个内行人一语道破玄机，两家才意识到自己的发展离不开与对方的竞争，于是双方握手言和。

请思考：

（1）此例主要说明了公共关系的哪些问题？

（2）你从这个事例中得到什么启示？

（3）如果你是一个企业的经营者，你将如何协调与同行的关系？

第2章

公共关系的起源与发展

情景导入

IT公关起源——Think的蓝色魅力

IT公关的发展必然与IT产品的起源与发展有着不可分割的关系。IT业前30年的历史，也就是IBM的发展历史，从IBM的发展历程中，我们不难看到早期IT公关的影子。1911年6月16日，计算制表计时公司（Computing-Tabulating-Recording Company，缩写为CTR）宣告成立。老汤姆·沃森（Tom Watson）在1914年至1956年间主管公司业务，这位雄心勃勃的领军人物在1924年将公司更名为“国际商用机器公司”，即日后闻名世界的IBM。

1915年，老沃森提出了Think的思想，并在企业中大力贯彻。Think成为IBM企业文化的灵魂。正是在这种核心理念的感召下，IBM的企业凝聚力空前强大。在IBM工作的员工普遍具有强烈的自豪感。老沃森的此举恰恰成为企业内部公关的典范。而从IBM一系列的针对内部员工的公关举措中也不难看出，早期的IBM已经成为公关理论的身体力行者。

1924年，IBM成立了1/4世纪俱乐部（Quarter Century Club），该俱乐部成员为在公司工作25年以上的员工。同时，IBM公司内部刊物《商用机器》（Business Machines）第一期发行。

1935年，面向员工和客户的杂志《思索》（Think）第一期发行。IBM公司在纽约州恩迪科特举办了第一届服务行业女性系统训练班。

第二次世界大战期间，IBM迈出了跨入计算机领域的关键一步，为军队生产了大量的定制计算机产品。1944年，IBM公司向哈佛大学赠送其生产的首台大型计算机——自动顺序控制计算机，也被称为Mark I。

1952年，小沃森出任CEO。从此，IBM业绩成倍增长，正式迈入了蓝色巨人的辉煌时期。

【思考与讨论】

（1）IBM公司在成长的过程中，公关发挥了什么作用？

（2）公关思想起源于什么时候？主要在哪些领域发挥作用？

（3）你知道其他行业都是在什么时候开始导入公关思想的吗？

（4）公共关系学起源于哪个国家？为什么？

学习目标

通过学习，追溯公关思想的渊源，考察公关的发展历史；分析公关的现状及发展趋势，了解公关的来龙去脉；掌握现代公关发展的过程；更有效地开展公关活动。

2.1　公共关系的起源

公共关系作为一种社会活动，最早可以追溯到远古时期。古代中外各国，都存在大量的类似公共关系的思想和活动。

2.1.1　古代国外的公共关系思想

国外的公共关系思想，可以追溯到公元前2000年左右。据有关资料，考古学家曾在伊拉克发现了公元前1800年的一种农业公告，它告诉农民如何播种、如何灌溉、如何对付危害庄稼的老鼠、如何收割庄稼。这很像现代社会某些农业组织公共关系部的宣传资料。

古希腊哲学家亚里士多德的经典著作《修辞学》，堪称世界上问世最早的公共关系理论书籍。古罗马独裁者——恺撒所作的《高卢战记》被称为“一流的公共关系著作”。

古印第安人的历史著作中关于国王特使的记载认为，国王特使的职能是保持国王与公众的联系，鼓励公众支持国王，制造有利于政府的舆论，并且还负有刺探情报的责任。这有些类似于现代公共关系的职能。

有人指出，西方基督教的流传在很大程度上也离不开公关活动。公元1世纪时，通过布道、演讲、发布各类函件和其他类似的公关活动，基督教广为传播。

国外类似的公共关系思想及活动不乏范例，但从以上事例中足以看出古代国外公共关系思想及活动是一种客观存在。

党的二十大报告指出，“中华优秀传统文化源远流长、博大精深，是中华文明的智慧结晶，其中蕴含的天下为公、民为邦本、为政以德、革故鼎新、任人唯贤、天人合一、自强不息、厚德载物、讲信修睦、亲仁善邻等，是中国人民在长期生产、生活中积累的宇宙观、天下观、社会观、道德观的重要体现，同科学社会主义价值观主张具有高度契合性”。其中蕴含的治国理政智慧，是“把马克思主义思想精髓同中华优秀传统文化精华贯通起来”的生动例证，彰显着历史自信、文化自信。

2.1.2　古代中国的公共关系思想

在中国古代的历史舞台上，类似的公关活动比国外更令世人赞叹。

微课2-1

中国古代的公关思想

中国古代生产力水平低下，经济关系比较简单，公关活动主要发生在政治领域，政治伦理色彩浓厚。但是，我国古代劳动人民在长期社会实践中形成的重道义讲信用、重典范讲礼仪、重人和讲谦让的优良传统流传至今，值得我们倍加珍惜。与此相对应，在我国古代异常茂盛的思想丛林中，也发育出一批公共关系思想的萌芽，可以说与现代公共关系思想一脉相承。这些思想主要表现在五种观念上：以“仁义”为中心的道义观念；以“人和”为中心的交际观念；以“礼信”为中心的信誉观念；以“民重”为中心的民众观念；以“计谋”为中心的策略观念。

2.1.3　古代公共关系的基本特征

1）只是一种类似的公共关系

古代公共关系仅仅是带有公共关系色彩，只是“类似”而已，它绝非现代意义上的公共关系，也不是现代公共关系的源头。

2）带有明显的盲目性和自发性

古代公共关系是适应当时的社会生活的需要而产生的，其公共关系思想和活动都是自发性的产物，且带有浓厚的功利性成分。

3）带有强烈的政治色彩和伦理色彩

古代的公关活动主要发生在政治和军事领域，带有强烈的政治色彩和伦理色彩。现代公关的主战场是经济领域。古代公关和现代公关的功能、作用也是不能等量齐观的。

2.2　现代公共关系的产生与发展

公共关系作为一种社会现象古已有之，但作为一种职业，形成一门科学，则是近代的事情。科学意义上的现代公共关系诞生于19世纪末20世纪初的美国。

2.2.1　现代公共关系产生的社会历史条件

现代公共关系产生于19世纪末20世纪初的美国并非偶然，它是美国及资本主义社会基本矛盾和政治、经济、科学、文化等社会历史条件发展到一定阶段的必然产物。

1）民主政治：公共关系发展的制度安排

政党要执政就得想办法争取社会舆论和选民的支持，就得靠竞选的胜利。政党执政后，还得千方百计与选民保持良好的关系。长期以来，公共关系也就一直成为各种政治变革、权力斗争的工具。

2）市场经济：公共关系发展的现实土壤

在市场经济背景下，企业能否与市场对接，能否争取顾客、赢得市场，能否争取广大社会公众的支持，成为企业生死攸关的课题，这就直接促成了公共关系的兴起。

3）人性文化：公共关系发展的精神源泉

微课2-2

现代公关的催生婆

20世纪初出现的“行为科学”是人性文化逐渐形成的有力体现。这种尊重人性的、尊重个人感情和尊严的、人文的、开放的、人性化的文化，正是公共关系得以产生的精神源泉。

4）传播技术：公共关系发展的技术支持

传播技术和与传播有关的信息通信技术、控制技术的出现和发展为现代公共关系的形成与发展提供了重要的物质技术支持。

2.2.2　公共关系的发展阶段

现代意义上的公共关系起源于美国，它经历了四个发展阶段：

1）巴纳姆时期

有组织的公关活动发端于19世纪中叶在美国风行一时的报刊宣传代理活动。但从总体上看，这一时期的报刊宣传活动却具有如下两个致命弱点：其一是这种宣传对公众的利益全然不予考虑；其二是几乎所有的报刊员都以获得免费的报纸版面为目的，并为此而不择手段地为自己制造神话，欺骗公众，这在根本上与公共关系的宗旨背道而驰。因此，这就使整个巴纳姆时期成为公共关系的历史上一个不光彩的时期，有人称之为“公众受愚弄的时期”。后来，人们以此为鉴，明确了在公关活动中必须奉行诚实、公正和维护公众利益的原则及精神。

2）艾维·李时期

1903年，美国著名记者艾维·李在美国开办了一家正式的公共关系事务所，标志着现代公共关系的问世。从此，公共关系事业进入了一个前所未有的发展时期。

19世纪末，出现了以揭露工商企业的丑闻和阴暗面为主题的新闻揭丑运动，史称“扒粪运动”。艾维·李正是在这个时候，审时度势，针对巴纳姆式宣传活动的局限性，提出了“说真话”的宣传思想。因此，他成为蜚声国际的公共关系专家，被人们誉为“公共关系之父”。正是由于他的努力，公共关系不仅成为一种独立的社会职业，而且朝着科学化的方向迅速发展。

艾维·李的重要功绩表现在他对公共关系所作出的四大贡献上：①提出了关于工商业应把自己的利益同公众利益联系起来，而不是对立起来的概念；②强调与最高决策者和管理人员打交道，并且只有在管理人员积极支持和亲自出力的情况下才实施计划；③强调与新闻媒介保持公开的、畅通的信息交流；④强调使工商业具有人情味的重要性，并把公共关系工作做到雇员、顾客和邻居中去。

公关素养

说真话也是讲党性

敢于讲实情，勇于说真话，是我们党的优良传统，是共产党员党性的直接体现，更是党员干部必须具备的政治担当和政治责任。在革命战争年代，毛泽东同志就告诫全党，“讲真话，每个普通的人都应该如此，每个共产党人更应该如此”。电影《周恩来的四个昼夜》中有这样一个情节：周恩来调研食堂时，村干部违心说食堂好，村民实话实说“食堂吃不饱”，最终村民的真话让总理掌握了食堂的实情。

据《资治通鉴》记载，隋唐时期，裴矩曾两朝为官。隋炀帝喜欢被恭维，裴矩就溜须拍马，说尽好话。到了唐朝，李世民喜欢纳谏，裴矩就经常进谏，敢讲真话。为此，司马光评论说，“裴矩佞于隋而诤于唐”，是因为李世民喜欢听真话，所以奸臣才会变为忠臣。千人之诺诺，不如一士之谔谔。领导干部要有敢讲真话的勇气和包容真话的胸怀，要真正走实群众路线，要注重培育谏言的“土壤”，做到让讲真话的受表扬不吃亏，对不敢说实话的要批评教育、坚决抵制，要做到群众讲出的真话有回音、群众的期盼能落实。只有这样才能听到更多的心里话、真心话，才能更好地发现问题、解决问题、完善自己、推进工作。

习近平总书记指出，“讲实话、干实事最能检验和锤炼党性”。有信仰信念、有风骨胆魄、有大义担当的人，才能发自内心地讲出对组织有用、对同事有益、对群众有利的真话实话。因此，要让说大话、空话、套话的无处遁形，让人人勇于吐心声，个个刷出党性健康码。

资料来源　徐姜．说真话也是讲党性［J］．群众，2020（13）：71.

3）伯内斯时期

伯内斯对于公共关系的职业化和科学化都作出了极为突出的贡献。他不仅撰写了第一本关于公共关系的专著《舆论明鉴》，率先在大学开设了公共关系课程，而且还以其理论上的阐释提高了公共关系的理论和实践水平。伯内斯的公共关系思想的一个重要组成部分就是他提出的“投公众所好”的主张。从此，公共关系才得以作为一门科学蓬勃发展。

4）现代时期

20世纪50年代以来，公共关系的理论和实践研究进入了一个全新的现代发展时期。1955年，国际公关协会的诞生标志着公共关系作为一个世界性的行业而独立存在。这一时期，以斯科特·卡特李普、艾伦·森特、詹姆斯·格鲁尼格和萨姆·布莱克为代表的一大批公共关系专家和大师，通过对半个多世纪公共关系理论和实践探索的总结，把公共关系这门学科推向了一个新的历史发展阶段。

美国著名公共关系专家卡特李普和森特合著的《有效公共关系》，是这一时期出现的一部集公共关系理论研究成果之大成的代表作，书中论述了“双向对称”的公共关系模式，在公共关系的目标上将组织和公众的利益置于同等重要的位置，在方法上坚持组织与公众之间的双向传播与沟通。此书不断再版，成为研究公共关系的畅销书，在美国被誉为“公共关系的圣经”，这也使该书的作者成为享有声望的理论权威。

至此，公共关系正式进入学科化阶段。一门充满时代特征的、具有强大实用性的新兴学科以其崭新的身姿崛起于学科之林。

2.2.3　现代公共关系发展的基本趋势——网络公关

1）网络公关的内涵

网络公关（PR online）又叫线上公关或e公关，它利用互联网的高科技表达手段营造企业形象，为现代公共关系提供了新的思维方式、策划思路和传播媒介。

2）网络公关的内容

第一，信息反馈。运用网络公关进行社会调查和信息传播往往是企业成功策划与竞争制胜的法宝。

第二，沟通协调。在e时代，网络公关成为组织与内外公众沟通的主要方式。

第三，进行整合营销。

第四，危机处理。网络也是双刃剑，网络的介入使得危机造成的负面影响也极易扩散，造成严重后果。因此，预警系统是必不可少的。有了这个系统，企业便能面对突如其来的公关危机，有条不紊地拿出应对策略，使组织迅速摆脱危机。

职场链接2-1　**金龙鱼与消费者的网络互动**

为了让消费者更好地了解金龙鱼阳光葵花籽油产品，金龙鱼公司除了通过“鉴证之旅”让消费者亲临现场体验，全方位、多角度地鉴证一滴好葵花籽油是如何诞生的之外，还通过VR技术，让消费者零距离鉴证欧洲原料产区。在鉴证过程中，为了将远在欧洲的阳光品质零距离带到消费者眼前，金龙鱼公司特意组建VR技术团队，全程实地取景，利用360度全角度拍摄，打造了品牌第一支VR品牌故事短片。该VR视频不仅在全网进行传播，金龙鱼全国各终端卖场也同时开展线下VR消费者互动，通过VR的沉浸式体验让消费者“身临其境”，见证每一滴金龙鱼葵花籽油的阳光品质。线上仅微博话题阅读量就高达2.7亿次，而同步传播的代言人话题阅读量更是高达5.3亿次；线下终端活动累计近万场，从线上延续到线下，形成整合营销体系，开创食用油品类原产地营销新模式，达到品牌建立和销量成长的双赢效果。

资料来源　佚名. 金龙鱼获中国广告长城奖年度营销案例大奖［EB/OL］.［2019-10-30］. http：//shipin.gmw.cn/2017-11/02/content_26680009.htm.

3）网络公关的优势

互联网越来越强大，网络公共关系的前景也是当前的一个热门话题。网络公共关系与传统公共关系相比具有以下几个优点：

（1）快速响应。网络是一把双刃剑。当许多企业有负面消息时，网络作为一个巨大的推动者，可以迅速地将信息传递到网络的各个方面。它在扩大公众舆论和发酵事件影响方面发挥着几乎“不可或缺”的作用。因此，网络是各种信息争夺、关注的平台。公共关系可以迅速利用网络大量的正面信息来获得更多的关注，同时网络也为公共关系活动的快速发展提供了便利。

（2）其他媒体参考源。在网络时代，其他媒体的记者和编辑不再停留在采访写作的层面，他们也会花一些时间从网络上获取新闻和信息。因此，网络公共关系通过网络传播，不仅对网络媒体，也对其他媒体有一定的影响。也就是说，网络时代的网络反应不仅会从一个平台传播到另一个平台，还会从网络平台传播到纸质媒体和电视媒体。各类媒体实现信息资源互联后，公共关系可以从多个平台入手，努力增加各平台的宣传频率，以获得更多的好评和支持。

（3）传播速度快、覆盖面广。网络信息能够在瞬间发布，并可在全球浏览；同时，网络信息的病毒式传播也有助于加强媒体公关的效果。从覆盖面来看，其远远大于其他单一媒体。把握好网络上的民众，可以说就把握了绝大多数人。因此在进行网络公关的时候，借助网络媒体，就能够以最低成本将正面宣传最大程度地宣传到位。

（4）拉近与消费者的距离。传统的企业就是消费者进店消费，产品或者服务出现问题之后面对面地解决。而有了网络平台之后，消费者可以在网络上与企业进行沟通，方便了许多，消费者不至于对企业有什么误解。另外，企业还可以在平时多发起一些抽奖活动，回馈消费者，提高消费者对企业的好感度，使消费者和企业不再是两个对立面。

除此之外，互联网上的公关还具有如下特点：互动性，即用户和企业之间的互动；形式多样性，可以通过软文、图片、视频等方式进行宣传；效果易评估，从网络收集信息，从而了解人群反应。因此，把握了网络特点，合理利用，网络将会为公关带来更多的便利。

4）网络公关的关键点

第一，为何传播。传播的目的无非有两个：一是品牌层面，提升品牌的知名度与美誉度，塑造良好的品牌形象；二是产品层面，突出产品优势，促进产品销售。不同的传播目的决定着不同的传播策略。

第二，向谁传播。网络媒体的双向互动性使公关的对象更加明确、具体、细化。我们必须清楚地知道自己的传播对象，研究自己的传播对象，这样才能有的放矢、投其所好。

第三，传播什么。当前，在网络上迅速、广泛传播的信息，都是围绕公共话题或娱乐话题进行的。那么，能否把个体的话题演绎成行业的话题，把行业的话题演绎成社会的话题，把社会的话题演绎成热点话题，就是公关获得成功的关键。

第四，在什么样的媒体上进行传播。传播对象的网络习惯是什么？是阅读新闻，玩网络游戏，还是即时通信？主要上哪些网站浏览，上哪些论坛“灌水”？只有了解清楚他们在网络上的行为特征，才能决定网络公关的最终实施策略，把钱花在“刀刃”上。

第五，能否在最短时间内获取舆情反馈。星星之火，可以燎原。在网络时代，任何一点火星，都有可能引爆一个事件。这就要求我们建立360度无缝不间断监测体系，使我们能够在第一时间获得全面的舆情反馈，从而做到胸有成竹。

第六，能否做好网络危机公关。能否进行有效的网络舆论管理，如何迅速处理网络危机、清除负面舆论、遏制负面新闻蔓延、捍卫企业形象，是网络危机公关的主要问题。

职场链接2-2　　网络公关服务规范

2010年3月16日下午，中国国际公共关系协会在北京发布了《网络公关服务规范》（指导意见）。这是中国公共关系行业继2004年《公关咨询业服务规范》（指导意见）后的又一份重要行业文件，也是我国针对网络公关业务的首份行业标准文件。

中国国际公共关系协会的行业调查显示：在2008年度中国公共关系市场年营业额中，网络公关作为异军突起的力量已经占到整个业务市场的6.3%，总商业价值近9亿元。然而，面对如此庞大的一个竞争市场，一些游走在行业边缘、忽视职业操守与行业规范的“灰色人群”为了一己之私对网络传播环境产生了一些负面的影响，同时也扰乱了人们对网络环境的视听判断。

《网络公关服务规范》（指导意见）的适时出台无疑为肃清网络传播环境、促进真正的网络公关提供了最有利的平台和规章支撑。同时，对于中国公关行业朝着积极、健康的良性方向发展，《网络公关服务规范》（指导意见）的发布无疑具有里程碑式的重要意义！

资料来源 作者根据相关资料整理。

2.3 公共关系在中国的传播和发展

2.3.1 中国公共关系的发展历程

20世纪80年代，中国开始实行改革开放政策，一批外资企业带着发达国家先进的经营管理理念进入了我国，其中就包括公共关系理念。公共关系首先是从香港地区传入广东地区的，一些宾馆、饭店首先设立了公共关系部。

1980年，深圳蛇口华森建筑设计顾问公司率先成立了我国第一个公共关系性质的专业公司。

1982年，深圳竹园宾馆成立公共关系部，开展以招徕顾客为目标的、扩大影响的服务性公关活动。

1983年，中外合资的北京长城饭店成立公共关系部，并因成功策划接待美国总统里根访华而名扬海内外。

1984年，广州中国大酒店设立公共关系部。后来，广东电视台以宾馆、酒楼的公关活动为题材，拍摄了中国第一部反映公共关系实践的电视连续剧《公关小姐》。

1984年9月，我国国有企业的第一家公共关系部——广州白云山制药厂公共关系部正式成立。

1985年，伟达公司和博雅公司这两家世界上最有影响的公共关系公司先后进入中国。其中，博雅公司与中国新闻发展公司合作成立了我国第一家公共关系公司——中国环球公共关系公司。

1986年12月，上海成立了全国第一家省级公共关系协会。1987年5月，全国权威性的公共关系社团组织——中国公共关系协会在北京正式成立。

1985年1月，深圳市总工会举办了全国第一个公共关系培训班。1985年9月，深圳大学率先设立公共关系专业（专科）。

1986年11月，中国社科院编著的《塑造形象的艺术——公共关系学概论》正式出版。同年12月，王乐夫、廖为建等人的公共关系专著问世。

自1988年起，全国公共关系组织联席会议相继在杭州、西安、广州等地召开。

1988年1月，中国第一家专业性公共关系报纸——《公共关系报》在杭州创刊。1989年1月，中国第一份国内外公开发行的公共关系杂志——《公共关系》在西安创刊。

1994年4月，中国国际公共关系协会成立，促进了中国公共关系理论研究与社会实践的国际化。

1994年，中山大学被教育部批准开办部属院校第一个公共关系本科专业，随后在行政管理专业的硕士点招收公共关系方向的硕士生。

1997年11月15日，劳动和社会保障部成立了中国公共关系职业审定委员会。

1998年，中国公关网（www.chinapr.com.cn）正式上线。

1999年，由中国国际公共关系协会（CIPRA）牵头组织起草的《公关员国家职业标准》通过国家鉴定，第一次将公关从业人员统称为“公关员”。1999年5月，《中华人民共和国职业分类大典》正式将“公关员”作为一门新职业列入大典，标志着国家正式承认“公共关系”这一职业。

2000年3月16日，时任劳动和社会保障部部长张左己签署中华人民共和国劳动和社会保障部令第6号，将“公关员”列入90个持证上岗的职业之一，并于当年7月1日起开始实施，使公共关系走上了职业化和专业化的道路。

2002年12月6日，中国国际公共关系协会第三次会员代表大会审议通过《会员行为准则》，该准则于2003年1月1日起正式实施。

2003年12月，经中国国际公共关系协会公关公司工作委员会提议，每年的12月20日正式确定为“中国公关节”（PR Day）。

2004年6月22日，由中国国际公共关系协会公关公司工作委员会起草的《公关咨询业服务规范》（指导意见）正式颁布实施。

2006年9月3日，中国国际公共关系协会公关公司工作委员会2006年度第二次全体会议审议通过《行业自律公约》。

2007年9月3日，针对中国公共关系市场快速增长所带来的专业人才极度紧缺和恶意竞争加剧的局面，经中国国际公共关系协会公关公司工作委员会2007年第二次全体会议充分讨论，形成《关于规范人才流动的决议》。

2008年年初，企业公关工作委员会宣告成立。

2009年10月10日，首届海峡两岸暨香港高校公关研究机构学术年会在国际关系学院隆重召开。

2010年3月16日，中国国际公共关系协会在北京发布了《网络公关服务规范》（指导意见）。这是中国公共关系行业继2004年《公关咨询业服务规范》（指导意见）后的又一份重要行业文件，也是我国针对网络公关业务的首份行业标准文件。

2012年9月，教育部发布的全国高校本科专业目录将公共关系列入其中，这对于未来公共关系发展具有深远的历史意义。

2013年4月1日，国家职业分类大典修订工作会议开始，公关员作为其中一项职业纳入大典，并原则上获得通过。

2014年7月11日，生态文明贵阳国际论坛年会分论坛“公共关系行业的责任与使命”在贵阳隆重召开，会上发表了《公共关系行业积极践行生态文明理念——贵州宣言》。

2014年12月20日，中国公共关系发展大会在京举行，大会发布了《依法治国背景下公共关系行业自律北京宣言》和《践行生态文明理念公共关系机构认证标准》。

2016年1月30日—31日，中国国际公共关系协会（CIPRA）在云南大理大学举办2015—2016年度中国公共关系研究工作坊。由广东温迪数字传播股份有限公司与CIPRA学术工作委员会共同发起组建的“中国公共关系产业研究院”宣告成立，研究院旨在推动中国公共关系产业研究，促进公共关系产学研对接，培育公共关系行业新生代人才。

2016年11月8日，CIPRA汽车行业公关传播委员会在北京正式成立。

2016年12月16日，由中国公共关系协会、中国传媒大学媒介与公共事务研究院组织专家编写的中国首部公共关系蓝皮书《中国公共关系发展报告》（2016）在京举行了首发仪式。

2020年1月31日，中国公共关系协会发出了《同舟共济 阻击疫情——中国公共关系协会抗击新型冠状病毒感染肺炎疫情倡议书》。

2020年12月10日，首届“公关”杯创新创业全国邀请赛暨全国公关创新创业发展论坛在南京举办。

2021年1月15日，澳门公共关系协会成立，为澳门社会、经济、文化发展注入新动能，为服务澳门参与高水平国际合作、融入国家发展发挥积极作用。

2021年10月26日，《2020—2021中国内容营销趋势》白皮书在2021第六届中国内容营销高峰论坛上正式发布。

2021年12月18日，中国公共关系协会在北京举办“2021中国公共关系发展大会”，会上发出了《共建美丽中国共护人类家园——公共关系助力践行生态文明倡议书》。

2022年9月4日，在“公共关系与中国企业全球合作发展专题论坛”上，《公共关系助力中国企业全球合作发展倡议》发布，倡导公共关系积极助力新时代中国企业全球合作发展。

2023年9月5日，中国公共关系协会发出了《公共关系与中国企业ESG发展行业倡议书》。

2.3.2　中国的“公共关系热”

这里的“公共关系热”指的就是公共关系发展较为迅速且相对集中的一段时间。中国公共关系在这30多年的发展过程中出现了6次主要的“公共关系热”。

第一次：20世纪80年代初，中国改革开放后，伴随着外资企业、合资企业的兴起，公共关系迅速登陆中国南部城市，掀起了一场“公共关系热”。

第二次：20世纪90年代初，一部流行影视剧作《公关小姐》，引发了中国的一场公共关系热潮，提升了公共关系的知名度。

第三次：20世纪90年代，“CIS热”再次席卷中国，掀起了国内企业的CIS热潮。

第四次：2002—2003年，“非典”时期引发了新一轮公共关系热潮。

第五次：中国申奥、申博的成功，促进了公共关系公司如雨后春笋般发展起来，一些大中企业也相继设立了公共关系部门，这是提升企业形象、加强品牌管理所不可或缺的。

第六次：在e时代，网络公关成为组织与内外公众沟通的主要方式。网络公关能在较短时间内快速提升产品的知名度，塑造品牌的美誉度和公信力。2008年中国国际公共关系协会对中国公关服务行业各公司的抽样调查结果显示，网络公关首次成为公关行业内各类服务模式中收益增长比例和收益增长趋势的双料冠军。

拓展阅读

公关数字化的现实意义

1. 资源沉淀、管理和扩容

一次线下活动，会产生大量资源信息，包括我们所熟识、邀请的媒体，也包括慕名而来的新媒体、KOL，甚至是具有强大口碑能力的粉丝群体。如何有效地收集和沉淀这些资源信息，才是最大限度发挥活动衍生价值的重要课题。

通过移动化平台，可以利用每次活动，逐步沉淀资源，不断扩充我们的人脉网络，根据我们以往运营经验，这样做的成果可达到传统手段的2～3倍之多。这也适应了目前分散化的传媒现状——不断出现新媒体人、新自媒体、新主播。

如果我们将“VIP”“KOL”“粉丝”等群体，也作为潜在沟通对象，那么可以进一步放大平台价值。服务对象因此可以达到原来手段的5～8倍之多。

重要的是，资源的扩容以移动化、数字化、智能化平台实现，服务所需成本并不是线性成倍增长，这将为企业创造极大的效益。

利用成熟技术，将上述资源的沉淀过程，完全融入活动和日常事务中，自然而高效，减轻不必要的数据整理工作。

2. 低成本维护VIP和粉丝

对于VIP和粉丝，相较其他任何一种维护手段，无论是活动还是其他方式，数字化都可以实现极低成本，但频次更高的关系维护，总体维护费用将降低80%以上。

这种非接触、小额、高频的维护方式将为团队带来高效的成果。

如果参考生活中的实例来理解数字化带来的便利，那么二维码支付应该是最贴切的，不知不觉中，数字化支付已经取代现金，成为我们首选的方式，主要还是因为便利、高效、省钱。

3. 资源画像，越多维，越实用

画人物工笔画的时候，线条越细密，图像就越精致、清晰、逼真。这说明数据量越大，越精细，画像越清晰，这个规律同样适用于电脑屏幕分辨率、相机的像素，也适用于建立资源画像。

传统企业在做客户关系管理的时候，会根据产品服务互动中的信息，为客户建立“用户画像”，以便实现个性化服务。有了互联网，阿里巴巴、京东以数字化服务为手段，可以实现在更多场景（多维）下获得数据，比传统方式效率高、范围广，从而可以构建更清晰的用户画像，在个性化服务方面做的更好。在信息服务领域，今日头条、抖音正是利用了这种用户画像的优势，通过算法推荐匹配资讯，效果有目共睹。

公关领域当然也可以做到多维画像。

构建一个实用的资源画像体系，需要数字化工具。经过粗略统计，这一过程，可以有效地将效果提升43倍之多。这样，无论是日常服务还是综合决策，都可以获得有力支撑。

资料来源　佚名.公关如何看待企业的“数字化战略”[EB/OL].[2020-10-20].https://baijiahao.baidu.com/s?id=1681031392937300814.

公关实训

古今公关思想案例的收集与分析

【实训目的】

通过实训，了解古今公关思想的内容，分析古代公关案例对现代公关活动的影响。培养学生的公关意识，以及收集资料、分析资料的能力。

【实训内容】

收集古今公关案例并进行分析，掌握公关的实质与精髓。

【实训主要仪器设备及材料】

电脑、网络、教材、相关期刊。

【实训方法及步骤】

1.实训方法：文献调查法、小组讨论法、课堂演示法。

2.实训步骤：

（1）教师布置实训任务，并提出实训要求。

（2）学生分组收集古今有关公关思想的案例。

（3）学生分组进行案例分析，并把案例分析过程及结论用演示文稿的形式展示。

（4）各组代表在课堂演示其成果。

（5）教师进行点评。

（6）学生撰写实训报告。

【实训报告要求】

1.实训报告以小组为单位提交。

2.内容包括资料收集的过程、方法、结果、分析、收获。

3.语言表达准确、清晰。

4.实训报告必须附上案例分析的演示文稿。

【实训注意事项】

1.实训中要注意考察学生的沟通能力和合作精神。

2.既可以在课堂上实训，也可以将收集资料和分析的时间安排在课后，成果展示安排在课堂上进行。

本章小结

公共关系的源头可追溯到古代社会人类文明开始的地方，它最初的表现形式是古人无意识的实践活动，带有明显的自发性和盲目性，并且人类早期的公关活动主要发生在政治领域，带有强烈的政治色彩和伦理色彩。

现代公共关系产生于19世纪末20世纪初的美国，它是美国及资本主义社会基本矛盾和政治、经济、科学、文化等社会历史条件发展到一定阶段的必然产物。它的发展经历了四个阶段：巴纳姆时期、艾维·李时期、伯内斯时期、现代时期。

网络公关是现代公关发展的新趋势，作为一个朝阳行业，其价值已被大部分企业所认同。

公共关系在中国的发展非常迅速，中国公共关系业迎来最佳的战略机遇期，应该抓住机遇、大力发展。

同步测试

随堂测2

一、单项选择题

1.伯内斯公共关系思想的一个重要组成部分是（　　）。

A.凡宣传皆是好事　　B.投公众所好

C.公众必须被告知　　D.双向对称

2.被誉为公共关系之父的是（　　）。

A.巴纳姆　　B.艾维·李

C.伯内斯　　D.卡特李普

3.利用新闻媒介揭露垄断企业“愚弄公众”的现象，形成了美国近代史上著名的（　　）。

A.报刊宣传运动　　B.便士报运动

C.扒粪运动（又称揭丑运动）　　D.民主政治运动

4.1952年，卡特李普和森特出版了权威的公共关系著作（　　）。

A.《公众舆论之形成》　　B.《公共关系学》

C.《有效公共关系》　　D.《原则宣言》

二、多项选择题

1.现代公共关系产生的社会历史条件是（　　）。

A.民主政治：公共关系发展的制度安排

B.市场经济：公共关系发展的现实土壤

C.人性文化：公共关系发展的精神源泉

D.传播技术：公共关系发展的技术支持

2.公共关系的发展阶段包括（　　）。

A.巴纳姆时期　　B.艾维·李时期

C.伯内斯时期　　D.现代时期

三、简答题

1. 艾维·李对于公共关系研究的主要贡献表现在哪些方面？

2. 简述公共关系的发展过程。

3. 网络公关的发展前景如何？

四、情景题

杨华来到阳光公司做公关部门的经理助理，正遇到公司内部员工之间因工资待遇而闹矛盾，有员工说经理偏心，有员工说男女不平等，请你针对上述情形为她设计一套沟通协调的方案。

五、案例题

案例分析一：视觉中国自毁式危机公关

2019年，视觉中国因为一张刷屏的人类首张黑洞照片的版权问题，被全网攻击。结果就是视觉中国的股价跌停，被主管部门约谈，网站关闭。从黑洞照片事件来看，视觉中国触发网民愤怒的关键点就在于拿地球上唯一性的黑洞来激发用户好奇心。网友对于视觉中国这样的“勒索”行为早就积怨已深，黑洞照片事件只是群众愤怒的一个出口。

“用于商业用途，可能存在风险”是视觉中国对黑洞照片版权的说明，模棱两可。随后视觉中国被所谓的“合作伙伴”迅速打脸，《新京报》发表了一篇文章《视觉中国：未直接联系欧洲南方天文台，并非必须》。黑洞版权事件还没结束，另一个更大的公关危机爆发了，那就是一些媒体开始质疑视觉中国平台上其他照片的版权问题，甚至合法性问题。官媒提问视觉中国：“难道国旗也是你家的吗？”

在危机公关中，负责人正面回应危机事件，主动认错，是一种有效打消公众疑惑的方式，但是视觉中国创始人只是一句带过，一直强调侵权盗版问题，而忽视图片违规问题。这样的危机回应无疑是“火上浇油”。随后事件的发展变得一发不可收拾，视觉中国平台上更多的违规照片被挖出。随后，视觉中国致歉。

首次道歉后，视觉中国在次日凌晨3点多，又发了一封道歉信，表示“根据相关法律法规自愿关闭网站开始整改”和“自愿接受天津市网信办依法依规对我司的处理”，看起来好像是自相矛盾。视觉中国关闭网站实际上是一种危机公关策略。视觉中国在短短几天内在网络上被口诛笔伐，说明其自身问题很大，如果此时不及时关闭网站，网友还会发现视觉中国网站上的其他问题，这些问题会持续不断地通过社交媒体进行深度发酵，无疑是给自己扔了一个炸弹。以“整改”名义把网站关闭，其实是一种“自毁阵地”的危机公关做法，认为这样就能从源头上控制舆论发展。但是对于回归时间，视觉中国在给资本市场的公告中表示“不能准确预期”。

请思考：

（1）试分析此次公关活动的失败之处。

（2）网络公关有何利弊？企业如何才能有效地利用网络进行公关？

案例分析二：诚招天下客，情满美食家

一双筷子上写着这样两行字：“假如我的菜好吃，请告诉您的朋友；假如我的菜不好吃，请告诉我。”这两句富有浓厚情感的公关语言同“美食家”的名字一起传遍了整个杭州。这家普通的餐厅所处的地理位置并不十分理想，既不是车站、码头，也不是风景区、闹市区。7年前，在餐厅刚刚开业时，这里生意清淡，门庭冷落。没有顾客的惠顾，就谈不上餐厅的生存，更谈不上餐厅的盈利。要使顾客青睐，餐厅就要有自身的吸引力。这个吸引力在哪里呢？“美食家”餐厅深深懂得：只有在顾客心目中树立起“美食家”的良好形象，才能吸引顾客的光顾。“美食家”的吸引力应放在一个令人亲切的“情”字上，依靠情感的传导来拉近与顾客的关系。只有把情感输入顾客心里，才能塑造“美食家”的形象。只有把诚心贴在顾客心里，才能建立“美食家”的信誉，从而产生一种“情感效应”，使企业获得良好的经济效益。

请思考：

（1）饭店业开展公关活动的任务有哪些？

（2）分析“假如我的菜好吃，请告诉您的朋友；假如我的菜不好吃，请告诉我”这句话中所包含的公关思想。

第3章

公共关系主体——社会组织

情景导入

“大衣怎样放”——一次公关部长聘任考试

一家公司准备聘用一名公关部长。经笔试筛选后，只剩下八名应聘者等待面试。每人面试时需要在两分钟内对主考官的提问作出回答。当每位应聘者进入考场时，主考官说的都是同一句话：“请您把大衣放好，在我面前坐下。”然而，在考试的房间中，除了主考官使用的一张桌子和一把椅子外，没有别的东西。

有两名应聘者听到主考官的话以后，不知所措；另有两名应聘者急得直流泪；还有一名应聘者听到提问后，脱下自己的大衣，搁在主考官的桌子上，然后说了句：“还有什么问题？”结果，这五名应聘者全部被淘汰了。

在剩下的三名应聘者中，一人听到主考官发问后，先是一愣，随即脱下大衣，往右手上一搭，躬身致礼，轻轻地说道：“这里没有椅子，我可以站着回答您的问话吗？”公司对这个人的评语是：“有一定的应变能力，但创新、开拓不足。彬彬有礼，能适应严格的管理制度，可用于财务和秘书部门。”另一名应聘者听到提问后，马上回答道：“既然没有椅子，就不用坐了。谢谢您的关心，我愿听候下一个问题。”公司对此人的评语是：“守中略有攻，可先培养用于对内公关活动，然后再对其培养对外公关。”当最后一名考生听到主考官的发问后，眼睛一眨，随即出门去，把候考时坐过的椅子搬进来，放在主考官前约一米处，然后脱下自己的大衣，折好后搭在椅背上，自己端坐在椅子上。当“时间到”的铃声一响，他马上站起来，欠身一礼，说了声“谢谢”，便退出考试房间，把门轻轻地关上。公司对此人的评语是：“不执一词而巧妙地回答了试题；富有开拓精神，面试笔试成绩俱佳，可以录用为公关部长。”

【思考与讨论】

（1）假如你是应试者，你准备把大衣怎样放？

（2）通过上述案例，你认为公关人员应该具备哪些基本素质和能力？

学习目标

通过学习，了解社会组织必须具备的要素；认识不同社会组织的公关状态；了解社会组织的公关目标；掌握公关部、公关公司、公关社团的职能与优点；了解公关人员应具备的各种素质。

3.1　公共关系的组织机构

公关工作是一项长期的，专业性、技术性较强的工作，随着社会的发展，这项工作的职业化特点也越来越明显，因此，需要建立公共关系组织机构，专门从事沟通协调工作，进行有效的形象管理。根据公共关系的历史与实践，可以将公共关系的组织机构分为三类，即组织内部的公共关系部、社会上的公共关系公司和公共关系的专业组织。

3.1.1　公共关系部

微课 3-1

饭店公关部的地位与职能

组建公共关系部是有效地开展公共关系工作的组织保证。许多事实证明，组织的形象好，是因为组织公关工作开展得好；组织公关工作开展得好，又多是因为组织公关机构健全并且能很好地发挥作用。

1）公共关系部的地位

公共关系部在社会组织中的地位，既取决于组织决策者对公共关系内涵的把握以及对公共关系部门的目标期望，也取决于公共关系部门自身作用的发挥。

（1）公共关系部在社会组织中充当的角色

① 公共关系部是组织的信息情报部。公共关系部的首要职能就是采集信息，任何关系到组织生存、发展的信息都是公共关系部收集的对象。组织通过对这些信息的收集和整理，了解现状，预测趋势，适应变化。

② 公共关系部是组织的决策参谋部。由于公共关系工作关系到组织的声誉和形象，关系到与公众的沟通，关系到组织战略目标的实现，因而它不是一般的管理部门，而是组织的“智囊团”“思想库”。公共关系部不是一线指挥和最后的决策部门，而是在收集、整理、分析信息的基础上，提供可供选择的决策方案，协助决策层进行决策的部门。在现代社会，任何一个组织不能不考虑决策可能带来的社会后果，公共关系部就是要站在组织目标和社会需要的立场上，综合评价各职能部门的活动已经或可能引起的社会效果，维持组织与外部环境的动态平衡。

③ 公共关系部是组织的宣传部。一个组织要想获得公众的了解、理解和信任，取得公众的支持与合作，就需要不断地向公众宣传组织的政策，解释组织的行为，增加组织的透明度。随着组织与外界的交往日益密切，对外联络和应酬交际的任务也会越来越重。同时，组织与外部的各种摩擦和纠纷也随之增多，需要进行协调，公共关系部作为一个组织的对外机构就担负起了这些工作。从一定意义上说，公共关系部就是组织的“喉舌”“外交官”。

④ 公共关系部是组织的协调部。公关部门代表的是企业整体，发挥协调作用，其部门利益就是组织利益，不像其他职能部门有各自的部门利益。随着现代社会各种摩擦和纠纷的增多，预防危机也列入了组织的议事日程，这就需要协调好组织与公众之间的关系。公关部门既要协调好组织内部领导与部门、领导与员工、部门与部门、员工与员工之间的关系，又要协调好组织同外部公众的关系。

⑤ 公共关系部是组织的策划部和制作部。公关部门及人员要针对组织的目标和塑造形象的任务，经常设计或策划一些有创意的公关活动，为组织服务；配合组织的工作，制作各种报纸、杂志、录音、录像、图片等宣传品和组织形象识别物。但是，并不是说组织的所有公关活动或公关材料都由公关部门承担，一些难度大、要求高的策划和制作完全可以借助组织外部的策划公司或设计制作公司来完成。

（2）公共关系部的基本职能

① 调查研究。调查研究在公共关系工作中具有重要的意义，它是一切公共关系工作的立足点。公共关系部要经常地对公众进行调查，了解公众的舆论、态度、需求等，同时也要对市场、竞争对手以及员工的心理和思想进行调查，只有在全面的调查基础上，才能使公共关系工作发挥更大的作用。

② 协调关系。公共关系工作就是要处理组织与环境（公众）的关系，为组织广结良缘、沟通信息、联络感情、扩大社会联系、解决与公众间的矛盾或冲突。这些都是公共关系部义不容辞的职责，当然，这也是公共关系部存在和发展的重要价值。

③ 参与管理。公共关系是一种软性管理手段，它决定了公共关系部参与管理的职责。由于公共关系部掌握了组织与环境的许多信息，而这些信息都是组织进行决策的重要依据，所以，公共关系部要经常向组织的领导层汇报，提供有关信息，在进行重大问题决策时，向领导层提供决策可能引起的公共关系效应，并提出更合理的方案。

④ 公共关系文书的写作。与公共关系有关的文书写作包括：撰写新闻稿件；撰写演讲稿；编写年报；编辑内部刊物、客户服务指南以及其他宣传与沟通的材料等。从广义上讲，一个组织与公众之间沟通，传阅的文字、音像、图片材料都将对公众产生一定的影响，都应赋予公共关系的意义。另外，企业所颁布的规章制度，既是对员工的行为进行约束的法规，也应看成是与员工进行沟通的一个纽带，应该赋予公共关系的色彩。

⑤ 策划组织公共关系专题活动。公共关系部的存在不应是简单地迎来送往、接发信函，除组织常规的会议与活动外，还应审时度势地策划并推出具有轰动效应的公共关系专题活动，借此完成塑造和宣传组织形象的使命。

⑥ 接待投诉和来访。公共关系部是组织与公众间的桥梁，是联系二者的纽带。公众对组织有意见、有要求，这对组织是件好事，接待投诉和来访的过程本身就是一个难得的沟通和联络感情的机会。在这个过程中，既可以获得一些来自公众的信息，又可以将组织的一些信息传递给公众，在交流信息的同时又增进了解、加深感情，既能及时发现问题，又可以在信息直接反馈的情况下使问题得到解决。

⑦ 专项技术制作。公共关系工作技术性较强。如摄影，制作电影、录像和录音，

设计公关广告的标志、商品的商标、广告宣传画等，都需要专项技术制作，这也是公共关系部日常工作的重要内容。

2）公共关系部的组织机构模式

按公共关系部在组织内部的位置来分类，可包括以下几种模式：

（1）最高领导直接负责型

这是一种比较理想的模式，对公共关系工作的开展最有利。公关经理直接向总经理汇报工作，对总经理负责；有的也由最高领导（总经理）直接兼任公关经理（如图3-1所示）。

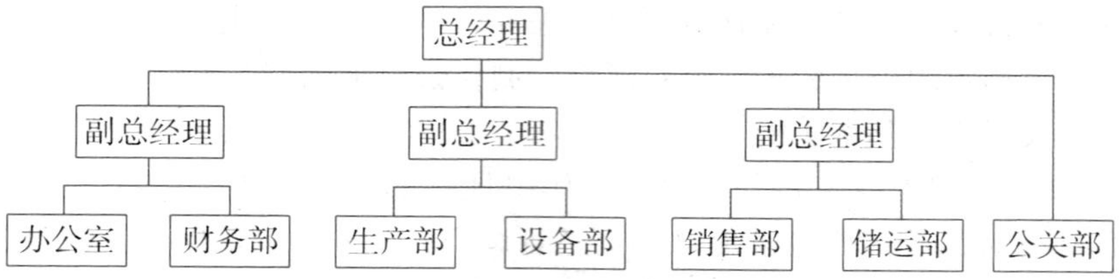

图3-1 最高领导直接负责型

这种类型的公共关系部具有较大的沟通权限，可直接与最高行政领导沟通，并代表最高领导与其他部门沟通，直接介入决策，同时又具有相当的独立性和自主权，而且机构比较精简灵活。

（2）部门并列型（最高领导间接负责型）

在这种模式中，公共关系部是组织的一个二级职能部门，与生产部、财务部等业务部门处于并列地位，公关经理向其主管领导汇报工作（如图3-2所示）。

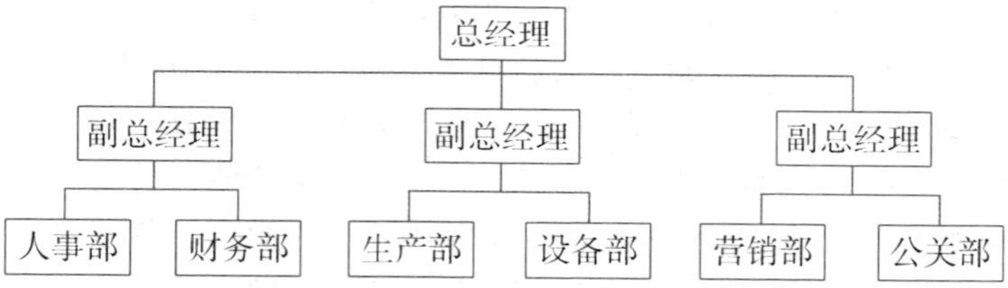

图3-2 部门并列型

这种类型的公共关系部在组织中的地位和权力比较高，反映了公关业务在组织中的独立性和重要性。公关部门可直接参与最高层决策，并有足够的职权去调动资源、协调关系，其传播业务也比较完整。但一般来说，只有较大型的组织（如集团企业）才需要或可能这样来设置公关机构。中小型组织的公关机构的规模与其他职能部门相比，一般都小很多，作为二级机构与其他部门并列显得不平衡。

公共关系进入我国以后，许多组织将原来从事类似公关活动的一些职能部门，如宣传教育科、广告科、接待科、信息中心、企业文化部门等，合并成立公共关系部，作为组织的二级机构，并由副总经理（副厂长）负责。这种组织形式，目前被较多的企业所采用。因为它既把公共关系工作放在企业较为重要的地位，又不增加企业的行政人员编制，并可避免和原有的一些职能部门的工作重复。

（3）部门附属型

在这种模式下，公共关系部只是组织二级部门下的一个附属机构，即组织的三级机构。这时，公共关系部可能隶属于营销部、广告宣传部、外事部或行政办公室（如图3-3所示）。

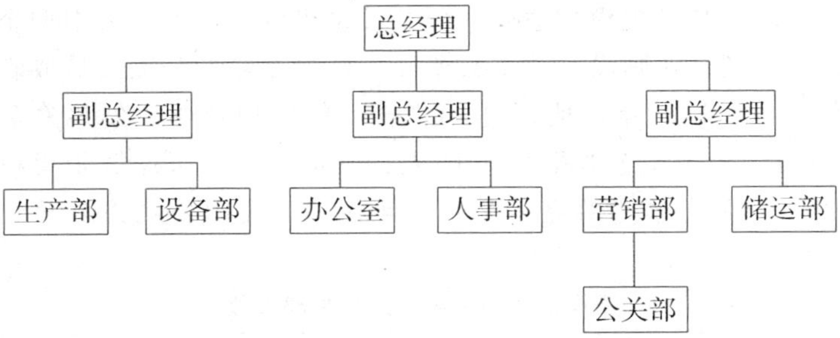

图3-3　部门附属型

至于公共关系部具体附属于哪一个部门，可视具体需要而定。

第一，归属于销售部门。一些组织领导认为，公关活动的最终目的是促进产品的销售，可以把公共关系作为一种促销策略，强调它的促销功能。这种归属法将公共关系的职能局限于商品推销，突出了市场关系和顾客关系，却容易忽略其他关系的公众对象。

第二，归属于广告或宣传部门。此种归属偏重于公共关系的宣传职能，对外将公共关系部门作为企业的发言人，配合广告、宣传树立企业的形象，作为广告、宣传的一种补充；对内承担了对员工进行宣传教育的职能，开展企业文化建设，确立企业精神。这种归属容易忽视公共关系在分析公众、反馈信息、辅助决策和协调关系等方面的职能，或忽视公共关系在经营管理、营销等方面的作用。

第三，归属于联络接待部门。由于有些组织的领导对公共关系的理解较偏重于人际关系方面，因此把公共关系部归属于接待科，或把接待科改名为公关科，而不改变它的职能。由于现代组织横向联系广泛，日常应酬、接待事务日益繁忙，需要有专门的机构或人员来处理这些事务，组织的公共关系部门当然应该承担起这一责任。但如果将公共关系部仅局限于迎来送往、交际应酬，那就人为地降低了公共关系部在组织中的地位。

第四，归属于办公室。办公室（总经理办公室、行政办公室）是最接近行政领导的一个机构，是组织的管理中枢。此种归属便于最高领导的直接指挥，亦不过分偏重某一方面的职能。它属于一种比较灵活又便于掌握的形式。但是，办公室的工作往往包罗万象，非常繁杂。在这种情况下，如果组织的领导或办公室主任的公共关系意识不强，在工作繁忙时，容易将公共关系工作搁在一边，使公共关系机构形同虚设，或工作时断时续。

实际上，公共关系机构的设置并没有普遍适用的模式。一个社会组织要不要设置一个公共关系机构或设置一个什么样的公共关系机构完全取决于组织自身的需要。在这里，可以借鉴国外的经验，也可以参考国内的模式。但是，最重要的是必须保证建立一个有利于实现组织公关目标且行之有效的工作系统。

3）公共关系部的规模及内部分工

确定组织内部公共关系部规模的主要依据有：

（1）组织规模的大小

一个组织的规模越大，内部的人员、部门越多，与外部联系以及需要协调的关系也就越多，客观上要求有与其规模相适应的公共关系机构。比如，大中型企业可以单独组建公共关系部，而小型企业则没有这个必要，可任命专职的公关人员或聘请顾问来做部分公共关系工作。在美国，年产值超过10亿美元的巨型企业，公共关系部的工作人员平均为44人；一般的大中型企业平均为10人；其他文教、医疗等非营利性组织平均为6～7人。美国著名公关专家弗兰克·杰弗金斯在其《实用公共关系学》一书中也提出了一个参考标准（见表3-1）。

表3-1　**不同规模的组织中的公关部人数**

年销售额（亿美元）	公共关系部人数（人）
＞10	65
5～10	20
2.5～5	13
1～2.5	12
0.5～1	6
＜0.5	4

表3-1所列的人员配置，基本符合当今公共关系机构的一般情况。从中不难看出，公共关系机构人员的配置大致有两个层次，即公共关系机构主管人员和一般工作人员。

公共关系机构的主管人员一般设正、副经理各一名，他们的职责是：制定公关目标和实施计划；提出机构的费用预算；指导机构工作人员的工作；协调各部门之间的关系；定期向领导层汇报工作；具体负责同社会各界和有关部门的联系等。

公共关系机构的一般工作人员是各种具有专项技术的人，他们一般要完成这样一些工作：①写作。编写新闻报道、演讲稿以及有关的各种经济合同等。②联络。与各种新闻媒体保持密切的联系，以及与各界公众建立广泛的联系。③制作。制作广告和新闻图片等并选择传播媒介。④情报搜集。进行民意测验、市场调研、建立报刊资料档案等；⑤组织活动、接待来访、组织专题活动和出访等。一般中小型企业的公共关系机构的工作人员都需要一人身兼数职，所以他们需要多项技能。

（2）组织的最高决策者对公共关系价值的认定程度

公共关系部的地位及规模，在一定程度上取决于决策者对公共关系了解、理解、相信的程度。一个公共关系意识强、重视公众工作的领导者，会将公共关系工作放在重要地位，并赋予相应的权力，充分发挥其作用。公共关系专家普遍认为，推动公共关系工作的动力应始于组织的最高层。

（3）组织对公共关系的需求程度

不同的行业和部门，由于外部环境以及组织内部的运行机制不同，对公共关系的需求程度也各异。处于买方市场条件下的企业与处于卖方市场条件下的企业对公共关系需求的紧迫性是不同的。

公共关系部的内部分工，一般可分为对内关系、对外关系、专业技术制作三个方面。

第一，对内关系。公共关系部需要与人事部门、经营部门和财务部门合作，共同处理员工关系、股东关系、部门关系。主要是运用编印刊物、年度报告、员工调查、双向沟通等方法、手段，增强员工和股东的归属感、自豪感，调动员工的积极性，使全体员工精诚团结。

第二，对外关系。公共关系部需要设专人处理与顾客、社区、政府部门、新闻媒介等单位和部门的关系，以巩固和改善组织与外界各方面的关系，广结良缘，为组织树立良好的社会形象。

第三，专业技术制作。公共关系工作有许多专门的技术方法，如写作、编辑、新闻发布、广告制作、组织专题活动等，公共关系部内部对工作手段和技巧进行分工，有助于提高技术水平。

4）公共关系部的优势和局限

组织内部设置公共关系部，由其承担组织的公共关系工作，相对于委托组织外部的专业公关公司而言，有一定的优势，但也存在一定的局限性。

从工作优势上看，组织自设的公共关系部熟悉本组织的内部情况与外部环境；容易抓住本组织现有的公共关系问题的症结并提出有效的改进方案；能够及时提供公共关系服务，随时为决策者提供咨询建议，并可对突发事件提供快速有效的对策；有利于组织内部公众的沟通与协调；能够确保组织公共关系政策及工作的连续性和稳定性等。

从工作局限性上看，公共关系部在开展工作的过程中，很难摆脱习惯定式的影响，对组织本身的公共关系往往缺乏足够的敏感性；受组织内部人事关系的制约，对情况的反映和处理可能不尽客观和公正；工作人员的经验范围较狭窄，公共关系工作难有大的创新和突破。此外，在协调本组织与外部公众的利益冲突时，由于其自身的角色及立场，很难得到公众的信任与合作。

3.1.2　公共关系公司

公共关系公司是公共关系咨询公司、公共关系顾问公司、公共关系事务所、公共关系服务公司等独立的公共关系服务机构的统称。它是由各具专长的公共关系专家组成，接受客户委托，运用专业的知识、技能和经验，专门从事公关活动和咨询业务的服务性机构。与组织内部的公关部不同，公共关系公司是一种独立的营利性机构，它依靠为客户提供服务而收取的费用生存。由于公共关系公司大多由专业人士组成，具有较高的专业水平、广泛的社会影响和显著的工作效果，因而在20世纪得到了迅速发展。

1）公共关系公司的产生

最早的公共关系公司是“现代公关之父”艾维·李创立的公关事务所，而世界上最早的以公关公司名义出现的公司则是1920年由美国人N.艾尔创立的。总部设在纽约的博雅公共关系公司是全球领先的公共关系公司，其业务遍布50多个国家和地区。在我国，自1985年1月美国伟达公共关系公司在北京设立办事处以后，才逐渐出现这种新兴的专业公司。同年8月，美国博雅公共关系公司与中国新闻发展公司签约成立中国环球公共关系公司，这是我国第一家专业的公共关系公司。随后，公共关系公司在我国蓬勃发展起来。这类公司为我国的公共关系事业开辟了全新前景。

职场链接3-1　　奥美公关被Campaign评为年度最佳公关代理机构

2016年12月6日，一年一度的Campaign大中华区最佳年度代理商颁奖晚会在上海盛大举行。在入围的众多顶尖创意与营销机构中，厦门国际设计周公关战略合作伙伴奥美公关被Campaign评为大中华区2016年度最佳公关代理机构。

2016年，福建奥美公关与“厦门国际设计周——红点在中国”建立公关战略合作伙伴关系，负责此次“红点在中国”活动的公关服务和策略支持。奥美公关亚太区总裁柯颖德先生亲自出席厦门国际设计周10月29日举办的《中国设计创新论坛（TV SHOW）》的节目录制。他认为：“能够与世界最著名的红点设计大奖合作，为这个品牌在中国地区的发展做媒体传播咨询和公关策略服务，是奥美公关的荣幸，也是奥美集团作为一家以创意为本的代理机构，提升中国创意与设计在世界的影响所作的努力。”“获得此项殊荣我们倍感荣幸，要感谢我们的客户，和他们带给我们的挑战”，奥美公关中国内地及香港地区总裁张曼华女士表示，“在当前行业充满变化与机遇之时，获此荣誉，是对奥美公关始终站在市场前沿，坚持以客户为本，重视人才，在新的市场格局中开创实效与创意兼备的公关服务的最高赞赏”。

资料来源　佚名．恭喜！奥美公关夺得Campaign年度最佳［EB/OL］．［2019-10-30］．http：//news.ifeng.com/a/20161212/504039750.shtml.

公共关系公司的出现绝非偶然。在商品经济发达和市场竞争激烈的社会中，不同的社会组织客观上都需要开展公共关系工作。但因组织的类型、行业的特点、单位的规模不同，需要不同类型的公共关系机构，规模较大、资金雄厚的企事业单位有条件组建组织内部的公共关系机构，而规模较小的社会组织无力也无必要专门建立公共关系部门。即便是组织内部设有公共关系机构，它们也往往需要在某个专业问题上求助于同行专家。这就为公共关系公司的出现提供了可能和条件。社会上需要有专门的人员、专门的机构从事专门的公共关系服务，公共关系公司能适应并满足这种需要。

2）公共关系公司的基本类型

从国内外公共关系公司的现有情况来看，不同的公共关系公司在规模、结构及业务范围方面有很大差别。从规模上看，有跨地区、跨国经营的大公司，也有局限于一个地区、一定范围的中小公司；从业务范围上看，有经营多种业务项目的综合型公司，也有仅承办专门业务项目的专业公司。归纳起来，公共关系公司大体可分为三种基本类型，即综合服务型公共关系公司、专项服务型公共关系公司和公共关系顾问公司。

（1）综合服务型公共关系公司

综合服务型公共关系公司通常可提供多种公共关系服务，此类公司一般拥有先进的信息收集系统和信息储存与分析系统，通过多种途径广泛采集世界各国政治、经济、文化、法律、社会政策、风俗习惯及市场动态等多方面信息。公司拥有一大批擅长处理不同方面问题和协调不同方面关系的经验丰富的专家。公司具有较大规模，联系广泛，实力雄厚，可为不同类型的客户提供多种形式的服务，如国外或其他地区的市场开发，政府、社区、媒体、顾客及雇员关系的处理与协调，客户CI战略的策划与实施，公众调查及人员培训等。

（2）专项服务型公共关系公司

顾名思义，专项服务型公共关系公司是仅为客户提供特定服务项目的公司，其服务项目一般仅限于一种，或专门为客户进行市场调查，或专门为客户组织某种公关活动。专项服务型公共关系公司的人员通常都是某一领域的专家，在该工作领域有广泛的联系和丰富的经验。这类公司比综合服务型公司的经营规模和业务范围要小。

（3）公共关系顾问公司

从某种意义上来讲，公共关系顾问公司也是一种专项服务型公司。它所开展的服务一般仅限于为客户提供咨询，作为客户的“参谋”，对其公共关系事务提出意见或建议。只不过它所提供的意见和建议往往是多方面的，并不局限于单一方面，因此，将其单独列出介绍。公共关系顾问公司的组织成员基本上都是已有一定名望的某一工作领域的专家，如公共关系专家、新闻传播专家、社会心理分析专家、公众关系协调专家、市场分析与预测专家等。这些专家阅历广、知识新、头脑灵、眼光远，不仅能为客户做决策咨询，还可进行各种公共关系具体业务的指导。对于那些与公共关系顾问公司建立长期业务关系的组织，可委托其代理某些特定的公共关系业务，这样往往更有利于帮助组织取得良好的公共关系效果。

3）公共关系公司的业务范围

公共关系公司有大有小，其经营的业务也各有不同。有的公关公司专门提供咨询服务，如收集信息、分析公共关系状态、预测公关环境发展趋势，或提供客户要求的其他服务。有的公关公司则宣称提供“全方位的服务”，从教育培训、咨询服务到专题策划、形象设计、公关广告设计等。例如，中国环球公共关系公司的客户业务部的主要业务包括：企业发展顾问服务、长期沟通计划、企业定位、强化企业形象计划、市场沟通计划、雇员关系服务、财经传播与投资者关系、媒介关系、公共事务、政府关系、议题管理、危机传播管理等。当然，这并不是说公共关系是一个包罗万象的“口袋”，经营业务无所不包。那种“客户需要什么服务，我们就提供什么服务”的公关公司只是一个笑柄。一般说来，专业、规范的公共关系公司提供的服务主要包括以下几种或全部内容。

（1）公共关系咨询

公共关系公司可根据客户的要求，为客户提供社会政治、经济、文化、教育、科技等方面的情报，提供市场信息、公众态度、社会心理倾向及社区文化习俗的分析资料；

对客户的公共关系进行分析与诊断；为客户的形象设计、形象评价及公共关系决策提供咨询服务等。

（2）传播信息

公共关系公司可为客户进行各种信息传播，包括为客户撰写新闻稿件，选择新闻媒体，建立媒体关系，举行记者招待会（或新闻发布会）；为客户设计、印制宣传资料、纪念物品及统一的标识制品；为客户制作宣传影片、录像带或光盘等视听材料；为客户制订广告投资计划，设计制作产品广告及公共关系广告；协助客户推广产品信息，营造有利的市场气氛等。

（3）组织活动

公共关系公司可协助客户与相关公众进行有效的联络沟通，帮助客户与政府、社区、媒体等建立并维持良好的关系；为客户安排、组织重要的交往活动，如贵宾和社会政要的参观访问等；为客户策划、组织各种专题活动，如剪彩仪式、庆典、联谊及各种社会赞助活动等；组织各种会议，如信息交流会、产品展销会及洽谈会等。

（4）人员培训

公共关系公司可为客户进行各类人员的知识或技能培训，使其具有足够的公共关系理论知识和实际操作技能，以适应岗位的需要。

职场链接 3-2　最大与最小的公关公司

20世纪，有专家对全世界数不胜数的公共关系公司按规模进行统计，其中最大的公共关系公司当属美国的博雅国际公共关系公司，它拥有上万名雇员，分公司遍布世界50多个国家和地区。世界最小的公共关系公司肯定不止一家，而嘉芙莲女士所创办的“电话道歉公司”可以算是最小的公共关系公司之一。这位女士既是老板也是员工，她的住所和一台电话机就是公司的全部固定资产，而她开展的业务却深受顾客的欢迎。

4）公共关系公司的工作原则

公共关系公司作为一类特殊的服务性公司，除了一般公司都应遵守的基本原则（如自觉遵守国家法律、法令和有关政策，对社会公众负责）以外，还应遵守以下原则：

（1）维护委托者的利益

公关公司和委托公司之间的关系并不是简单的“一方付费，一方供货（服务）”的关系。公关公司在开展工作时，不但要注意维护自身形象，更重要的是站在客户立场上，尽全力为客户办好事、办实事。因此，公关公司在制定公关活动经费预算时就应该精打细算，不要因为好大喜功、一味地追求轰动效应而铺张浪费；在收取服务咨询费时也应公平、公道，不要漫天要价；对于在公关活动实施过程中出现的问题，也应本着认真负责的态度及时整改，以达到最佳公关效果。

（2）严守委托者秘密，不干涉委托者的内部事务

由于工作性质的关系，公关公司可能会接触和了解到委托方的生产、经营、管理情况，甚至还会触及委托方的某些商业秘密，而这些信息一旦泄露出去，特别是被竞争者

知悉，可能会给委托方带来灾难性后果。因此，公关公司在工作过程中及工作完成以后，都应该严守这些秘密。同时，公关公司在为委托方服务的过程中，应严格约束自我，不得以工作需要为借口而指手画脚。

（3）严格禁止同时为互相竞争的委托者提供服务

公关公司的服务对象遍及各行业、各企业，但公关公司不得同时为两家互为竞争对手的公司提供公关服务，更不能以掌握的信息为资本，去为该客户的竞争对手服务，因为这样做对这两家公司都是不公平的。

5）公共关系公司的收费方式

公共关系公司是营利性企业，通过为客户提供有偿公共关系服务，满足客户需求，取得业务佣金。

公共关系公司的收费方式（同时也是客户的付费方式）主要包括：

（1）项目收费

项目收费是指公共关系公司接受客户委托，办理某个具体项目，为保证这一项目的顺利完成所必须收取的费用。项目收费主要包括：①项目劳务费，包括项目实施期间工作人员的工资和项目有关的管理人员、顾问或专家的报酬；②行政管理费，按项目总费用的一定比例提取，用于公司的行政管理和办公开支；③咨询服务费，因项目需要，为公司专门的委托人提供咨询服务并给予指导所需的费用；④项目活动经费，在项目完成的整个过程中，需要开展一系列的公关活动，按活动计划和需要确定的费用。这种收费方式的优点是专款专用，有利于保证公共关系项目的质量，便于考核和管理。

（2）综合收费

综合收费是指双方根据业务需要，协商确定费用的总金额。这种费用一般在业务开始时由客户支付。它有利于公关公司根据有限的资金统筹安排，合理使用，缺点是客户难以进行监督。

（3）按项目需要分次收费

按项目需要分次收费是指客户不愿采用综合收费时，可按项目实际需要分次逐项收费。这是综合收费的变通形式。作为公司，可将此视为项目收费；作为客户，可以监督公司代理业务的质量，如不满意，其他业务可考虑选择其他公共关系公司。

（4）项目成果分成

项目成果分成是指公共关系公司和项目委托人（单位）共同承担风险，共同受益。项目最终取得收益时，按一定比例分成。

公关公司的收费没有固定的、统一的标准，主要根据公司的声誉、公关人员的资历、具体业务的难易程度等，同时参照同类公司的收费标准和供求关系的变化，作出具体的规定。

6）公共关系公司的特点

公共关系公司已在全球成为一种新兴的、蓬勃发展的组织。国外许多企业不仅在企业内部设置公共关系部，还聘用公共关系公司的专家作为顾问。在美国，约1/3的工商企业的公关活动由公共关系公司代理，随着公共关系公司的信誉和策划水平的提高，服务项目不断扩大，它在社会生活中发挥着越来越大的作用。

公共关系公司从事或代理公共关系业务有如下特点：

（1）观察、分析问题具有客观性

中国有句古话叫“当局者迷，旁观者清”，公关公司人员对于委托者来说正是一个旁观者。他们在观察和分析问题时，一般不会受到组织特有文化和价值观的影响，也没有那种因长期处在一个企业中而形成的思维惯性，再加上他们和组织之间没有直接的利益冲突，因而，他们的观察和分析更客观，能更敏锐地发现组织的问题所在，而且也敢于尖锐地提出来而不必瞻前顾后。

（2）提出的建议和方案具有权威性

尽管领导们都会强调要发挥员工的积极性和创造精神，尊重员工的合理化建议，但组织以外的专家意见更被领导看重也是一个不争的事实，所谓“外来的和尚会念经”就是这个道理。当然，公关公司提供的建议和方案也确实更有说服力，因为这些公关公司都是由各具专长的专家们组成的，他们有着丰富的公共关系实务经验，所以，他们提出的建议和方案更容易受到决策者的重视。

（3）信息来源的广泛性和渠道的网络性

公共关系公司长期从事公共关系事务，已经建立起一套较为完善的信息网络，同政府部门、社会团体、新闻媒介等有着密切的联系，信息来源广泛，渠道通畅，客户可以充分地利用有关信息，作为决策的依据。

（4）公关活动整体规划的经济性

公关活动整体规划的经济性主要是对于中小企事业单位而言的。组织内部设置公共关系部，必然会增加人员，从经济的角度考虑，并非最佳选择。针对组织的目标和计划，开展专业性强、规模较大的公关活动，在整体规划之后，如果经济上不合算，也可委托公共关系公司代理。

（5）知名公关公司的形象具有扩散效应

对于那些想尽快提高知名度和美誉度的组织来说，聘请知名公关公司开展一次或一系列成功的公关活动是不错的选择。其实，知名公关公司本身就具有宣传效应。正如一家默默无闻的地方小企业只要在中央电视台露一次脸就可以一举成名一样，知名公关公司也会在无形中提升其客户形象。一旦成为那些国际知名公关公司的客户，组织就能充分地共享该公关公司的形象资源，借机扩大知名度，提升美誉度。

由于公关公司不隶属于某一组织，故对客户的情况了解不多，同时，公司与客户之间还存在着沟通的困难、障碍，因而其自身也存在一些劣势。这在一定程度上影响了公关公司业务的拓展。

7）客户选择公共关系公司的标准

客户在选择公共关系公司代理业务之前，都依照若干标准来评价公共关系公司。公共关系公司与它的客户都有相互选择的权利。客户选择公共关系公司的主要标准如下：

（1）公司的信誉情况

公司成立的时间、规模，在公共关系行业是否权威，可以提供哪些服务项目，组织开展过哪些著名的公关活动，有多大影响等，这些问题都是客户要考虑的因素。

（2）公关人员的素质

公关人员的素质包括该公司从事公关业务的人员是否受过专门培训，个人专业技术水平如何，能否与客户的要求相一致并努力去满足他们的需求，在时间上能否保证按时完成工作等。公关人员的素质决定了公关公司的服务水准。

（3）公司客户情况

公司客户情况包括该公司现在有哪些客户、现有客户的社会地位如何、客户对公司的服务满意度有多高等。

（4）收费标准情况

一家信誉良好的公关公司也可能是收费较高的公司，因此，客户选择和评价公司实际上是将其信任度、服务质量同收费标准进行比较。任何一家单位都希望花较少的钱，取得较好的公关效果。

3.1.3　公共关系的专业组织

公共关系的专业组织是指那些自发组织起来的、从事公共关系理论研究与实务活动的非营利性群众团体或组织，主要包括公共关系学会、公共关系协会及其他专业协会。这些专业组织通过自己的出版物、会议、实践活动等，起着推广和普及公关意识、公关观念及提高人们公关技能的重要作用。

1）公共关系专业组织简介

在艾维·李把公共关系变成一种职业后，各种专业性的公共关系协会（学会）也迅速地发展起来，行业性的公关专业协会的出现甚至早于公共关系作为一门课程进入大学课堂。1915年7月，金融公共关系协会在美国芝加哥成立。1917年4月，美国高等院校公共关系协会宣告成立。1948年2月4日，美国的全国公共关系顾问协会（NAPRC）和美国公共关系理事会（ACPR）合并成立美国公共关系协会，其总部设在纽约，下设80多个分会，成员超过10 000人。英国公共关系协会也成立于1948年，有12个地区性的团体，会员超过3 500人。它们在建立和推行公共关系职业道德准则方面走在了世界前列。

在所有的专业性协会中，总部设在伦敦的国际公共关系协会（IPRA）无疑是最具影响力的。尽管在其1955年刚成立时，只有5个国家和15名会员，但现在已发展到77个国家和几千名会员，而且国际公共关系协会是得到联合国正式承认的，其会员也作为顾问服务于联合国经济及社会理事会。

在我国，最早的公共关系协会是1986年年底成立的上海公共关系协会。1987年，全国性的公关专业组织——中国公共关系协会成立，到20世纪90年代中期，该协会已有团体会员500余家、个人会员2 000多名。这些专业性组织都能定期开展成员间的学术交流和研讨活动。2018年12月8日，“2018中国公共关系发展大会”在北京举行，本届大会的主题是“新时代、新作为：中国公共关系的全球实践”。大会分为主题报告、2018公共关系蓝皮书首发式、中国公共关系协会“改革开放与公共关系40年”影响力发布三个环节。

2）公共关系专业组织的特征

公共关系专业组织作为非营利性的群众组织或社会团体，其自身的性质决定了它具有以下特征：

（1）人员组成的广泛性

公共关系专业组织的成员，由热心于公共关系事业的各行各业人士组成，既包括其所在地区的企业、新闻、科技、文教、法律、党政机关等单位的人士，又包括社团所属行业中有代表性的单位，具有行业分布的广泛性和人员构成的多层次性，以及职业的差异性等特点。通过这种组织，可以形成四通八达、纵横交错的信息联络网，广集信息、广交朋友、广辟渠道、广泛合作。

（2）组织结构的松散性

现在的公共关系专业组织没有统一的组织模式，组织之间也非隶属关系，组织内部结构根据组织自身需要而灵活设置，其成员都因对公共关系有共同兴趣而聚集在一起。

（3）工作内容的服务性

公共关系专业组织聚集了一批有理论、有实践的专家学者和实践工作者，利用这一优势，它可以为社会提供信息咨询服务。服务是公共关系社团的宗旨，一切活动都应以服务为指导思想和行业准则，服务的质量是其生命力之所在。通过提供及时、实用、优质、高效的服务，既可满足社会对公共关系的需求，又可提高社团的知名度、信誉度和权威性。

（4）非营利性。公共关系专业组织本身不是一个经济实体，不应以营利为目的。它不能直接从事贸易活动，否则就变成了一个狭隘的利益团体，破坏了自身的形象。

课堂讨论

2018年9月29日，“一带一路”主题大型动画系列片《丝路传奇》首播会在北京举行。请查阅资料并观看该动画片，讨论：该动画片是如何进行传播的？它对传播中华文化起到了什么样的作用？同时该动画片有利于培养学生的哪些素养？

3）公共关系专业组织的类型

自20世纪80年代以来，为适应我国改革开放和市场经济不断发展的新形势，各地区、各行业成立了多种多样的公共关系专业组织。

（1）综合型

综合型公共关系专业组织主要指不同地域范围的公共关系协会，如中国公共关系协会、中国国际公共关系协会、北京公共关系协会、上海公共关系协会、天津公共关系协会等。这种类型的社团多为自筹活动经费，有的是民办官（政府部门）助，其职能多是服务、指导、协调、监督。

（2）学术型

学术型公共关系专业组织主要包括公共关系学会、研究会、研究所等学术团体。通过举办理论研讨会、学术交流会，总结公共关系的经验，研究公共关系的理论问题，把握公共关系的发展趋势，引导公共关系事业的发展方向，对公共关系实践进行理论指导。

（3）行业型

行业不同，公共关系工作的特点也有所不同，公共关系组织的行业化，在国际上已成为一种发展趋势。例如，煤炭公共关系专业委员会、浙江省新闻界公共关系学会等都是行业型公共关系专业组织。行业型公共关系专业组织保证了公共关系事业得以在某一行业深入发展，是一种有潜力、有发展前景的公关专业组织形式。

（4）联谊型

联谊型公共关系专业组织形式松散，一般没有固定的活动方式，没有严格的会员条例，组织名称各异，如公共关系俱乐部、公关沙龙、公关联谊会等。其主要作用是在成员之间沟通信息，联络感情，建立良好的人际关系。例如，广东地区公共关系俱乐部就是这种联谊型公共关系专业组织。

（5）媒介型

媒介型公共关系专业组织是通过创办报纸、期刊等传播媒介，并以此为依托组建起来的。这类组织直接利用媒介，探讨公共关系理论，普及公共关系知识，交流公共关系经验，传播公共关系信息，树立公共关系形象。目前，在公关界影响较大的杂志主要有《国际公关》和《公关世界》。

4）公共关系专业组织的工作内容

大多数的公共关系专业组织都是半封闭的，它们一方面为会员提供组织章程规定的服务，另一方面又向社会开放，推出一些普及性服务和职业资格准入服务。这些公共关系专业组织的工作大体包括以下内容：

（1）会员服务

会员服务包括向会员提供组织信息及其他相关信息，组织会员间的学术和经验交流，以及维护协会和会员的正当权益；遵循“提供服务、反映诉求、规范行为”的工作宗旨；遵守中华人民共和国宪法、法律、法规、政策；遵守社会道德风尚，促进中国公共关系事业的发展，加强与国内外相关组织的交流合作，运用公共关系理论和管理科学的协调功能，促进社会经济发展，推动社会和谐，与国内外社会各界广泛交流，增进相互了解，发展交流与合作，为建设社会主义和谐社会、推动科学发展作出应有的贡献。

（2）制定职业道德及行业准则

制定职业道德及行业准则是公共关系协会的一项相当重要的工作，因为各种组织都越来越注重形象，作为专门树立和维护形象的组织，更应该以良好的形象出现在世人面前。这就需要制定出公共关系协会的成员共同遵守的职业道德标准和行为准则，因此，几乎每个公共关系协会都制定了明确的公关人员职业道德准则。

（3）对外服务

公关协会的对外服务项目包括对外的专业培训和资格认证，公关理论和实务知识、公关技巧的普及宣传，以及积极健康的公关意识和公关观念的宣传推广。其中，前者作为专业培训项目多为收费服务，而后两者多为免费服务项目。

（4）编辑出版公共关系方面的报刊、书籍或其他印刷品、电子出版物

美国公共关系协会编有《公共关系评论季刊》，还曾编辑出版《公共关系杂志》（这份于1944年创刊的杂志现已停办）；加拿大公共关系协会编有一个通讯季刊——《公报》；英国公共关系协会每年出版8期《公共关系》杂志；国际公共关系协会的官方出版物是《国际公共关系评论》季刊。1989年1月，中国第一份国内外公开发行的公关杂志《公共关系》在西安创刊；1993年，河北省公关协会和中国公关协会又共同创办了《公关世界》。

3.2　公共关系从业人员的素质

3.2.1　公关从业人员的静态素质

所谓人员素质，是指一个人的品德、学识、才华等方面的基本素质。一名公关人员的素质，是指在实现组织与公众的联系中，运用各种传播手段增强组织机构的生存能力，以及在公众心目中建立良好形象的过程中所表现出来的个人的意识、品德、常识、情操、风度等方面的综合素质。它是一种潜在力量，我们将其称为“静态素质”。下面从公关意识、公关心理、公关道德、知识结构等方面分别进行表述。

1）公关意识

公关意识属于一种现代经营管理和行政管理的思想、观念和原则。公关意识是一种综合性的职业意识，是公共关系从业人员应该具备的基本素质。良好的公共关系意识能够促使从业人员的公共关系行为永远处在自觉的状态，保持一种能动、开放、创造性的机制应对、适应环境变化，既能很好地从事公共关系策划工作，又能创造性地完成公共关系实施任务。

（1）塑造形象意识

塑造形象意识是公关意识的核心。在公共关系思想中，最重要的是珍惜信誉、重视形象的思想。现代企业都十分重视企业形象。良好的企业形象，是一个企业的无形资产和无价之宝。具有塑造形象意识的人，清醒地懂得知名度和美誉度对组织生存和发展的价值，他们会像保护眼睛一样维护组织的形象，甚至视其为组织的生命。

（2）服务公众的意识

任何组织的公共关系工作都必须着眼于公众。当组织利益与公众利益发生冲突时，满足公众利益应该是第一位的。现代公共关系教育的先驱、美国著名公共关系学者爱德华·伯内斯早在1923年就指出：公共关系工作是为“赢得公众的赞同”，“公共关系应首先服务于公众利益”。具有服务公众意识的人，能时时处处为公众利益着想，利用条件或创造条件为公众服务，努力满足公众方方面面的要求。这样的人，实际上清楚地了解公共关系工作的方向。

（3）真诚互惠的意识

真诚互惠的意识是公共关系的功利意识。否认公共关系工作的功利性是自欺欺人的。一个处在当今竞争社会中的组织，需要有一种竞争意识，但这种竞争不应是“你死我活”或“大鱼吃小鱼”，而应是既竞争又合作，共同发展，共同前进。任何组织都想通过公共关系工作，追求自身经济效益和社会效益的最佳统一，但这种追求必须建立在彼此尊重、平等合作、互惠互利的基础上，而非建立在欺骗他人、坑害公众的基础上。

（4）沟通交流的意识

沟通交流的意识，实际上可以说是一种信息意识。从更高的层次来说，沟通交流的意识属于现代社会的民主意识。公关活动是一种具有民主性的经营管理活动。组织为了塑造能为公众所接纳的良好形象，以求得公众对组织的支持，就必须倾听公众对组织的各种建议和批评；组织为了推销自身的良好形象，提高知名度和美誉度，就必须运用交流的技巧，将自身的所作所为宣传出去，而这一切都必须依赖一种民主精神、民主意识。

（5）创新审美的意识

组织的良好形象要发展，就必须有创新、有突破、有超越，既超越自己，又超越其他组织。至于组织良好形象的塑造过程中的每一个公关活动，其策划与设计也需要有创新。唯有创新，才能塑造具有个性的组织形象；唯有创新，才能使组织的良好形象在竞争的社会中永远立于不败之地。既然我们承认公共关系是一门具有创造性的艺术，那么，它必须具有美的形象，才能为人们所欣赏、接受；唯有美的活动，才能使人们参与、投入。具有创新审美的人，才能深刻地体会到塑造形象的奥妙和乐趣。

（6）立足长远的意识

塑造组织的良好形象不是立竿见影的事，只有长期努力、不断积累，才能取得成功。公关活动与广告或推销不同，如果说后者更多地着眼于眼前，注重较为直接的效益，那么前者从根本上来说就是立足于长远、追求长期的效益。任何急功近利、只关注短期效益的做法，都是与公共关系思想不相符的。

2）公关心理

公共关系从业人员的心理素质是其基本素质的基础，它包括：

（1）良好的性格

性格是一种潜在的能够对人的行为起决定作用的心理素质。性格构成人的态度体系，形成人惯常的行为方式。性格与能力的关系极为密切，良好的性格能推动能力的发展并能补偿能力的某些不足；相反，性格缺陷则会成为能力表现和发展的障碍。公关从业人员首先必须具备良好的性格。

（2）自信、豁达的风度

自信，这是对公关从业人员心理素质的基本要求，是其取得事业成功的基石。古人云：“知人者智，自知者明。”充满自信的公关人员，才敢于追求卓越、面对挑战，最终创造出奇迹。

公关人员要与社会上各种各样的人交往，要为组织建立一个和谐的公共关系氛围，这需要具有宽宏大量的气度。要能宽容别人的弱点与不足，能够容纳与自己不同的观点、态度、意见和方法，善于求同存异，能够和各种人结交成友，能着眼大事，不计较小是小非。另外，公关人员还要能以豁达乐观的态度冷静地对待、处理工作中的困难和挫折，不斤斤计较个人的得与失。

（3）热情、开放的心理

公共关系工作是一种需要人们付出大量智力劳动和体力劳动的艰辛工作。很多公关人员的头脑中几乎没有定时工作制的概念，他们要经常加班加点、超负荷地工作。可以说，没有极大的热情，没有全身心的投入，是干不好公共关系工作的。

公共关系工作是一种开放型的工作，从事这种工作的人需要有一种开放的心理。能够不断接受新的事物、新的知识、新的观念，在工作中敢于大胆创新才能不断突破。

（4）良好的心态

良好的心态，是指个体无论是在积极的心理体验中还是在消极的心理体验中都能保持积极进取的心理状态。具有良好心态的人能用理智控制激情，能保持心理平衡；能够排除环境的影响，在挫折和失败面前能主动寻找失败的原因，寻找前进的方向。公关人员的工作任务艰巨复杂，可能会遇到各种各样的麻烦、打击、挫折、失败，所以，公关人员不能只“跟着感觉走”，而应该控制自己的情绪，即使自己处于极其不利的境地，也应该保持良好的、积极进取的心态。

3）公关道德

道德是人生的脊梁、做人的规矩。由于公关人员所从事的是一种塑造形象的创造性劳动，是一项争取公众的工作，这就要求其本身应具有高尚的品德、卓然不群的精神境界，从而产生特有的人格魅力，这种魅力可以看成是争取公众的法宝，是每个公关人员不能缺少的。但丁说过：“道德常常能够填补人们智慧的缺陷，而智慧却不能同样填补道德的缺陷。”因此，对于公共关系从业人员的道德要求，从某种角度上说，要比其他一些职业对从业人员的道德要求更高一些。这是因为：第一，公共关系是要通过塑造组织的良好形象、扩大组织的知名度和美誉度来追求社会效益和组织效益的最佳统一，因而，从事这一职业的人需要有高尚的道德品行；第二，从事公共关系职业的个人主要代表某一组织，其公共关系工作中反映出来的品德好坏不只影响个人，更重要的是影响整个组织，因而，这一职业的道德标准要更高一些。

公共关系工作中的职业道德主要包括：

（1）恪尽职守，真诚老实

塑造组织的良好形象，为组织的生存和发展创造良好的环境，对公共关系事业的发展作出贡献，是公关人员的基本工作和根本任务。因此，评价一个公关人员是否具有职业道德，最重要的是看他对公共关系事业是否尽心尽责，对公共关系工作是否恪尽职守。这就要求公关人员热爱本职工作，有强烈的职业责任感，能充分履行本职工作的社会责任、经济责任和道德责任，而不能从事任何与履行职责无关或相悖的事务，不能违背国家和政府的法纪和规章制度，不能泄露组织的机密或做有损于组织形象、声誉的事。那些玩忽职守、自由散漫、无组织无纪律的思想和行为，都是不道德的。

另外，公关人员在对待职业的态度上要体现客观真实的原则。“真实”是公共关系的生命力所在。缺乏“真实”，就不能取得公众的信任和支持，就不能有效地开展公共关系工作。公共关系的真实性原则要求公关人员真诚老实、讲真话、讲实话、注重透明、注重公开，不可弄虚作假、欺上瞒下、欺内瞒外。公关人员说话、办事、做人都要表里如一，实事求是，不可投机取巧，他们的一切行为都要经得起检验。

（2）努力学习，有效工作

公共关系是实干的事业，因此，公关人员的职业道德水平如何，不仅要看其有无自觉履行职责的愿望，还要看有无出色履行职责的过硬本领。公关人员干好公共关系工作应凭实力，凭真才实学，凭对公共关系理论和实务知识的全面掌握及熟练、灵活的运用。公关人员只有积极钻研业务，勤奋学习，才能维持工作的高水准。那种不学无术，碌碌无为，工作中常出差错，甚至给公众、组织乃至整个社会带来损失的人员，都是不道德的。

（3）廉洁奉公，不谋私利

公共关系工作是服务于公众、服务于组织、服务于社会的，每个公关人员只有为公众、组织、国家谋利益的义务，而没有谋个人私利的权利。公共关系的工作性质和特点决定了公关人员拥有较多的社会关系，且掌握着一定的权力。这些关系和权力，不仅对组织有利，而且对个人也有用，因而，廉洁奉公、不谋私利，对公关人员来说十分重要。公关人员必须始终把国家利益、公众利益、组织利益放在首位，在任何时候都不能自私自利。那种利用职权营私舞弊、损公肥私、假公济私、贪污受贿、欺诈勒索的行为，都是不道德的。

（4）公道正派，谦虚团结

公共关系事业是高尚的事业。献身于这一事业的公关人员应有高尚的品德。他们要为人正直、处事公道、作风正派、公私分明、不拿原则做交易。那种投机钻营、圆滑虚伪、趋炎附势、傲慢自大、个人第一、夸夸其谈、浮躁狭隘、争功夺利、妒贤嫉能的思想和行为，都是背离公共关系职业道德的。

另外，公共关系工作是一种群体工作，合作、互助、团结、友爱、互相信任和互相尊重，是工作顺利、事业成功的可靠保证。公关人员在待人接物上，应表现出耐心、谦虚和节制，举止、言谈、衣着都应得体有分寸，应作风民主、平等待人，气度宽容、容人之短，学而不厌、诲人不倦，闻过则喜，知错必改。

综上所述，公共关系必须以德为本，它的是非成败、真伪优劣与德行息息相关。实践证明，不以德为本、不讲职业道德、不注重社会效益和公众利益，就会迷失方向，失去应有的价值，事业将以失败而告终。

长期以来，各国和国际公共关系组织为公共关系职业道德的系统化、正规化、制度化作出了巨大的努力，其主要成果便是作为公共关系职业化一大标志的众多“职业准则”的诞生。在众多公共关系组织制定的职业准则中，国际公共关系协会制定的《国际公共关系道德准则》影响最大。

4）知识结构

公共关系的知识结构应该是“T”字形的，即专业知识要深、一般知识要博。一般来讲，“T”字形的纵向知识主要是指公关专业理论和公关技术的应用。公关专业理论包括公关的原理、历史，公关的规划、社会责任和职业道德，公关的组织机构和管理，公关的传播理论、媒介理论和社会舆论的研究等。公关技术的应用包括公关的实务、技巧、方法，公关实习和案例分析，以及运用传播媒介和制作各种宣传材料进行公众调查等。“T”字形的横向知识一般是指与公关专业理论和应用技术相关的社会科学、人文科学、自然科学及外语等。公关人员的横向知识具有很大的弹性，是围绕着纵向知识的需要而构成的知识体系，涉及社会学、心理学、新闻传播学、管理学、组织行为学、国际关系、对外关系等。尽管这些学科不是公共关系本身，但它们的许多理论、应用技巧与公关的联系极为密切，对公关人员做好工作起着启迪、指导的作用。

有人说，“T”字形的知识结构能使公关人员集“专才”与“通才”于一身，集科学与艺术于一体，能具有科学家的思维、经济家的头脑、组织者的才干、政治家的胸怀、外交家的从容、企业家的胆识、军事家的果断、宣传家的技巧、战略家的眼光、幻想家的想象、律师的善辩和新闻记者的敏感。因此，“T”字形的知识结构能把公关人员造就成“一专多能”的特殊人才。

公关人员总是在一定组织内工作，无论是“内求团结”还是“外求发展”，了解本组织的有关知识都非常必要。公关人员对内可以缩小与内部员工、股东的距离感，增进对他们的工作的理解，包括对他们的职业习惯的理解，这样，与他们的沟通就会变得更为方便，也可以让他们感觉到你是“自己人”；对外，掌握本组织的有关知识，可以为与外界的联系做好准备，因为公关人员直接代表组织，如果自己对组织的有关情况不了解，拿什么东西去与他人沟通呢？

组织的有关知识包括：①组织的基本情况。它包括组织的历史情况，现在的生产、经营情况，市场情况，人员的基本情况，决策者的情况等。②组织的专业知识。比如，你是某饮料厂的公关人员，那么你对有关饮料的知识就应当有一定掌握，从配方、生产流程、作用与副作用到市场行情、流行趋势等，均应当有所了解。③有关同行的情况。了解组织在全市、全省乃至全国、全世界的同业竞争者的经营情况。

公关从业人员还必须具备相应的法律知识。我国公关职业活动所涉及的法律主要包括《民法典》《反不正当竞争法》《消费者权益保护法》《对外贸易法》《海关法》《广告法》《商标法》《专利法》《著作权法》《劳动法》以及国家有关新闻出版、信息传播等方面的法规。

另外，公关人员还应掌握一些应用性学科知识，如广告、写作、演讲、社会调查、计算机应用与社交礼仪等知识，它们对提高公关人员的实际工作能力有直接的帮助。

3.2.2 公关从业人员的动态素质

对于公关理论研究来说，人员的知识结构相对占据主导地位；对于公关实务工作来说，人员的能力结构显得更为重要。能力是素质的外在表现，而素质是一种潜在的能力，因此，我们把公关人员应具备的能力称为“动态素质”。

斯科特·卡特李普等人在所著的《有效公共关系》一书中，将公共关系工作概括为10类：①写作；②编辑；③与新闻媒介的联络；④特殊事件的组织与筹备；⑤演讲；⑥制作；⑦调研；⑧策划与咨询；⑨培训；⑩管理。由此可见，要胜任上述工作，公关人员需要具备的能力要素是多方面的。当然，在公共关系工作中，并不是要求每一位工作人员都是全能的，实际上这也不可能做到。但对于一个高水平的公关人员来说，一些基本的能力要素是必须具备的，因此，我们认为公关人员必须具备以下能力：人际交往能力、口头表达能力、文字写作能力、自我调节能力、组织领导能力、调查研究能力、开拓创新能力、灵活应变能力、处世融群能力和信息处理能力。

1）人际交往能力

人际交往能力是进行交往、联络公众的能力，是公关人员广结善缘、搞好各方关系、争取公众理解和支持的基本素质。人际交往能力强，则公关人员能够在任何场合中相机行事、应付自如、左右逢源、广交朋友；反之，则会影响公关人员个人的行为效果，进而影响组织的声誉和形象。可以说，较强的交际能力是公关人员事业成功的一项“看家功夫”。

2）口头表达能力

公关活动需要沟通、协调，而沟通、协调所借助的主要方式是口头表达，因此，把所要传达的信息或思想清晰地口头表达出来，是对公关人员的一项基本要求。无论是准确地表达思想，还是给表达对象留下良好的印象，在公共关系中都是十分重要的。清晰、简洁、明了的表达才可能收到良好的沟通效果。

3）文字写作能力

用文字进行沟通，同样是公关的重要手段。撰写新闻稿、展览会解说词、调查报告以及为决策者提供材料等，都需要公关人员有很好的文字功底。对公关人员来说，在掌握基本写作技能的前提下，应着重学习三方面的写作：一是新闻稿的写作；二是司法文书的写作；三是文秘的写作。

4）自我调节能力

公关人员既要面对繁杂的日常事务，又要处理重大的应急事件。在工作不顺心、不如意的时候，在遇到棘手的问题难以处理或有激烈矛盾冲突的时候，要表现得不急不躁、耐心冷静，要调控好自己的情绪，理智、平和地面对各种复杂的局面。只有这样，才不会激化矛盾，才可能把握住解决问题的时机。自我调节能力是对公关人员心理素质的一种挑战，也是对其道德修养的一种检验。

5）组织领导能力

公关人员的工作，多数是通过参加集会或联谊等活动在组织与公众之间建立联系，发挥影响和作用，因此，公关人员要有较高的组织领导能力。具体而言，包括制订计划、选择方案的能力，协调人际关系的能力，组织集会或典礼的能力，控制工作过程并考核工作成效的能力等。

6）调查研究能力

调查研究能力是公关人员掌握信息、了解公众、了解突发性事件的真相的保证，因此，公关人员必须培养调查研究的能力。要培养调查研究的能力，必须做到以下三点：第一，要有正确的调查研究态度。正确的调查研究态度意味着强烈的责任心和实事求是，避免先入为主、走马观花、偏听偏信。第二，要有良好的群众基础。第三，掌握正确的调查方法。

7）开拓创新能力

创新是公关活动的一个突出特点，成功的公关活动就像是一座座雕塑精品，没有完全一样的。只有不断推出富有想象力的、别具一格的新颖活动方案，才可能使组织或一鸣惊人、旗开得胜，或力挽狂澜、化险为夷，或力克群雄、出奇制胜。公关活动之所以如此迅猛地在世界范围内得以发展，正是因为这种变幻无穷的创新设计，使人们强烈地感受到了其强大魅力。因此，创新能力是公关人员极其重要的一项能力要素。

8）灵活应变能力

公关人员素质的好坏、能力的强弱，在应急状态下表现得最为淋漓尽致。如果公关人员没有灵活的应变能力，面对各种危机事件时就会不知所措、丧失良机，因此，公关人员要当机立断、有条不紊地行动。临阵不乱、有板有眼地行动，能充分显示公关人员的心理素质和灵活应变能力。这种灵活应变能力可以通过训练来培养，更重要的是需要在实践中学、练、悟。

9）处世融群能力

处世融群，通俗地说就是为人处世、与人和睦相处的意思。对于公关人员来说，处世融群有两层含义：第一层是与人和平相处，即人际关系上比较“摆得平”；第二层是人格魅力，能让人喜欢你。第一层含义是第二层含义的基础，第二层含义是第一层含义的升华。一个处世融群能力强的人，开展公关活动的成功率高。

一项研究表明，具有人格魅力的人有如下个性特征：第一，尊重、关心他人，对人一视同仁，富有同情心，乐于助人。第二，持重、耐心、忠厚老实。第三，热情开朗，喜爱交往，待人真诚。第四，聪颖、爱独立思考，重视自己的独立性与自主性，并有谦虚的品质。第五，有审美眼光和幽默感，有广泛的兴趣和爱好。第六，温文尔雅，端庄稳重。

10）信息处理能力

公关人员每天会收到来自各个方面的各种各样的信息，能否及时处理好信息，梳理出有用、无用的信息，急用、缓用的信息，单向、双向的信息（即马上需要反馈的信息）是十分重要的。一方面，信息的处理有利于公关人员明确工作的主导方向；另一方面，有些信息本身具有极强的时效性，只有及时处理，才能免受损失，这就要求公关人员有较强的信息处理能力。

对于公关人员来说，上述10个方面的能力并不要求均衡发展，而是在各种能力都具备的基础上突出某些特殊能力。

3.2.3 公关礼仪

微课3-2

公关礼仪的重要性

在公关活动中，公关礼仪是公关人员必须掌握并娴熟运用的人际关系的传播技能。对于公关人员来说，礼仪不仅是与公众交往的场合中的“通行证”，而且是体现修养水平和业务素质的一种标志。在公关活动中，公关人员或组织的重要成员有失礼仪就有损组织形象。公关是塑造良好形象的艺术，公关礼仪是组织形象的体现，因此，公关人员绝不可忽视礼仪的要求。下面就日常公关活动中常见的礼仪要求做些介绍。

1）日常交往中的礼仪

礼貌是言语动作谦虚恭敬的表现，礼仪是为表示敬意而隆重举行的仪式。礼仪的节度称为礼节，也是礼貌的具体体现。各个民族、国家和地区，都有一套人们在长期交往中逐渐形成并共同遵守的礼节、礼仪。国际交往中也有受到各国普遍重视和广泛运用的国际礼仪与交际礼节。这些都是在各种公众交际场合人们共同遵守的行为规则。公关人员应该是遵守礼节、礼仪的楷模。交际礼仪的规范较多，这里首先谈谈日常交往中的礼貌、礼节。

（1）见面与介绍

在交际场合结识朋友，可由第三者介绍，也可自我介绍相识。一般来讲，经由第三者介绍而认识更为自然些，因此，在社交场合对于随行的同伴，应有意识地向自己的熟人引荐、介绍。当然，也应该注意，为他人介绍前，最好先了解一下双方是否有结识的愿望，不要贸然行事，以免造成难堪的局面。同时，还应该注意，无论自我介绍还是为他人介绍都要自然。例如，正在交谈的人中，如有你所熟识的，便可趋前打招呼，这位熟人顺便将你介绍给其他客人。在这些场合亦可主动自我介绍，讲清姓名、身份、单位，对方则会随后自行介绍。为他人介绍时还可说明与自己的关系，以便新结识的人能相互了解与相互信任。介绍具体个人时，要有礼貌地以手示意，而不要用手指指点点。

介绍也有先后之别，一般而言，应把身份低、年纪轻的介绍给身份高、年纪大的，把男子介绍给女子。介绍时，除妇女和年长者外，一般应起立致意，但在宴会桌上、会谈桌上可不必起立，被介绍者只要微笑点头有所表示即可。

见面和离别时最常见的礼节是握手，这是流行于全世界的交际风俗。长幼双方应该由长者先伸手，男女双方由女士先伸手，主宾之间由主人先伸手，同辈、同性间先伸手者为有礼。一般以右手相握，手臂微弯，掌心朝向左上方。握手时，用力要适度，体现热情或景仰，时间以1~3秒为宜。年轻者对年长者，身份低者对身份高者，则应稍稍欠身，双手握住对方的手，以示尊重。男士与女士握手时，往往只握一下女士的手指部分。

关系亲密的人见面时则可边握手边问候，甚至两人的双手可以长时间地握在一起。

还应注意的是，多人同时握手时，不要交叉，待别人握完后再伸手。握手前一般应脱下手套。当然，按西方习惯，地位高的人和妇女也可以戴手套握手。军人戴军帽与对方握手时，应先行举手礼，然后再握手。

（2）探访与接待

遵守时间、不失约是社会交往中极为重要的礼貌，因此，在探访他人时，一般情况下应事先通过电话及其他途径约好时间。一旦约定，应按约定时间到达。过早抵达，会使主人准备未毕而难堪；迟迟不到，则让主人和其他客人等候过久而使自己失礼。因故迟到，要向主人和其他客人表示歉意。万一因故不能应邀赴约，要有礼貌地尽早通知主人，并以适当方式表示歉意。在"时间就是金钱"的经济社会，失约或者迟到都是一种非常失礼的行为。这里需要特别强调的是，在现实生活中，许多人（包括一些公关人员）的时间观念非常淡薄，把失约或迟到这类的失礼行为视为小事而漠然置之。这对公关工作尤其是涉外公关工作而言是极为有害的。

到达朋友家时，要先敲门，即使大门敞开也不可贸然闯入；进入室内后不可随便自行落座，需等主人引导方可坐下。后来的客人到达时，先到的男客人应该起立，等待介绍。

与人交谈时，要做到表情自然，语言亲切，表达得体。说话时可适当做些手势，但动作不宜过大，更不要手舞足蹈，不要用手指指人。谈话的内容一般不涉及疾病、死亡等不愉快的事情，不谈荒诞离奇、耸人听闻的事情。谈话要注意分寸，称赞对方不要过分，谦虚也要适当。别人说话时，要注意倾听，以示尊重。不要左顾右盼、交头接耳或随便打断他人的谈话，更不要伸懒腰、打哈欠、脱鞋、脱袜子或做其他懒散动作。做客时要彬彬有礼，言行举止均应显出良好教养。探访过程不宜过长，如遇主人家另有朋友到访，即使主人谈兴正浓，也应同新来的客人打招呼，并尽快告辞，以免妨碍他们。临别时，要与主人及其家属、在座客人一一握手或向他们点头致意。主人相送，应说"请回""留步""再见"，不可径自大步离去。

接待来访是一项经常性的公关工作。如果事先知道有客人来访，要提前做好迎客准备；如果客人不期而至，也应放下手中工作，起身相迎，热情待客。与客人交谈，不要频繁看表，以免客人误以为你是要送客。如果自己确有急事要办，不妨向客人说明，以取得客人的谅解。客人告辞时，要等客人起身告辞后方可站起来相送，否则是失礼之举。送客一般送到门口。对远道而来的客人，要主动介绍车辆交通情况，必要时可送到车站、码头。

（3）握手与问候

在当今世界，握手是最通用的致意礼节。公关人员不仅应学会恰如其分地握手，还应懂得如何通过握手了解对方的心态、性格特点。

握手通常是与他人的第一次身体接触，它给人带来一种什么样的感觉，以及由此引发的认识评价，与握手的礼仪有直接关系。一次令人愉快的握手，感觉上是坚定、有力的，代表着这个人能够做决定，能够承担风险，更重要的是能够负责任，以诚挚、热情的握手来显示他多么高兴能认识你。

正确的握手姿态是：距离对方约一步左右，立正，上身微微前倾，面带微笑，伸出右手握住对方的右手。伸出的右手应四指并拢，拇指自然张开，紧握住对方的手，上下摆晃三下就松开自己的手。如为初次见面，握手时间不宜过长，以不超过3秒为宜。与女士握手时间不宜过长，握住女士的手不放是很不礼貌的。握手时目光应热情友好地注视对方，不要东张西望、心不在焉、上下打量，也不要嘴叼香烟或一只手插在口袋里，最好边握手边问候致意："您好！""见到您很高兴！""欢迎您！""恭喜您！"或"辛苦啦！""谢谢！""非常感谢！"等。

令人反感的握手方式是：握住别人的手不放；用力过大，捏疼对方的手；左右摇晃；手心有汗，湿乎乎的；手过于冰冷；犹豫、不爽快，好像在告诉别人你不是做决定的人，让人觉得你软弱、狡猾、没有生气；戴着手套与人握手。什么情况下不宜握手呢？第一种情况是当对方或自己的双手拿着东西时或者手不干净时，不宜握手；第二种情况是当对方地位比你高许多，而你又没有什么话要对他说，这种情况下，如果刻意上前与之握手并介绍自己，便显得别有用心或有巴结之嫌了。

问候是指向别人问好，表达自己的慰问。问候礼仪在交际应酬中应用很广，它不是为某件具体的事而进行的，主要是为了表示对亲朋好友、同事熟人的一种礼貌，是为了发展双方的友谊而进行的礼仪行为。

问候礼仪可分为两种：一种是当面问候致意，又称打招呼；一种是远方的问候。主动地向人打招呼是尊重他人的表现。熟人相遇，朋友相见，都离不开相互问候，如毫无表示，或漫不经心，无意间造成无礼行为，对双方都会造成不快。打招呼的基本规矩是：男性应先向女性打招呼，年轻的应先向年老的打招呼，下级应先向上级打招呼。打招呼的方式有两种：一种是语言问候，另一种是动作问候。语言问候主要是使用问候语，根据不同场合、不同对象而灵活机动，总的原则是越简单越好。动作问候有点头、微笑、握手、拥抱、吻礼、鞠躬等，其中点头和微笑是一种非常普遍的见面致意礼节，同事或一般熟人，见面只需点头致意或笑一笑就算打了招呼；如果关系较密切，应一边用语言问候，一边趋前握手，表示喜悦、欢快的心情；欧美人比较喜欢以轻轻的拥抱表示他们很高兴见到；日本人则一直沿用传统的鞠躬礼作为见面互相问候致意的礼节；吻礼多用于长辈与晚辈之间、夫妻之间、亲密的朋友之间。对远方朋友的问候方式包括邮寄书信/明信片、打电话、发电子邮件、发短信息/微信、赠送礼物等。其中，书信是一种既简便经济又内涵丰富的问候方式，但现代人由于工作繁忙，能静下心来写信的人越来越少了，那么一张小小的卡片便可以浓缩深厚的情谊，令人回味深长。电话则是最直接的问候方式，闻其声如见其人，通过电话彼此能交流感情、传递节日的问候。问候的内容是丰富多样的，可因人因事有所区别。一般性问候，多为祝身体健康、生活如意、事业顺利、节日愉快等；特殊性问候应视具体对象、具体情况而具体对待，不能生搬硬套。

（4）仪容和服饰礼仪

魅力，是一种能够吸引人的力量，它是一个人内在美和外在美的统一。其中，人的仪容和服饰是构成魅力的一个重要组成部分。

仪容和服饰礼仪是指一个人在容貌、举止方面保持美好的礼节规范和要求，主要包括个人卫生礼仪、举止礼仪、美容美发礼仪和服饰礼仪等。

举止礼仪是指人们在社交活动中各种表情与姿态行为的规范，包括人的面部表情、站姿、坐姿、蹲姿等。美容美发礼仪是指人们要学会恰如其分地打扮自己，要表现出独特的美感，体现自己的个性、气质和修养。服饰礼仪要体现整洁、个性和和谐原则，同时要遵守国际上公认的穿衣原则——TPO原则。T（Time）原则是指服饰打扮应考虑时代的变化、四季的变化及一天各时段的变化；P（Place）原则是指服饰打扮要与场所、地点、环境需要相适应；O（Object）原则是指服饰打扮要考虑此行的目的。

2）主办各类活动的礼仪

为了达到预期的公关目标，公关人员要进行各种专题活动。在安排每次活动时，都必须考虑礼仪问题，因为它直接关系到组织的形象，关系到公关活动的成败。稍一疏忽，往往就会使取得的成果毁于一旦，所以主办各类活动时，礼节方面不得忽视。

（1）迎送

有会议必然有迎送，迎来送往是常见的社交活动。在国际交往中，对外国来访的客人，通常均视其身份和访问性质，以及两国关系等因素，安排相应的迎送活动。

首先，要确定迎送规格。确定迎送规格，主要是依据来访者的身份和访问目的，适当考虑双方组织的关系，同时要注意惯例，综合平衡，主要迎送人员通常要与来宾身份相当。当事人不能出面时，应从礼貌的角度出发向对方作出解释，其他迎送人员不宜过多。其次，必须准确掌握来宾乘坐的飞机（火车、轮船）的抵、离时间，及早通知全体迎送人员和有关单位，如有变化也应及早告知。迎接人员应在飞机（火车、轮船）抵达之前到达机场（车站、码头），送行则应在客人登机（火车、轮船）前抵达，或随车前往。送别时一般应送到安检口，挥手告别，直至客人看不见时，送别人员方可离开。再次，迎送的有关礼仪应遵循国际惯例，并尊重来宾的民族特点及风俗习惯。以献花为例，凡在迎送场合献花，必须用鲜花，要注意保持花束的整洁、鲜艳。按照西方社会的惯例，欢迎场面忌用菊花、杜鹃花、石竹花及黄色花朵，一般宜送一两枝较名贵的兰花、玫瑰花等，有时也可送花环。鲜花或花环通常是在参加迎送的主要领导人与客人握手之后，由儿童或女士献上。

迎接一般的客人，不必举行专门的仪式，主要是做好各项安排。如果客人是熟人，则不必介绍，仅上前握手，互致问候即可；如果客人是首次前来，又不认识，公关人员应主动上前确认，主动自我介绍；如果迎接大批客人，也可以事先准备特定的标志，如小旗子或牌子等，让客人从远处就能看到，以便主动前来接洽。

此外，还应注意安排汽车、预订住房、办理出入境手续及机（火车、轮船）票和行李提取或托运手续等事宜。

（2）会见、会谈

会见，国际上一般称接见或拜会。凡身份高的人士会见身份低的人士，或是主人会见客人，一般称为接见或召见。凡身份低的人士会见身份高的人士，或是客人会见主人，一般称为拜见。我国一般统称为会见。就其内容而言，会见有礼节性的、政治性的和事务性的，或兼而有之。

会谈是指双方或多方就某些重大的政治、经济、文化、军事问题，以及其他共同关心的问题交换意见。会谈也可以是洽谈业务，或就具体业务进行谈判。会谈的内容一般较为正式，政治性或专业性较强。

会见、会谈在礼仪上应注意以下几个方面：

首先，提出会见要求时，应将要求会见人的姓名、职务及会见什么人、会见的目的告知对方。接见一方应尽早给予回复，约定时间，将约定地点、主方出席人、具体安排及有关事项通知对方。其次，要准确掌握会见、会谈的时间、地点和双方参加人员的名单，及早通知有关人员和有关单位做好必要的安排，主人应提前到达。再次，会见、会谈场所应安排足够的座位。如果厅室面积大，宜安装扩音设备；会谈如用长桌，应事先安排好座位，现场放置中外文座位卡，卡片上的字体应工整清晰；如有合影，应事先安排好合影事项。最后，客人到达时，主人应在门口迎接。如在会客厅中迎候，就应由工作人员在楼门口迎接，引入会客厅。如有合影，宜安排在宾主握手之后，合影后再入座。会见结束后，主人应将客人送至车前或门口握别，目送客人离去后再退回室内。

此外，还应该注意，凡礼节性会见，逗留时间不宜过久，半小时即可告辞。日常交往中客人来访，相隔一段时间后应回访。如客人为祝贺节日、生日等喜庆日来访，则可不必回访，而应在对方节日、生日时前往拜访表示祝贺。

会见及会谈的座位安排，在礼仪方面是有要求的：会见通常安排在会客室，或宾主各坐一边，或穿插坐在一起。客人一般坐在主人的右边，译员、记录员坐在主人和主宾的后面。其他客人按礼宾顺序在主宾一侧就座，主方陪见人在主人一侧就座。会谈一般用长方形、椭圆形或圆形桌子，宾主相对而坐，以正门为准，主人在背门一侧，客人面向正门。主谈人居中，译员安排在主谈人右侧或后面。其他人按礼宾顺序左右排列。如会谈长桌一端朝向正门，则以入门的方向为准，右为客方，左为主方。多方会谈，座位可摆成圆形、方形等。小范围的会谈，也可只设沙发。

（3）参观游览

组织客人参观游览，是公关人员经常性的任务。在组织参观游览活动中应注意以下事项：

第一，日期选择。参观日期最好选择特殊的或喜庆的日子，避开国内或国外忌讳的日子。如中国的清明节、西方的13号等。

第二，安排布置。对先看什么、后看什么、预计持续时间、有无介绍等作出详细计划，向接待单位交代清楚，告知全体接待人员。

第三，陪同。外宾参观时，一般由身份相当的人员陪同，接待单位也要有一定人员出面，并根据情况安排解说员、导游人员。内宾参观应根据需要和可能派员陪同、提供方便。

第四，介绍情况。一般应边看边介绍，介绍的情况要符合实际。对客人的提问要给予适当的答复。

第五，摄影。通常可以参观的地方都允许摄影，不准摄影的场所应树立标志，并向来宾作出解释。

第六，食宿交通。组织参观游览要考虑用餐的时间、地点。如果进行郊游，应准备食品、饮料、餐具等，如果需要休息或住宿要预订好房间，注意车辆检查和交通安全。

（4）舞会

舞会是一种社交活动，公关人员为了广结善缘、联络感情，举办舞会是必要的，熟悉舞会礼仪会使整个公关工作锦上添花。

第一，舞会的组织工作。被邀请的男女客人人数要大致相等。对于已婚者，一般均请夫妇同行。请柬上应注明舞会持续的时间，客人可在期间任何时候到场和退席。舞会场地应宽敞，地板打磨或上蜡保持光滑。舞厅内可用彩纸和彩灯装饰。最好请乐队伴奏，并事先选好舞曲。备有休息室，可供客人随时休息。

第二，参加舞会应注意的礼貌。参加舞会，着装应与舞场气氛相宜，仪容整洁，不吃有刺激性气味的食物，不拖病体跳舞。第一场舞，主人夫妇、主宾夫妇共舞。第二场舞，男主人与主宾夫人、女主人与男主宾共舞。舞会上，公关人员（主持人）应主动为无舞伴的女宾介绍舞伴，并照顾其他客人。男士避免全场只同一位女士共舞。不得男士同男士、女士同女士共舞。男士邀请女士共舞时，要立正，向对方点头邀请，待对方同意后，陪伴对方进舞池。如对方不同意，不能勉强。一曲完毕，男士向女士致请，如女士实在不愿跳，可以婉言辞谢。跳舞时要注意舞姿，男士的右手应在女士的腰部正中，不能超过女士腰的中部。跳舞时不可以吸烟，不能戴口罩和手套。出席家庭舞会的客人在离去时应向女主人道别，以表示感谢和礼貌。当然，如离去较晚，就没有必要这样做。

公关实训

公关人员形象训练

【实训目的】

通过实训，了解各类社会组织公关人员的职业素质要求，培养学生的形象意识，使学生在提升公关职业素质方面更具有针对性。

【实训内容】

公关人员的外表修饰、基本姿态练习。

【实训主要仪器设备及材料】

电脑、网络、相关服装、化妆品、桌椅或沙发。

【实训方法及步骤】

1.实训方法：实地调查法、小组讨论法、情景模拟法。

2.实训步骤：

（1）教师布置实训任务，并提出实训要求。

（2）学生分组进行练习，并准备参加全班的汇报表演。

（3）给自己进行合适的形象定位。

（4）进行外表修饰练习，掌握公关人员化妆与着装的基本要求。

（5）进行站姿、坐姿、走姿、手势、眼神、微笑等基本姿态练习。

（6）学生按小组进行汇报表演。最好能进行实况录像。

（7）教师进行点评。

【实训报告要求】

1.对实训内容与操作规范进行简单的描述。

2.能够对实训过程中存在的问题进行分析并提出建议。

3.实训报告的格式要规范，语言表达要准确、清晰。

4.既可以以小组为单位提交报告，也可以独立提交报告。

【实训注意事项】

1.要注意个人的身体形象、外饰形象与内在形象的统一。

2.要放松、自然、不张扬、不拘谨、从容大方。

3.注意考察学生的沟通能力和合作精神。

本章小结

组织内部组建公共关系部是有效地开展公共关系工作的组织保证。公共关系部在组织中担任着重要的角色，起着重要的作用。公共关系部在组织中的地位取决于组织规模的大小、领导的认同，以及组织的需要程度。

公关公司是一个独立的营利性机构，它是专门从事公关服务的专业性公司，规模可大可小，业务范围比较广泛，在公关市场上越来越受到社会组织的欢迎。

公共关系专业组织包括各类学会、协会、俱乐部、沙龙等。它是自发性的公关组织机构，对传播和研究公共关系理论与实践起着重要的作用。

公关效果的好坏取决于公共关系从业人员的素质高低，公共关系从业人员必须具有强烈的公关意识，具备健康的公关心理，拥有良好的职业道德及丰富的公关知识和公关工作能力。

同步测试

随堂测3

一、单项选择题

1.在部门隶属型公共关系机构中较好的一种形式是（　　）。

A.归属于销售部门　　B.归属于广告宣传部门

C.归属于接待部门　　D.归属于办公室

2.与公共关系部相比，公共关系公司的长处之一是（　　）。

A.熟悉组织情况　　B.接近客户

C.工作具有连续性、持久性　　D.职业水准较高

二、多项选择题

1.专业公共关系公司的基本职能有（　　）。

A.公共关系咨询　　B.传播信息

C.组织活动　　D.人员培训

2.客户选择专业公关公司应着重考虑（　　）。

A.地理位置　　B.公司信誉

C.人员素质　　D.收费标准

三、简答题

1.简述组织内部公关部和公关公司各自具有的优缺点。

2.公关从业人员应具备哪些基本素质?

3.客户选择公关公司的标准是什么?

四、情景题

某家公司高薪招聘公关人员，安排了一个特殊的面试流程：一间房子、一张桌子、一把椅子、一位主考官，应试人员单独进来接受面试。每位应试人员进来后，主考官都会说“请坐”，然后就自己坐在椅子上。屋子里没有第二张椅子，应试者往哪里坐?有的应试者茫然不知所措；有的愤怒，认为招聘单位怠慢考生；有的出去找椅子；有的干脆委屈地坐在地上……能够不卑不亢从容应对的，在百余名考生中，只有区区几人。请问：这个面试能很好地选择公关人员吗?

五、案例题

案例分析一：难伺候的“上帝”

某家宾馆一次来了几位外地客人，他们对宾馆的客房设备和饭菜质量都过于挑剔。在5天的住宿时间内，他们几乎每天都打电话给宾馆的公关部反映问题。开始该公关部的接待人员还能够心平气和地倾听他们的意见，并给以回答和解释，可在接二连三地受到指责后，接待人员终于耐不住性子了。当几位客人要离开宾馆时，他们又打电话给公关部，说：“我们这几天要求您解决的问题，您一件也没能解决，真是太遗憾了。”听了这话，接待人员反唇相讥：“倘若你们以后再来此地，请到别的宾馆试一试!”于是一场激烈的舌战在电话中爆发了。当客人离开宾馆后，客房服务员在他们住过的房间写字台上发现了一张纸条，上面写着：“世界第一差。”

请思考：

(1) 外地客人的评价与公关人员的态度有什么关系?

(2) 通过本案例，你认为公关人员必须具备哪些素质和能力?

(3) 该事件发生后，宾馆应该如何做才能挽回影响，以利于企业进一步发展?请制订方案，列出措施及实施步骤。

案例分析二：公交公司是否要成立公关部

某地公交公司下设4个分公司和4个客运站，在全市共开设331条线路，日平均客运量为200万人次以上，是一家规模大、涉及面广、任务重的企业。然而，正是由于这一特点，公司也面临一些棘手的难题，比如：

(1) 乘客积怨甚多。抱怨车辆调度不及时，车辆少，所以乘车十分困难和拥挤。同时，驾驶员、售票员的态度恶劣，不为乘客着想，也不时激起乘客的愤怒。

(2) 公交线路上的行车人员叫苦不迭。由于乘客多、工作量大，行车人员得不到很好的休息。有时行车中的脱班误点并非行车人员人为造成的，但乘客不明真相，也把此账算在行车人员身上。

(3) 市政部门对道路的施工经常使得公交车辆改道，这给公交车辆正常运行带来了不便，使乘客对公交公司的意见增加。

（4）由于税收政策和燃料价格的调整，公交公司的票款收入降低，影响到公交公司的建设、员工工作条件和福利待遇的改善。

在这种情况下，该公交公司成立了公共关系部。

请思考：

公交公司为什么要成立公共关系部？学校学生会是否要建立公共关系部？班级是否要设立公共关系委员？为什么？

第4章

公共关系客体——公众

情景导入

不以服饰区别对待公众

某街区有一家时装店，专营各类布料高档、款式新颖的女式时装，颇受经济条件优越、喜欢扮靓的年轻女性的青睐。某公司职员小王偶然从母亲手里拿的报纸上看到了这家店“新款”“酬宾”的广告，打算在女友阿玲（在外地工作）过生日的时候买一套时装送给她。刚巧有一天，小王参加完社区劳动风尘仆仆地从该店门前经过时，看见女同事惠娟和叶子在店里讨价还价买时装，顿时大喜，想进店请她们作一些参谋。没有想到，门口保安硬是拖住小王不让他入内，说他“衣冠不整”“像个农民”“不会买时装”。小王越解释，保安越觉得他有“不轨”企图。双方争执不下，引来许多路人议论纷纷，直至时装店公关部经理出面调停。

【思考与讨论】

（1）以上情景中的惠娟与叶子、母亲、女友阿玲、小王各属于哪类公众？是非公众、潜在公众、知晓公众还是行动公众？

（2）如果你是这位公关部经理，你将如何让小王和其他人由逆意公众转变为顺意公众，从而及时挽救声誉，树立好的形象？

（3）如果你是小王，若公关部经理未出面或调停未令你满意，你会采取什么行动或产生哪些想法？

学习目标

通过学习，了解公众的定义及特点；认识公众的类别；掌握正确处理员工关系、部门关系、股东关系的方法与技巧；熟练处理与顾客公众、社区公众、媒介公众、政府公众和竞争公众的关系。

4.1　公众概述

公众（Public）是公共关系学中的一个重要概念。正确理解这个概念对于把握公共关系的真谛至关重要。

4.1.1　公众的定义

公众是与特定的公共关系主体相互联系及相互作用的个人、群体或组织的总和，是公共关系传播沟通对象的总称。

在日常生活中，公众与人民、群众、人群等几个概念容易混淆。我们应适当注意它们之间的区别。人民（People）作为一个政治、哲学及社会历史范畴，量的方面泛指居民中的大多数，质的方面指一切推动社会历史前进的人们，其中包括劳动群众，也包括具有剥削性但又促进社会历史发展的其他阶级、阶层或集团。

群众（Mass）与人民相比，其内涵大，外延小，就是说，其与人民的本质含义在很大程度上是一致的，从范围上看，群众包含于人民之中，但其内涵更具体、稳定。人民是个流动概念，在不同的历史时期有不同的内容，但其主体和稳定的部分始终是从事物质资料和精神资料生产的劳动者，这部分人就是群众。

人群（Crowd）作为社会学用语，在量上，指居民中的某一部分；在质上，人群是个松散的结构，不一定需要合群的整体意识和相互关联的牢固纽带，凡是人聚在一起均可称之为“群”。

公众（Public）作为公共关系学的概念，特指公共关系主体交流信息的对象，它与公共关系主体有相关的利益。公众与公关活动密切相关。

4.1.2　公众的特征

1）整体性

公众不是单一的群体，而是与某一组织运行有关的整体环境。任何组织的生存和发展都离不开一定的公众环境。公众环境与自然环境、地理环境不同，它是指组织运行过程中必须面对的社会关系和社会舆论的总和。这些社会关系和社会舆论范围很广，涉及组织的内部和外部，社会的方方面面，而且相互关联，构成复杂。比如一家企业，既有内部员工公众、股东公众，又有外部社会公众，即市场上的顾客、销售商，以及社区、政府、新闻界、文化界、体育界等有关的团体、组织或个人。公共关系工作不可只注意其中某一类公众，而忽略其他公众。对其中任何一类公众的疏忽，都可能导致整个公众环境的恶化。公众环境恶化必然影响组织的生存和发展，因此，首先应该将组织面对的公众视作一个完整的环境，要用全面、系统的观点来分析自己面对的公众。

2）共同性

公众不是一盘散沙，而是具有某种内在共同性的群体。当某一群人、某一社会阶层、某些社会团体因为某种共同性而发生内在联系时，便成为一类公众。这种共同性即相互之间的某种共同点，比如共同的利益、共同的需求、共同的目的、共同的问题、共同的意向、共同的兴趣、共同的背景等。这样一些共同点，使一群人或一些团体和组织具有相同或类似的态度和行为，构成组织所面临的一类公众。比如，表面上看相互间并没有联系的许多个人或团体，因为同处一个社区，都面临着某家工厂的污染威胁，从而使他们的态度和行为具有内在联系，不约而同地或者有组织地对该工厂构成一定的公众压力、舆论压力。因此，了解和分析自己的公众，必须了解和分析其内在的共同性和联系，这样才可能化混沌为清晰，从公众整体中区分出不同的对象来。

3）多样性

公众的存在形式不是单一的，而是复杂多样的。“公众”仅是个统称，具体的公众形式可以是个人，可以是群体，也可以是团体或组织。日常的公共关系工作对象，包括各种各样的个人关系、群体关系、团体关系、组织关系等。即便是同一类公众，也可以有不同的存在形式。比如，消费者公众可以是松散的个体，也可以是特殊的利益团体（如消费者委员会），还可以是一个严密的组织（如使用产品的其他公司乃至政府）等。公众形式的多样性，决定了沟通方式和传播媒介的多样性。

4）变化性

公众不是封闭僵化、一成不变的对象，而是一个开放的系统，处于不断变化的过程之中。任何组织面临的公众，其性质、形式、数量、范围等均会随着主体条件、客观环境的变化而变化：有的关系产生了，有的关系消失了；有的关系不断扩大，有的关系又可能缩小；有的关系越来越稳固，有的关系越来越动荡；有的关系甚至发生性质上的变化——竞争关系转化为协作关系、友好关系转变成敌对关系等。公众环境的变化，必将导致公共关系工作的目标、方针、策略、手段的变化。反过来，组织自身的变化也会导致公众环境的变化，如组织的政策、行为、产品的变化，使公众的意见、评价、态度或行为发生相应的变化，这种变化的结果又可能反过来对组织产生影响。例如，可口可乐公司曾决定生产新型（带甜味）可乐，这在顾客群中引起了强烈不满，这种公众争议立即迫使可口可乐公司慎重考虑其决策，以免导致公众环境的剧变，可见，组织必须以发展的眼光来认识自己的公众。

5）相关性

公众不是抽象的、各组织“通用”的，而是具体的、与特定的组织相关的。公众总是相对一定的公共关系行为主体（组织或个人）而存在。一群人之所以成为某一组织的公众，是因为他们与该组织具有一定的相关性、互动性，即他们的意见、观点、态度和行为对该组织的目标和发展具有实际或潜在的影响力、制约力，甚至决定组织的成败；同样，该组织的决策和行为也对这些公众具有实际或潜在的影响力、作用力，制约着他们利益的实现、需求的满足、问题的解决等。这种相关性是组织与公众形成公共关系的关键。寻找公众、确定公众很重要的工作就是确定这种相关性，并把它们提取出来，分析清楚，从而确定自己的工作目标。

4.1.3　公众的分类

1）根据公众的重要程度，可将公众划分为首要公众和次要公众

首要公众即关系到组织生死存亡、决定组织成败的那部分公众。例如，酒店、宾馆的VIP顾客就是其首要公众。里根总统在长城饭店被宴请，英国女王下榻白天鹅宾馆，这些重要人物必须被置于重要位置，接待、安排稍有差错便会造成重大影响，对这类关系对象必须投入大量的人力、物力与时间。

次要公众指那些对组织的生存和发展有一定影响，但没有决定性意义的公众。当然，这种首要和次要之间的划分只是相对的，而且两者之间也可能存在着转化关系，次要公众也不能完全放弃。

公共关系的投资总是有限的，从投入产出的比率来看，我们应清醒地认识到，有时虽然首要公众只占公众绝对量的20%，可他们给组织带来的效益却可能达到80%以上，因此，对此类公众的总投入量（活动的人力、物力、财力等）应多做安排。次要公众从表面上看数量可能相当多，但由于影响力比较弱，可能收到的效益比较少。因此，应该将力量集中在“刀刃”上，即要保证首要公众的同时，对次要公众也不能松懈。

2）根据公众对组织的态度，可将公众划分为顺意公众、逆意公众、边缘公众

顺意公众指那些对组织的政策、行为和产品持赞成意向和支持态度的公众。逆意公众指那些对组织的政策、行为或产品持否定意向和反对态度的公众。边缘公众则是指对组织持中间态度，观点和意向不明朗的公众。

一个组织首先应该将顺意公众当成同舟共济的伙伴，细心维持和不断加强与他们的关系。其次要注意做好逆意公众的转化工作，改变其敌对的态度，即使不能将其转化为顺意公众，也应该争取其成为边缘公众。“多交友，少树敌”是公共关系的一项基本政策。值得注意的是，顺意公众和逆意公众往往只占少数，多数是无动于衷的中间派边缘公众。公共关系工作中的大量精力用在边缘公众的沟通工作方面，争取他们对组织的了解和好感，引导他们成为顺意公众，防止他们成为逆意公众。这种“争取大多数”的工作往往是最艰巨的公共关系工作。

3）根据公众的稳定性程度，可将公众划分为临时公众、周期公众、稳定公众

临时公众是因某一临时因素、偶发事件或专题活动而形成的公众，比如因为飞机航班误点而滞留机场的旅客、在足球场发生冲突的球迷等。每个组织事先都难以完全预测到某些突发事件的发生，它往往遭受一些临时公众构成的额外压力，这时需要公共关系部门进行紧急应对。现代组织的公共关系部门必须具备应对临时公众的能力。当然，这种临时公众带来的压力有时也可能是因为组织事先的计划不周造成的，特别是在举办一些大型专题活动的时候可能会发生意料之外的事情。

周期公众是指按一定规律和周期出现的公众，如逢节假日出现的游客、招生时节的考生及家长。周期公众的出现是有规律的、可以预测的，公关部有条件事先制订公关活动计划，做好必要的准备。对于某些季节性强的行业来说，周期公众的节律是与行业自身的节律同步的，如旅游业和酒店业的一部分周期公众就有可能转化成稳定公众。

稳定公众，即具有稳定结构和稳定关系的公众，如老主顾、常客、社区人士等。稳定公众是组织的基本公众，甚至具有“准自家人”的性质，能融合为组织的一部分。组织往往对稳定公众采取额外的优惠政策和特殊的保证措施，以示关系的亲密。稳定公众的多寡可以作为考察组织公共关系成熟性的一个标志。

临时公众、周期公众和稳定公众的划分，是制定公共关系的临时政策、周期性政策和稳定策略的依据。

4）根据公众发展过程中不同阶段的特点，可将公众划分为非公众、潜在公众、知晓公众、行动公众

非公众是公共关系学的特殊概念，社会学中没有这个概念。非公众指处在某组织的影响范围之中，但却与该组织无关，其观点、态度和行为不受该组织的影响，也不对该组织产生作用的公众。划分出组织的非公众是有意义的，可以帮助组织减少公共关系工作的盲目性，将非公众排除在公关活动范围之外，也可以避免不必要的浪费。

潜在公众主要指由于潜在的公共关系问题而形成的潜伏公众、隐患公众、隐蔽公众或未来公众。也就是说，某一社会群体面临着组织行为或环境引起的某个潜在问题，由于这个潜在问题尚未充分显露，这些公众本身还未意识到问题的存在，因此他们与组织的关系处于潜伏状态。这需要公关人员未雨绸缪，加强预测，密切注意态势的发展，分析各种可能出现的后果，制订多种应对的方案，积极引导事情向好的方向发展；当事情不可避免要变糟时，采取必要的预防措施，防患于未然，将问题解决在萌芽状态，避免造成更大的麻烦。应当承认，要妥善处理这类公共关系问题是相当有难度的。但现代组织面临这种复杂情况的可能性越来越大，这促使公关活动的策划者日益重视公共关系的预测功能、参谋功能。这也是20世纪70年代末以来国际公共关系界重视“问题管理”的原因。

知晓公众是潜在公众逻辑发展的结果，即公众已经知晓自己的处境，明确意识到自己面临的问题与特定组织有关，迫切需要进一步了解与该问题有关的所有信息，甚至开始向组织提出有关的权益要求，这时，潜在的公众已发展成为现实的公众，构成了组织不可能回避的沟通对象。因此，对于组织来说，采取积极主动的公共关系姿态，及时沟通、主动传播，满足公众要求被告知的心理，使公众对组织产生依赖感，对于主动控制舆论局势非常重要。因为知晓公众如果不能从有关组织那里获得必要的信息，便会转向其他信息渠道，各种不准确的小道消息将会流传开来，局势的演变将难以控制。

行动公众自然就是知晓公众发展的结果。在这个阶段，公众已不仅仅是表达意见，而是采取行动，对组织构成压力，迫使组织必须采取相应的行动。无论公众的行动是积极的还是消极的，组织的反应都不能仅停留于语言、文字上，还必须有实际的行为。也就是说，行动公众必然促成公共关系行为的发生。面对行动公众，除了采取相应的行动外别无选择。当然，高超的公共关系行动方案，必将使行动公众的压力转变为动力，最后形成对组织有利的合力，这是公关人员向往的最佳结果。

把公众划分为非公众、潜在公众、知晓公众和行动公众是一种纵向的分类方法，其意义是把公众理解为一个连续的发展过程。

5）根据组织的价值判断，可将公众划分为受欢迎的公众、不受欢迎的公众和被追求的公众

微课 4-1

与员工关系的沟通与协调

受欢迎的公众是指完全迎合组织的需要并主动对组织表示兴趣和交往意向的公众。对于组织来说，这是一种两相情愿、一拍即合的关系。如自愿的投资者、慕名前来的顾客、为组织采写正面宣传文章的记者等都是受欢迎的公众。这种关系的双方均采取主动的姿态，不存在传播的障碍，沟通的结果一般来说对双方都有利。

不受欢迎的公众是指违背组织的利益和意愿，对组织构成潜在或现实威胁的公众。对组织来说，这是一些“入侵者”。他们对组织表示出一种不友好的意向和交往行为；或者对组织抱有过分的要求从而构成组织的负担。前者包括持不友好态度的记者，后者包括反复纠缠索取赞助的团体或个人，他们均是组织力图躲避、不愿接触的公众。这种关系只是公众一方采取主动姿态，但由于交往结果对组织不利甚至有害，因此组织往往有意识地设置障碍，制造困难，将其拒之门外，以减少对组织的威胁。

被追求的公众是指符合组织的利益和需要，但对组织不感兴趣、缺乏交往意愿的公众。对于组织来说，这是一种求之不得但较难发展的关系。比如，互联网意见领袖、社会名流均可能是被追求的公众，组织希望与他们建立关系来扩大影响，可要与他们建立起密切关系却不是件容易的事，要想方设法建立沟通的渠道，要讲究交往的艺术、把握传播的时机。

6）根据公众的组织状态，可将公众划分为非组织公众和组织公众

非组织公众，就是在公共关系中处于无组织状态的个体的总和。非组织公众包括：①流散型公众。这是最为松散和最不稳定的公众，如出差客人、游客、过往客人等，其数量不可忽视。②聚散型公众，也称临时性公众，如球场、剧院、展览会、运动会的观众和报告会的听众等。这一类公众值得注意，因为他们不但是公共关系的对象，也是传播公共关系的媒介。③周期型公众，又称规律型公众，这些公众按一定的规律聚集，如西方竞选时的选民、节假日的游客和购买节日货物的顾客等。这类公众一般有明确的目标和需求，活动的时间和地点也比较有规律。④固定型公众。这类公众由于受兴趣、爱好、习惯等方面的影响，比较集中地与某些组织、社团、商店或某种商品保持稳定的联系，如有的家庭主妇专门购买某种品牌的酱油；有的中学生特别爱看某种类型的文学杂志；有些工厂专门与一些厂家配套协作；还有一些社区居民、熟客、常客等均属此类。

组织公众是由各种组织形成的公共关系对象集团，其类型主要有三种：①社区型公众，主要由公共关系主体附近的社区居民组织、企业、社会团体组成。②集团型公众，包括各种社会团体，如工商企业、学校等。③权力型公众，这是组织最为严密，拥有某种行政权力的公众，主要指政府及各级行政管理机构。这类公众由于组织性强，同社会组织的关系比较稳定，影响也较大，是各类社会组织公共关系活动的主要对象。

4.2 内部公众关系处理

4.2.1 员工关系的处理

员工是组织最重要、最密切的公众。任何社会组织因其性质不同，所面临的公众对象也不同，但它们有一个共同点，即每个组织都有自己的员工。员工是构成组织的“细胞”，组织的各项目标只有通过他们的分工协作、各尽其责才能付诸实现，所谓“内求团结方能外求发展”的道理就在于此。因此，组织要想成功，首先要处理好与内部员工的关系，把每一名员工的行为纳入组织整体的轨道，在团结、协作的气氛中充分发挥每个人的潜能。

1）满足员工的物质利益需求，是建立良好员工关系的前提

在付出劳动之后，能否拿到合理的收入、享受到应有的福利待遇，是绝大多数员工首先关心的问题，也是能否维持员工劳动热情的基本保证。如果这一愿望不能得到满足，员工就不可能安心工作。因此，公关人员对广大员工的物质利益应给予足够的重视，要及时反映员工对利益分配的意见和要求，并敦促组织领导重视改善员工的物质待遇，公平合理地解决工资调级和奖金分配问题。当不能完全满足每位员工的要求时，要注意与员工的沟通协调，向员工如实说明组织的经营现状、利润收入、分配政策，以及组织碰到的暂时困难，以求得到员工的谅解与合作。对于员工过高的期望值，必须利用协调沟通手段使其降低，尽量使员工对工资福利的期望值保持在合理的水平上。

2）实行民主管理，确立员工的主人翁地位

实行民主管理是充分调动员工积极性的重要途径，只有实行民主管理，让员工当家做主，把他们的潜力挖掘出来，把他们的积极性调动起来，增强组织活力，才能获得内在的动力。为此，组织必须做到：保障员工当家做主的权利，使员工享有并实际行使民主管理的权利；组织的重大决策和一切规章制度必须符合绝大多数员工的根本利益和意愿，尊重员工的合理要求，并经过员工的酝酿和讨论；健全监督网络，防止少数领导干部以权谋私；完善职工代表大会制度和各项民主管理制度，真正使职工代表大会成为民主管理的基本形式，成为组织的监督机构，而不是一种咨询形式；实行和完善企业的合理化建议制度等。只有员工的主人翁地位从内容到形式切实得到保障，组织真正做到了员工当家做主，员工才能以主人翁的态度积极地做好本职工作，主动关心组织，组织与员工的关系也会随之得到改善。

3）畅通内部沟通渠道，加强上下左右之间的交流与合作

要想畅通内部沟通渠道，就要做到“上情下达”和“下情上达”。有时组织各方面的工作已做得相当不错了，可还是不被广大员工所理解和支持，这种“一厢情愿”的情况说明企业组织与员工之间的信息交流不够顺畅通达。“上情下达”是指企业的领导决策层通过情况简报、信息发布、传达文件、内部刊物、广播、布告栏等方式把企业内部的重要信息，如企业的经营状况、领导的升迁罢免、经验交流、市场供求、新技术新工

艺、违纪处理、立功奖赏等情况告诉广大员工。“下情上达”是指企业的员工群众通过建议箱、上访会、黑板报、民意测验和意见征询表等方式把他们的建议、意见等告诉企业管理决策者与领导层。

职场链接4-1　　上海建国宾馆的沟通制度

增强团队凝聚力离不开沟通，沟通是群体激励方式中的重要内容。

上海建国宾馆实现了“沟通制度化”。在建国宾馆，开展“意见沟通”已成为全店员工的共识，沟通的形式主要为：①董事会、职代会、总经理室和工会等组织的体制型和机制型的决策沟通、管理沟通或重大事件沟通；②意见箱、公开栏、店刊、店报的载体沟通；③员工大会、部门（班组）会议、座谈会、研讨会等会议沟通；④总经理接待日、“六必”家访制度、节庆庆贺或聚餐活动等情感沟通；⑤专项工作咨询会、专题调研活动、干部的述职述学等重要沟通；⑥宾馆“员工大会”的沟通方式，每次员工大会都有一个确切的主题，涉及与员工切身利益有关的经营、管理、分配、奖惩等方面，在总经理室或其他部门的主题报告后，可以进行问答式讨论。

通过沟通，宾馆能够了解员工需求，关心员工利益，以人为本抓管理，在企业内部营造团队氛围，如建立比较系统的员工岗前、岗中、晋升等培训制度，定期或不定期地举办各种知识性、前瞻性讲座，坚持开展寓教于乐和调节心境情趣的文娱活动，坚持每年为员工办好几件具体实事等，达到了增强内聚力，激发积极性的目的。

4）重视感情投资，实现管理的人性化

首先，要尊重人。重视感情投资，实现管理的人性化必须要尊重人。尊重人包括尊重员工的人格、尊重员工的劳动、尊重员工的意见、尊重员工的价值等。只有尊重，才能建立平等相待、合作共事的正常气氛。其次，要关心人。组织作为员工利益的共同体，理应关心员工。关心员工既包括物质方面的关心，如提供良好的工作条件和生活条件及工资、福利、奖励等，也包括精神方面的关心，如关心员工思想和工作上的上进要求、对员工积极表现所给予的精神鼓励等。关心人，特别要重视为员工多办实事，要使多数人受益。只有关心，才能使员工切身感受到组织的温暖，才能激发员工忘我工作的热情，才能使员工与组织同心协力。再次，还要理解人。人生苦短，奔波艰难。由于组织发展的某些局限和员工自身的具体条件限制，员工为组织工作总要付出辛勤努力和克服各种困难，因此，理解员工乃情理之事。理解员工，既要了解员工（了解员工的状况、了解员工的疾苦、了解员工的奉献），为员工排忧解难，又要善解员工（善解员工的态度、善解员工的意愿、善解员工的行为），善于“换位思考”，做员工的知心朋友。只有理解，才能肝胆相照、同舟共济。

4.2.2 部门关系的处理

在组织内部划分若干部门的目的在于确定各项任务的分工与职责的归属。同时，部门又是组织联系员工的中介机构，部门功能是组织整体运行的有机组成部分。在日常运作中，组织整体素质的优劣和功能的发挥受到各部门的影响。如果下属各部门都能有条不紊、配合默契，那么组织的整体效能就会充分展示出来；如果下属各部门只从自身小团体的利益出发，斤斤计较，搞本位主义，内耗严重，不仅会影响自身功能，还会导致部门效能的抵消，削弱组织的整体优势。

1）与组织内部正式团体的沟通方式

在正式团体中，成员具有共同的目标和利益关系，这些目标和利益非个人努力所能达到，必须通过全体成员的共同工作方能实现。正式团体的行为活动受一定的规范制约，成员之间能够密切配合和相互协作，因此能产生和形成团体纪律与团体舆论。正式团体还能满足成员的归属感，使每个成员彼此之间相互认同，在工作上、思想上、情感上经常交流切磋。

在一个社会组织内部，正式团体的沟通与协调可以采取以下一些方法：

第一，强化成员的“团体意识”。公众一旦加入了某正式团体，就要接受团体的价值观念，遵守团体的行为规范。广大公众以主人翁的姿态，自觉按照组织团体的目标来校正自己的行为。

第二，编印内部刊物。内部刊物是内部公关活动的书面媒介，它有利于进行各种横向信息交流和纵向信息交流。

第三，积极开展各种团体文化活动。团体文化是指由组织内正式团体的价值观念、道德规范、工作方式等内隐文化以及组织内各类正式团体开展的文化教育、娱乐联谊活动等外显文化构成的有机统一体。各种团体文化活动，可以帮助正式团体不同公众之间沟通信息，保持内部公众之间和谐融洽的合作气氛，造就组织内部良好的公共关系状态。

2）与组织内部非正式团体的沟通方式

非正式团体，是人们在相互交往中自发形成的、没有得到正式认可和批准的团体。非正式团体是基于某种利益和观点一致，彼此有共同的兴趣爱好和相似的经历背景而形成的。非正式团体成员以个人的兴趣好恶为联系纽带，也有共同遵守的不成文规范，它也会产生较高的自觉性和较强的凝聚力、认同感。非正式团体对组织管理和公共关系工作，一方面具有积极作用，可以发挥沟通意见、稳定情绪、互帮互学的效应，甚至可以起到正式团体起不到的作用；另一方面，非正式团体也有不可忽视的副作用，容易散布流言蜚语，带来负面效应，削弱正式团体的控制力和影响力。

协调组织内部非正式团体关系，可采取以下具体方法：

第一，疏导法。在正常传递信息渠道不通畅时才会出现人际的非正常关系，因此，协调非正式团体关系要使信息交流纵横畅通，让员工清楚、明确社会组织的决策、计划、方针、政策优势、前途等。通过疏导，使非正式团体自觉接受正确观点，摒弃不正确观点，发挥其长，克服其短，逐渐将其引向大集体的目标。

第二，影响法。影响法即组织的管理者通过自己的模范言行来影响和改变非正式团体的心理和行为，使非正式团体自觉自愿、心悦诚服地接受其指令，向组织的管理层和组织的目标靠拢。

第三，渗透法。一方面，渗透法要求管理者亲自深入非正式团体，参与他们的活动，成为他们的伙伴，与他们建立和谐的关系；另一方面，委托具有较强协调能力的，既忠于组织，又被非正式团体所信赖的人渗透到非正式团体中，启发诱导，消除非正式团体与管理者之间的隔阂和纠纷，从而达到两者之间的协调一致。

第四，抓头法。抓头法要求管理者注意与非正式团体的“意见领袖”进行沟通，取得这些“意见领袖”的信任、理解和协作配合，调动了“意见领袖”的积极性也就调动了他所代表的非正式团体的积极性。

第五，转化法。转化法即将非正式团体转化为正式团体。例如，对于同学、同事、同乡聚集而成的非正式团体，管理者可积极创造条件，成立同学会、同乡会；对于象棋、桥牌爱好者组成的小团体，可以组织成立象棋协会、桥牌协会，规定章程，明确职责任务，把非正式团体纳入正式团体的轨道上来。

第六，满足法。满足法即满足非正式团体的合理需求，这样员工们自然会对组织产生亲切感、忠诚感、责任感，不必再从非正式团体中寻求寄托，即使已经成为非正式团体的成员，也同样会为正式组织尽心出力。

第七，奖惩法。奖惩法即运用奖励和惩罚手段，充分发挥非正式团体的积极作用，限制和克服其消极作用。

4.2.3 股东关系的处理

股东关系又称投资者关系，它是20世纪60年代以来在公共关系领域中不断发展的一个新方面。与员工一样，股东既是制约组织经营活动的重要因素，也是实施内部公共关系工作的重要对象。协调股东关系的主要方法如下：

1）配合股票发行开展宣传活动

我国股份制企业所发行的股票，一般都是在证券机构的参与下，由有关金融机构代理发行的。一家金融机构是否愿意代理企业发行股票，取决于它对该企业的信誉、创业历史、管理机构、实力大小、经营效果的认识。因此，要使企业股票能够顺利发行与上市，公共关系部门首先必须对代理发行机构开展宣传活动，主动请对方上门指导，使企业与代理机构彼此了解和相互信任。一旦确定了股票代理发行机构，公关人员就要把宣传的重点转移到有可能购买本企业股票的社会公众身上。通过精心策划和宣传引导，使那些拥有一定闲散资金并打算用于投资的机构和个人，在了解和信任的基础上踊跃认购企业所发行的股票。

2）尊重股东权益，定期向股东通报经营状况

一旦资金拥有者购买了企业的股票，他就成了企业的股东，同时也就拥有了了解企业经营状况的权利。作为特殊的内部公众，股东们往往会产生一种“主人意识”，认为自己有权知道企业的发展动向和经营情况，对有关企业的各种信息表现出特别的关心。据此，企业在协调股东关系时，应正确评价股东的入股行为：他们投资入股并非坐等分享红利，而是关心国家建设、支持企业生产的具体表现。除了保证以良好的经营业绩吸引股东之外，企业在日常工作中还要注意加强同广大股东的信息交流，运用各种传播手段，及时向他们传递有关企业经营情况的各类信息，如经营目标、生产任务、资金运转、财务收支、利润增长、项目投资、股息分红、市场销售和新产品开发、高层管理人

员的变更等。

股东大会既是股份制企业的一个重要管理形式，也是开展公关活动的良好时机。股东对企业经营活动的参与实际上是通过股东大会实现的，即通过参加股东大会，对企业的重大事务进行投票表决，因此，积极筹备和开好股东大会，已经成为公关人员的一项专职工作。

3）编制股东年度报告，监督企业的经营活动

目前，越来越多的企业实行股份制经营，股东关系已成为各类组织不可忽视的内部公众关系。从公共关系的角度来看，协调股东关系要从维护股东权益的角度出发，对企业的经营活动进行必要的监督，促使经营者努力做好管理工作，创造出令股东满意的业绩，进而维护企业长期稳定的股东队伍。

股东年度报告是企业与股东交流的一个重要渠道，它一般由企业各职能部门通力合作，最后由公共关系部门起草撰写而成。

职场链接4-2　中国银行（香港）与股东的沟通渠道

1.通过电子渠道的沟通

本公司网站上传了本公司的重要及相关资讯，确保股东在有效和适时的原则下获得有关信息。本公司网站设有“投资者关系”网页。本公司所有重要公告/信息均会通过本公司网站发布。定期公布的信息包括但不限于以下各项：本公司的财务表现，包括年度和中期业绩、季度财务及业务回顾；本公司业绩的网上播放和演示材料；关于本公司最新发展的公告及新闻稿；致股东的通函；公司日志，以提供本公司重要事件的公布日期；其他信息，如信用评级、股份及股息资料和本公司荣获的奖项等。

本公司网站亦提供关于本公司财务表现和最新发展的电邮提示服务，股东及其他有兴趣的人士可以于网上登记，以便通过电邮接收最新的企业信息。

股东亦可通过香港联合交易所网站（http：//www.hkexnews.hk）获取有关本公司就监管规定而刊发的资讯。

为支持环保，本公司积极鼓励股东通过上述网址阅览本公司资讯。我们相信这亦是与股东沟通最方便快捷的方式。当本公司信息发布至公司网站，选择接收电子通信方式的股东将收到有关信息发布的通知。

2.通过邮递方式的沟通

在本公司股东登记册上的股东若明确其邮递选择，将会收到本公司以邮递方式寄发的相关资讯。

股东可随时通知本公司股份过户登记处，更改接收股东通信文件的方式，包括选择语言及接收通信文件的途径。

3.本公司股东会议

高度重视与股东的持续沟通，尤其是与股东直接对话。股东周年大会（AGM）是本公司与股东沟通，以及让股东参与的主要平台。本公司董事会成员，特别是本公司董

事会附属委员会主席或其代表，公司高层管理人员，以及外部核数师都将出席股东周年大会以回应股东提问及意见。本公司以此鼓励股东积极参与公司股东周年大会。本公司亦鼓励无法出席的股东指派代表出席上述会议并代表投票。

为确保股东能够更好地理解股东周年大会议程并鼓励其积极参与，本公司将以通函的形式提供关于股东周年大会的详情，该通函会与最新的年报一起发送予股东。致股东的通函将于股东周年大会举行前最少20个工作日发送。

股东周年大会的投票表决结果和会议纪要将尽快于本公司网站和香港联合交易所网站公布。

如有需要，本公司亦会召开其他股东会议。致股东的通函将于会议举行前最少10个工作日寄发。

资料来源　佚名. 与股东的沟通：股东沟通政策［EB/OL］.［2019-10-30］. https://www.bochk.com/sc/aboutus/corpgovernance/shareholdercomms.html.

4.3　外部公众关系及处理

4.3.1　社区关系的处理

社区是社会组织生存和发展的根据地，社会组织是社区的构成要素，社区的发展依赖于社会组织的发展。处理好社区关系，就是使组织在其所处环境中树立良好的形象，争取得到社区公民的爱护、合作和支持。正确处理社区关系的方法包括：

1）加强沟通

社区公众虽然共同居住于一个相对固定的地理范围，但毕竟属于多层次、多种类的分散群体。企业或组织只有建立有效的沟通网络，才能形成良好的社区公众关系。首先，社会组织可以通过召开社区大会、联谊会、座谈会、庆功会等活动，向社区通报本组织的宗旨、生产经营目标、项目、员工情况、技术设备、资金规模以及在社会上的地位等情况，宣传本企业的方针政策，共同探讨建设振兴社区的规划，表达本组织努力建设社区的真诚愿望，阐明自己在繁荣社区经济文化、居民就业等方面的作用和贡献，争取社区公众的信任和好感。其次，组织的公关人员还应及时了解、收集公众对本组织的意见和态度，尤其是当组织从事的某项经营活动侵害了社区居民的利益和身心健康时，就更应加强沟通，虚心听取意见，努力解决存在的问题，以改善社区关系，树立良好形象。

2）开放组织、欢迎参观

开放组织、欢迎参观是拉近与社区公众心理距离的一种良好做法。例如，对外开放组织内部的俱乐部、食堂、学校、舞厅等，给社区居民生活带来了便利。另外，组织还可以定期或不定期地邀请社区成员来参观座谈，让他们了解组织的生产经营活动过程，从而使公众对组织为社区的繁荣和发展所做的努力给予赞扬，对组织给社区造成的问题有一个正确的认识，甚至给予同情、理解与配合。实践证明，开放组织，欢迎参观，能够增进社区公众对组织的了解和信任，从而使他们能够给予企业支持与合作。

3）积极关心社区建设

社会组织生存在社区这个环境里，社区的发展依赖于社区组织的发展，而社区的发展同样也给组织带来了良好的生存发展环境，两者是相辅相成的。社会组织有义务积极关心社区建设，利用组织的人力、物力、财力等方面的优越条件，为社区建设出力，在力所能及的条件下，投入社区规划建设，如投资办学、积极参与公共设施的建设、治理环境、美化社区等。

4）积极为社区承担经营责任和社会责任

社会组织作为社区的公民，有义务将社区的许多社会问题列入自己的议事日程，尽自己所能去为社区作出贡献。这主要体现在以下几个方面：第一，企业赞助地方文化、艺术、体育团体；资助慈善机构、残疾人协会等社会福利机构；投资办学，为希望工程捐款，设立各种基金以表彰先进模范等。第二，组织积极为社区排忧解难，例如，当社区发生自然灾害时，积极组织人力和物力，抢险救灾，捐款捐物。第三，组织帮助社区兴办企业，繁荣社区经济，尽其所能解决企事业单位经营资金短缺、技术力量不足、物资缺乏等燃眉之急。第四，作为社区公民，组织有义务做到文明生产，文明施工，有效治理“三废”，使社区的空气、水源、土地等不受组织行为的损害；积极参与社区的绿化，美化环境，有责任、有义务确保社区环境优美整洁。第五，组织应全力维护社区的安全，协助公安部门搞好治安保卫工作，为打击犯罪提供人力、物力；教育员工自觉遵守法律法规，为社区的安宁做贡献。

5）注意与社区中富有影响力的主要人物和团体建立良好的关系

社会组织所在社区中富有影响力的主要人物和团体对组织的生存和发展起着重要作用，社会组织应搞好与他们的关系。例如，金融机构能提供社会组织为扩大规模、产品开发而需要的资金；新闻媒介则是舆论宣传的喉舌，组织的一切正面或负面的信息都要通过它公之于众；税务机关与组织直接接触；司法机关则起到保护组织的合法权益等作用。所以，社会组织必须采取各种方式和措施，维护好这些关系，为其自身长远发展打下坚实的社区基础。

4.3.2 顾客关系的处理

顾客是组织的衣食父母，顾客关系自然就成为组织的“生命线”。良好的顾客关系能够给组织带来经济效益。影响顾客关系的主要因素有产品质量、售后服务和投诉处理等，针对这些影响因素，我们认为处理好顾客关系的途径主要包括：

1）树立“顾客至上”的经营宗旨

处理好顾客关系，是指组织最终和顾客建立起一种相互了解、相互信任、相互协作的关系，赢得顾客对组织的支持。要赢得顾客的厚爱，建立良好的顾客关系，就要牢牢树立“顾客至上”的经营宗旨，坚持“顾客至上”的公关原则，把顾客放在比组织自身更重要的位置上。美国企业公关专家加瑞特认为，无论大小企业都必须永远按照下述信念来规划自己的方向：企业要为消费者所有，为消费者所识，为消费者所享。因此，各社会组织应把“顾客至上”的经营宗旨贯穿在组织经营管理的各个环节之中，了解并尊重消费者的权利，全心全意为顾客服务。

2）提供物美价廉的商品

物美价廉的商品是吸引顾客并建立良好顾客关系的基础。任何组织都应从顾客的利益出发，为顾客提供优质的商品及合理的价格，使消费者真正得到实惠，只有这样，顾客才能成为组织的义务宣传员。首先，社会组织要向顾客提供物美价廉的商品，就必须进行市场调查和预测，充分了解顾客的需求，按照顾客的需求进行生产，组织货源，真正做到顾客需要什么，就生产什么、经营什么。其次，要根据本组织的生产和经营范围形成经营特色，主要从参与市场竞争和组织发展的长远利益出发，制定合理的价格，从价格上保证企业与顾客之间的平等互利，以求长期合作、共同发展。

3）提供优质的服务

微课4-2

与媒介关系的沟通与协调

向顾客提供各种优质服务，是塑造良好组织形象的重要途径，也是组织与顾客建立良好关系的重要内容。不同的组织应根据所生产和经营的商品的种类和特点，根据企业的规模、类型、经营条件，为顾客提供多种多样的服务，以增加组织对顾客的吸引力。在提供优质服务的过程中，热情的服务态度是很重要的。热情是很好的融合剂。要知道，不管什么类型的顾客，几乎没有为了闹别扭、吵嘴、打架而走进商店的，因此，从业人员只要把握好这个前提条件，就能避免冲突，创造一种融洽、和谐、愉快的气氛。

4）提供优雅的购物环境

购物环境的好坏，直接影响到顾客的情绪和要求，关系到组织在顾客心目中的形象。商业企业对地理位置的选择，以及装饰、用具、光线、音响、色彩、气味、大厅整体布局、货物的摆放等环境因素，都要认真地构思，合理地设计，要显示高超的艺术水平和企业特色，反映企业的经济实力和文化素养，这会产生很好的公关效应。再加上服务人员文明的举止、和蔼可亲的态度、高超的服务技术、整洁的着装，同样会带给顾客精神上的愉悦，从而吸引顾客。

5）及时处理顾客的投诉

及时处理顾客的投诉（其工作手册如图4-1所示），是对消费者合法权益的积极维护行为。只有切实处理好顾客的投诉，才能使顾客消除心中的不平，化干戈为玉帛。只有充分尊重并维护顾客的合法权益，才能真正地建立融洽的顾客关系，在竞争中立于不败之地。

社会组织在生产经营过程中，由于各种原因造成失误或与顾客发生矛盾，从而引起顾客的投诉在所难免，关键是怎样处理好这些投诉。

首先，态度要诚恳。遇到消费者投诉时，不管对方是否有理，企业公关人员都应心平气和，婉转地加以引导，耐心地解释情况。企业公关人员要抱着诚恳的态度设身处地地为顾客着想，理解顾客的心情，与人为善，宽以待人，绝不能顶撞、争吵，以防把问题闹大。其次，处理要及时。对消费者的投诉，企业公关人员反应迅速、处理及时，顾客就会觉得组织重视他们的意见，会比较快地恢复平静。如果等几天再答复，那么在这段时间内顾客就总觉得不痛快，免不了会向他们的同事或亲朋好友诉说一番。拖延的时间越长，他们的火气就越大，向别人诉说的机会就越多，对企业不信任的人也会随之增多，因为人们往往相信自己的亲朋好友的诉说而不会去轻信广告宣传。所以，即使一时不能解决的问题也要先做回复，告诉对方已经在研究处理中。最后，分析要全面。对消费者投诉的问题，企业公关人员应该进行较全面的分析。如果发现该问题具有普遍性，应该尽快通过大众媒介或公关宣传，在较大范围内予以说明；如果提出的问题比较重要，就要认真研究解决处理的对策，以最好的服务予以补救。

图4-1　处理顾客投诉工作手册

1.任务描述

一位顾客带着家人去酒店用餐，服务员在服务过程中不小心烫伤了客人，客人提出投诉，要求赔偿5 000元，并给予免单。请以酒店公关部经理的身份完成本次投诉的处理。

2.学习目标

（1）能掌握投诉的处理流程。

（2）能正确运用沟通技巧。

（3）能够进行知识迁移解决类似问题。

（4）职业态度、职业素养、创新能力的培养。

3.任务分析

（1）流程分析。处理顾客投诉，虽然投诉的事件不同，处理的办法不一样，但投诉处理的流程基本上是一致的。因此，作为处理投诉的公关经理首先要掌握正确的流程，这样有利于提高投诉的效率。

（2）技巧分析。在处理投诉的过程中，由于不同的顾客在事故发生后的态度不同，导致投诉的处理会存在差异。因此，要学会针对不同类型的顾客，灵活运用沟通技巧去解决问题。

（3）主要的技术难点。不同的企业在处理投诉问题时有不同的制度，作为公关部经理，要掌握酒店处理投诉的相关制度，这样才能够结合顾客的需求找到关键的突破口。

4.相关知识链接

熟知投诉处理的流程和技巧，并结合本任务所需要解决的问题，提出针对性强、效果好的处理方法。

5.课程思政要点

这个任务的解决要求学生树立“以人为本”的理念，更好地践行习近平总书记“以人民为中心”的思想；同时，学习解决问题的方法和技巧也能培养学生的职业素养和创新能力。

6.完成工作任务单：处理顾客投诉（见表4-1）

表4-1　**处理顾客投诉任务单**

工作任务		处理顾客投诉			
小组		成员		日期	

任务描述：以校内实习餐厅和校外实习基地为例，处理顾客投诉，采用引导、行动导向教学法，按照资讯、决策、计划、实施、检查、评估的步骤进行，在此过程中学习相关理论知识及实践知识，重点是了解投诉处理的流程和技巧，并能够进行分析、归纳和总结。

（1）资讯

什么是顾客投诉？处理顾客投诉的流程有哪些？

7步告诉你酒店如何处理投诉

投诉处理的L.E.A.R.N模式

处理投诉的技巧有哪些？

酒店投诉处理的4个技巧

酒店投诉处理五字诀

续表

工作任务	处理顾客投诉

酒店客人投诉的类型与处理方法有哪些？

客人投诉类型及相应的处理方法

不同类型客户投诉的处理技巧

（2）决策（请分组讨论后作出以下决策）

①本任务处理投诉时的流程。

②本任务处理投诉时的技巧。

（3）计划

人员分配	
时间安排	
解决步骤	
设备和工具	

（4）实施

①运用所学知识，结合讨论的投诉处理流程与技巧撰写投诉处理方案。

②以角色扮演的形式模拟投诉处理的过程。

（5）检查

提交任务完成方案并回答以下问题：

①投诉流程是否科学，投诉技巧的运用是否恰当？

②投诉处理的效果如何？存在哪些问题？如何改进？

（6）评价（包括学生自评、小组互评和教师点评）

考评项目		自我评价	小组评价	教师评价
团队合作（40%）	沟通能力			
	协作精神			
工作成果评定（30%）	任务方案			
	实施过程			
	工具使用			
	完成情况			
工作态度（20%）	工作纪律			
	敬业精神			
	有责任心			
工作角色、创新（10%）	角色认知			
	创新精神			
综合评价 100%				

4.3.3　新闻媒介关系的处理

建立良好的媒介关系是营造良好舆论环境的关键，是运用大众传播手段的前提。社会组织利用新闻媒介做公共关系工作，一方面要通过广泛宣传，扩大组织的影响；另一方面可在不必支付费用的情况下借助新闻媒介的优势来塑造组织形象，而后者更具有公共关系意义。社会组织的公共关系部门或人员应尽可能多地提供新闻信息，使得新闻媒介的朋友乐意成为组织的义务宣传员。为此，在与新闻媒介交往中应坚持以下原则：

1）以礼相待

对待新闻媒介机构和记者要友好热情，不管记者对组织所发生的事件是褒是贬，都要为他们的工作提供必要的帮助和支持，不得向他们封锁消息、为他们的工作设置障碍。例如，有的组织在经营管理过程中发生了事故，或者与公众发生了纠纷，当记者去采访时，就采取回避态度，或不予接待，结果恶化了关系。所以，即使组织的政策或行为出现了失误，也应该亲切、诚恳地接待记者，并如实反映事件的经过、产生的原因及纠正措施。记者了解了事件的全过程之后，一定会客观地报道事件的真相，这有助于赢得公众的谅解。

2）以诚相待

以诚相待，即社会组织对新闻媒介单位要真诚，为新闻媒介提供真实的材料，因为真实的新闻是媒介的生命。组织提供夸张、虚假的材料，不仅会有损组织本身的形象，而且会影响新闻媒介的权威性和影响力。

3）平等对待

新闻媒介所属的层次不同，影响力有大有小。同样是报纸，全国性的报纸就比省市等地方报纸的影响力要大；同样是电视台，中央电视台就比地方电视台的影响力大很多。但作为组织，无论对全国性的报纸还是地方报纸，对中央电视台还是地方电视台，对有名望的记者还是一般的记者，在信息提供和接待上，都应该做到一视同仁，给予新闻媒介平等获得信息的机会，不能厚此薄彼。

4）迅速及时

新闻媒介的职业特点是“快”，因为新闻的时效性很强。一条新闻的价值在特定时间内与其传播速度成正比。由此，就决定了记者采访组织时或与组织有其他业务联系时，组织要及时接待；邀请记者采访，要事先做好准备，争取在最短的时间内向新闻界提供较多的有价值的信息。记者对社会组织工作失误的报道，只要情况属实，要立即改正，并把改进情况及时反馈给记者和新闻媒介。

在坚持上述原则的前提下，与新闻媒介建立良好的关系应注意采取以下主要方法：一方面维持密切关系，另一方面及时向它们提供具有新闻价值的素材；礼貌地接待新闻界人士的采访，并欢迎新闻界人士参观组织，为组织创造新闻宣传的机会；正确对待新闻报道，当报道有利于组织发展时，应主动表示感谢，不利时，要争取新闻界能跟踪报道组织的改进情况，恢复组织形象；与新闻媒介合作开展公关活动；邀请新闻界人士指导组织刊物的编辑工作，一是可以借助他们的编辑力量提高组织刊物的质量和塑造组织形象，二是可以密切组织与新闻界人士的关系，三是可以表明组织对新闻界人士的重视，进而使其对组织产生好感，增进了解与合作。

在利用新闻媒介做公关工作时，还必须讲究时机策略，即什么时候拟写或提供新闻。这不仅关系到所提供的新闻能否引起新闻机构的兴趣，还关系到新闻机构是否愿意与组织合作。社会组织有效利用新闻媒介，可选择以下时机：在组织成立时，通过新闻媒介将组织的性质、规模、宗旨、生产经营范围、服务项目等内容传播出去；组织更名或与其他组织合并时，通过新闻媒介传播组织更名或合并的意义以及给社会公众带来的新的利益；组织推出新产品或新服务时，通过新闻媒介的宣传以影响更多公众，吸引更多顾客；组织进行重大改革和在经营管理上取得更大成就时，通过新闻媒介提高组织的美誉度；重要人物来访，或组织举行重大的纪念、庆典活动及其他活动时，通过新闻媒介扩大影响；组织涌现出先进人物或先进事迹时，通过新闻媒介宣传先进事迹，提高组织的知名度；组织在某些方面出现失误或被公众误解时，通过新闻媒介挽回所造成的不良影响，消除误解，重塑组织形象等。

职场链接4-3　企业与媒体打交道的9个技巧

我们常说“新闻因人而生动”，媒体管理最终还是由具体的人来实现的，对于公关人员来说，机智、诚恳、生动、幽默，是面对媒体的基本素质，但在这方面也有一些技巧。

（1）以诚相待，任何时候都不可向记者撒谎

如果你不知道具体情况是怎样的，就说不知道，并补充说你一旦得到结果，会第一时间转告记者。记住，媒体的职责就是探明真相，任何谎言终究会被揭穿。

（2）与重要、主流媒体建立友好关系

与重要、主流媒体建立友好关系，企业将因此长期受惠。

（3）别与媒体过不去

新闻媒介也是需要参与竞争的，新闻瞬息万变，媒体报道的失误也是不可避免的。不要意气用事地起诉媒体，除非有证据证明，媒体从竞争对手那里受贿并且是故意、恶意地诽谤。

（4）大报、小报记者一律同等对待

互联网打破了大报以及其他传统媒体的霸主地位，很多轰动的新闻首先是从地方或小报记者那里发出来的，经过网络的迅速传播，成为主流媒体深入报道的素材。

（5）谨防自己的话被断章取义

即使被媒体“逮到”，也不重复记者所描述的负面信息。如果对媒体不信任、担心信息被断章取义，也可考虑在企业网站率先发布接受媒体访问的原话。

（6）见记者前充分准备

接受记者采访前要上网搜索该记者过去的文章资料，了解他一贯的新闻报道兴趣点

和写作风格。如果估计会受到记者的诘难，就要模拟至少10个记者可能提出的最刁难的问题，并准备好答案。如果是电视采访，接受采访的人要事先演练。有条件的可以用模拟录像演练采访，无条件的可对着镜子练习，由公司的同事检查并反馈意见。

（7）学会关注热点新闻和流行话题

抓住媒体的胃口才能搭上新闻“便车”。要策划与热门新闻沾边的活动，就要留意媒体最近在集中关注什么话题，看看你的企业有什么东西是可以拿来“跟风”的。

（8）避免电话采访，除非你想说“不”

如果有电话采访要求，哪怕只是“三分钟两个问题”，也尽量不要接受。声音的感染力不如面对面地加上表情和手势，所以在时间允许的情况下，要与记者面谈。

（9）学会始终传达企业的“关键信息”

公关人员要准备几句每次都要对媒体讲的“关键信息”，熟记在心，一有机会面对媒体就要讲出来。

资料来源 作者根据相关资料整理。

4.3.4 政府关系的处理

良好的政府关系可以使组织获得某些政策方面的优惠与支持，有利于组织的发展；良好的政府关系能使组织获得良好的关系环境，得到人、财、物以及信息资源方面的支持；良好的政府关系也能使组织获得良好的舆论环境。在处理组织与政府的关系时要坚持以下原则：

1）组织行为合法性原则

政府对社会的统一管理和调控，是通过制定一系列的方针政策和法律法令来实现的。它要求所属范围内的一切组织必须依据方针政策和法律法令来规范自己的行为，社会组织也只有把自己的行为规范纳入政策与法律允许的范围内，符合法律的要求才能得到政府的支持，才能为协调政府关系提供依据。实践证明，行为不合法的组织不仅得不到政府的信赖和支持，反而会受到政府的制裁。

2）局部服从全局的原则

政府代表着国家利益、人民的根本利益和全局利益。社会组织相对于政府来说则是局部利益。当两者发生矛盾的时候，社会组织必须无条件服从政府宏观的全局性利益，自觉地为政府事业的目标去牺牲组织的局部利益，为国家作出贡献，这是协调政府关系必须坚持的一个原则。

3）沟通与信任的原则

社会组织与政府的关系除了服从性的一面外，同时存在沟通和信任的问题。因为，在社会主义市场经济条件下，社会组织有其自身的独立性，特别是企业，本身就是自主经营、自负盈亏、自我发展、自我约束的经济实体。同时，不断深化的经济体制改革要求政府对所属组织的直接管理转变为间接调控，这就要求社会组织在协调政府关系时加强沟通，使政府对组织的方针政策和行为有充分、完整、全面的了解与支持，增加政府对组织的信赖。如果组织与政府双向沟通的渠道堵塞，彼此信息不通，互不了解，那么建立良好的政府关系就无从谈起。

协调政府关系的途径有：

（1）认真研究、准确掌握、坚决贯彻政府的政策法令

要研究、掌握并贯彻政府的政策法令，要使组织的一切活动保持在政策法令允许的范围内，并注意政策法令的变动情况，随时修正本组织的政策和行动。遵纪守法，执行政策，服从领导，这是取得政府信任的前提。

（2）全面完成计划任务，认真履行组织的职责

为维护国家和广大人民群众的根本利益，保证国民经济持续、快速、健康发展，国家根据社会和国民经济发展的需要以及组织的实际情况，制订了宏观调控计划。社会组织必须依据国家宏观调控计划的要求制订组织的生产经营计划，并将计划指标层层分解落实，建立严格的责任制和计划目标管理制度，认真履行组织的职责，切实保证和超额完成计划任务。这样才能与政府建立并保持良好的公共关系。

（3）积极进行上行沟通，扩大组织的影响，取得政府的信任

社会组织要想扩大影响，取得政府的信任，应采取有效的沟通手段，如呈报有关计划、总结，邀请上级领导参加有关新建项目的落成典礼、新产品问世及重大庆典活动等，请求政府部门负责人就遇到的问题及时给予指导和帮助等，使政府了解组织的成就和对社会、对国家所做的贡献，从而增强对组织的信任。

（4）熟悉政府机构的具体设置、职责分工

政府部门分工复杂，许多业务分工互相渗透、交叉，若分不清职责范围，就容易违背管理权限，很难分清主次，这样往往会导致不必要的麻烦。此外，组织应与政府主管部门的领导和有关人员保持经常的联系，认真完成他们所下达的任务，对他们的工作给予真正的支持，这必然有助于协调彼此间的关系。

（5）领会政府部门的意图，配合政府工作

社会组织与政府部门有着共同的事业和目标，安排各项工作、处理每件事情都不仅仅是上级领导个人的事。为实现某一目标，完成某一任务而构思的设想、计划就是意图。协助政府部门完成共同的事业，必须了解这项事业的目的、设想、方法及与此相联系的各种行为动机，这就是领会意图。领会意图是配合政府工作、协同动作的重要基础，有利于工作的开展。

职场链接4-4　　打造“幸福城市”

20××年2月22日下午，某市举行了记者招待会，市长就该市在“十二五”时期取得的成就，以及“十三五”时期的规划等热点话题进行了说明，并诠释了“幸福城市”建设。他表示，“幸福城市”是基于国际发展潮流及城市发展提出的愿景，“幸福”就是指一个温馨和睦的家，家里的人丰衣足食，有房住、有田耕、有钱花。“幸福城市”就是一个物质、精神、生态、政治文明协调发展的小康社会，是各层次市民群体安居乐业、赞赏向往的城市。打造“幸福”的重点在于“五味”：

（1）生活甘甜味：市民吃得放心、住得安心、行得舒心、玩得开心；

（2）环境清新味：天蓝、水清、路畅、房美；

（3）事业成就味：投资、创业机会多、条件好；

（4）社会人情味：利益公平、社会关系和谐融洽；

（5）城市文化有品位：城市文化产品丰富、文化软实力强大。

市长强调，“幸福城市”不是口号喊出来的，不是天上掉下来的，而是要干出来的。建设“幸福城市”要从基础做起，一件件向前推进。

资料来源 作者根据网络资料整理。

4.3.5 竞争者关系的处理

只要有商品经济存在，社会组织就必然有竞争者，并且必然要与竞争者发生关系。面临优胜劣汰的考验，竞争者就成为社会组织不得不认真对待的公众了。

在我国，各社会组织在根本利益一致的情况下，又存在各主体利益上的差异和冲突。因此，同行业之间既是竞争者，又是互助者，目的是取长补短，共同前进。所以，处理与竞争者的关系要遵循以下原则：

第一，优胜劣汰。优胜劣汰有利于打破阻碍生产发展的封锁和垄断，可以及时暴露企业的缺点，促使企业提高经营管理水平和生产技术水平。

第二，产品竞争。企业的竞争主要是产品的质量、价格、服务和特色的竞争。

第三，平等竞争，相互协作。平等竞争就是竞争地位一律平等，反对企业及其他社会组织的规模歧视、所有制歧视和城乡歧视，更不能利用优势制造垄断，欺行霸市。同时，同行之间要相互协作，竞争者之间是对手，而非敌人。

处理竞争者关系的措施包括：

第一，提高竞争能力。提高竞争能力，除提高自身素质外，还要认识竞争对手。知己知彼方能百战不殆。认识竞争对手，要掌握其真实材料，如对手的现状、竞争能力、新产品开发能力，以及潜在对手等。

第二，运筹竞争战略。所谓运筹竞争战略，就是在竞争的方向、目标、方针、政策和行动规划等方面，作出长期、总体和全局的运筹。

第三，谋划竞争策略。根据竞争战略的要求和客观态势，制定短期竞争取胜的具体方式、方法、手段，这便是竞争策略，如价格、产品、服务和广告等竞争策略。

公关实训

社会组织公众分析

【实训目的】

通过实训，了解社会组织内外公众的特点，掌握与各类公众建立良好关系的途径与方法，并能够撰写公众分析报告。

【实训内容】

社会组织内外公众分析。

【实训主要仪器设备及材料】

电脑、网络、教材、某一社会组织的公众资料。

【实训方法及步骤】

1.实训方法：文献调查法、小组讨论法。

2.实训步骤：

（1）教师布置实训任务，并提出实训要求。

（2）学生分组收集某一社会组织的公众资料。

（3）学生分组进行资料的归纳、分类、总结。

（4）撰写公众分析报告。

（5）教师进行点评。

【实训报告要求】

1.对实训中的收获与体会要重点阐述。

2.对存在的问题要进行认真分析。

3.语言通顺，层次清晰。

4.既可以以小组为单位提交报告，也可以独立提交报告。

【实训注意事项】

1.实训中要注意各类实训工具的使用。

2.实训中要注意考察学生的沟通能力和合作精神。

本章小结

公众是公共关系的对象，具有整体性、共同性、多样性、变化性、相关性等特点。

根据公众的重要程度，可将公众划分为首要公众和次要公众；根据公众对组织的态度，可将公众划分为顺意公众、逆意公众、边缘公众；根据公众的稳定性程度，可将公众划分为临时公众、周期公众、稳定公众；根据公众发展过程中不同阶段的特点，可将公众划分为非公众、潜在公众、知晓公众、行动公众；根据组织的价值判断，可将公众划分为受欢迎的公众、不受欢迎的公众、被追求的公众；根据公众的组织状态，可将公众划分为非组织公众和组织公众。

内部公众关系包括员工关系、部门关系和股东关系。组织要处理好内部公众的关系，它是开展外部公共关系的基础。

外部公众包括社区公众、顾客公众、媒介公众、政府公众、竞争者公众等，针对不同的外部公众要采取不同方法处理相互之间的关系，为组织创造一个和谐的外部环境。

随堂测4

同步测试

一、单项选择题

1.与组织自身相关性最强的一类公众对象是（　　）。

A.内部公众　　　　B.顾客公众

C.媒介公众　　D.政府公众

2.根据关系的重要程度，可将公众分为（　　）。

A.顺意公众、逆意公众　　B.内部公众、外部公众

C.首要公众、次要公众　　D.顺意公众、外部公众

3.著名记者、社会名流一般属于（　　）。

A.受欢迎的公众　　B.不受欢迎的公众

C.边缘公众　　D.被追求的公众

二、多项选择题

1.公众的特征有（　　）。

A.整体性　　B.共同性

C.相关性　　D.多样性

2.根据公众的发展过程，公众分为（　　）。

A.潜在公众　　B.知晓公众

C.行动公众　　D.非公众

3.根据公众对组织的态度，可将公众区别为（　　）。

A.顺意公众　　B.逆意公众

C.边缘公众　　D.首要公众

三、简答题

1.什么是公众？公众具有哪些特征？

2.公众的分类方法有哪些？

3.公关人员应该如何协调和员工的关系？

4.媒介公众对公关传播有什么意义？如何协调组织和新闻媒介的关系？

四、情景题

1.刘燕去某商厦公关部应聘，面试官问她，在处理消费者的投诉时应该注意些什么？刘燕一时不知该怎样回答，面试官进一步启发她说，比如应该怎样选择最佳时机处理公众意见。刘燕想了半天，仍旧答不出来。你能告诉她怎样选择最佳时机处理公众意见吗？

2.某机构的公共关系部要在全市搞一个关于申办奥运的舆论调查。小章说，选5类公众即可，分类越少，意见越集中，越具有权威性。老李不同意，坚持至少分7类，认为分类多才具有权威性。你同意哪种意见，为什么？请举例说明。

五、案例题

案例分析一：企业应重视搞好内部员工关系

报纸上曾刊登了一篇“工人读书可获加薪”的报道：宝钢集团一钢公司出台《关于鼓励员工学习文化技术和钻研业务的若干规定》，规定中指出：员工通过非全日制普通学校学习并取得证书，岗位专业对口的，根据学历高低，每月将获得100~500元不等的岗位津贴。据报道，此规定出台后，原来企业的教育经费大大提高，公司已决定将这笔开支列入工资总成本，并成为企业的一项长效措施。宝钢公司的领导表示：资金再紧

张，员工的教育经费一定要确保。

请思考：

（1）这则案例对你有什么启示？

（2）你所在的单位对员工关系重视吗？应该给单位领导什么样的建议？

案例分析二：音乐起，摩擦生

某大学校园旁有一家服装厂，这家服装厂的生产车间与这所大学教学科研人员的工作区隔墙相望。有一段时间，这家工厂借鉴国外的先进经验，为消除工人在重复劳动中产生的疲劳感和单调感，每天上午9：00—10：00在车间内播放各种流行音乐。可是，这段时间正是大学的教学科研人员从事科学研究的“黄金时间”，他们需要一个安静的环境，使自己的大脑进入正常工作状态。然而，从一墙之隔的服装厂传来的“震耳欲聋”的流行音乐破坏了他们的工作环境，使他们无论如何也无法进入正常的工作状态。这引起了大学里的教学和科研人员的不满和愤怒，他们多次找厂方交涉，但始终没有结果。无奈，学校方面不得不采取行动，向报社反映情况，呼吁社会舆论的支持及政府的干预。

请思考：

（1）假如你是服装厂的公关部主任，请你进行公关策划，解决大学教学科研人员与服装厂的矛盾。

（2）结合实际谈谈发展社区公共关系的意义。

第5章

公共关系的基本方法——传播

情景导入

星巴克“猫爪杯”是如何爆红的?

2019年2月26日，星巴克推出春季版“2019星巴克樱花杯”。其中，一款自带“萌”属性的“猫爪杯”迅速走红，不仅其百度指数和微信指数直线上升，还引发“抢杯大战”。对此，许多网友直呼无法理解，称这不过是星巴克搞的“饥饿营销”。

撇开“饥饿营销”的争议，猫爪杯的火爆还得归功于星巴克的一手好营销：

（1）借助抖音、微博、小红书等平台做预热，通过关键意见领袖（Key Opinion Leader，KOL）“种草”吸引更多消费者的关注，引爆产品热点；

（2）借势“猫消费”，因为现在养猫的群体愈加庞大，他们“爱猫及猫”，看到跟猫相关的主题商品会产生浓厚的兴趣；

（3）洞悉消费者的心理诉求，如“炫耀”和“从众”等心理。

【思考与讨论】

（1）星巴克运用哪种媒体进行了营销推广？

（2）这种媒体的优点是什么？

（3）“猫爪杯”成功的原因是什么？

学习目标

通过学习，了解公关传播的定义与特点；掌握公关传播的要素与类型；熟悉各种公关传播媒介及特点；认识公关传播的规律；掌握提高传播效果的方法。

5.1 公共关系传播概述

控制论的创始人诺伯特·维纳曾经说过：“传播是社会的黏合剂。”没有传播，也就没有社会，因为是传播将人联系在一起形成了社会。传播是自人类产生以来就有的社会现象，传播行为是人类最主要的社会行为之一，任何人出生到世上，第一声啼哭就开始了信息传播——宣告他的出生。时时有传播，处处有传播，一切生产和社会活动都离不开传播。人们的交谈、微笑乃至新闻报道、工商广告、政策宣传，都是传播行为，它是维系人类社会的纽带。

5.1.1 公共关系传播的定义

传播是从英文“Communication”一词翻译过来的，是指两个相互独立的系统之间利用一定的载体和途径所进行的有目的的信息传递活动。传播的核心是“传”，且追求“传务求通”。关于传播的定义众说纷纭、五花八门，根据牛津英文词典的解释，“传”就是“观念、知识等的分享、传递或交换”。因此，我们可以给传播下一个基本的定义：传播是指人与人之间一切信息的传递和分享，也是人们接受、排列、选择、传送、储存信息的过程。传播是人类社会赖以生存和发展的前提。

传播与公共关系有着密切的关系。首先，传播是公共关系确立的基本前提。其次，公共关系极大地丰富了传播的内容，加速了传播工具的发展。

公共关系传播是指社会组织利用各种媒介，有计划地将信息或观点与公众进行交流沟通，以达到争取公众、信息共享的目的。其基本含义包括以下两个方面：

第一，传播是一个有计划的、完整的行动过程。有计划，是因为整个传播活动必须按组织的公共关系总目标有步骤地进行。完整，是指传播过程必须完全符合传播学的“五个W模式”，即Who（谁）、Say what（说什么）、In which channel（通过什么渠道）、To whom （对谁说的）、With what effect（产生什么效果）。

第二，传播是一种信息的分享活动。传受双方是在传递、反馈等一系列过程中获得信息，因此，这不是一般意义上的单向性信息传递，而是通过双向的信息沟通，使双方在利益限度内取得最全面的理解，达成共识。

职场链接5-1　“支付宝锦鲤”引发年度传播盛宴

2018年国庆黄金周，支付宝又出来“搞事情”，要在转发微博的用户中抽取一位2018年支付宝中国“锦鲤”，获得一份免单大礼包，整个礼品单根本拉不到底。

活动上线6小时，微博转发破百万，支付宝成为微博史上转发量最快破百万的企业微博账号。最终，这条微博收获400多万次转评、2亿的曝光量。而公布结果后，“锦鲤活动”相关话题一直霸占微博热搜榜，中奖用户“信小呆”微博粉丝一夜之间涨到71万。

实际上，这并不是一次支付宝的创新活动，但为什么只有这次活动如此火爆?

首先，这一切都是策划好的，并非支付宝单枪匹马冷启动。支付宝的运营团队联合了各大品牌合作方，要求各大品牌在规定的时间内完成评论和转发。微博蓝V的集中式评论和转发，不仅扩大了影响力，还提升了整个活动的声势。

其次，“锦鲤”这个词自带传播性。支付宝这次活动微博文案的第一句就是：“祝你成为中国锦鲤。”微博本身就堪称“锦鲤之乡”，文案不需要多余的解释，用户见到这个词后，可以直接参与、转发，不用再转述或者发明新的概念，减少了传播的阻力。

最后，超出预期是引爆传播的前提。抽奖转发在微博上是一个很老的营销方式，大大小小的抽奖活动每天都在进行，关键在于奖品是不是足够多、足够丰富、足够刺激。此次支付宝的奖品清单，阅读完需要大概3分钟，真正地集“万千宠爱于一身”，任谁看了不想转发？

支付宝把“锦鲤”文化推向高潮的同时，也带给我们一些思考：微博作为天然开放式社交媒体平台，是最好的营销平台之一，但现在对微博营销的研究其实非常少，大家可以花精力关注。

资料来源　作者根据相关资料整理。

5.1.2　公共关系传播的特点

为进一步认识传播的概念，需要对公共关系传播的特点有所了解和掌握。在公共关系传播的界定和含义中，展示了公共关系传播的双向性、共享性、快速性、广泛性等特点。

1）双向性

所谓公共关系传播的双向性，是指传播是公众与组织之间的互动行为，它包括组织的信息向公众传递，公众将这些信息反馈到组织这样两个环节。公共关系传播是一种信息传递和交流活动，它不可能是单向的，也不能只注重自身需要。组织的信息传递是前提，公众的信息反馈是结果，组织的理念、意图、决策是否正确，是否符合公众的利益，要靠反馈来检验和修正。没有组织的传递，便没有公众的反馈。根据公共关系传播的双向性特点，公关人员为突出双方利益要求，就必须首先了解和掌握公众的心理和要求。了解公众利益需求，就必须找到与此相关的组织利益，使传播的行为双方都能接受，还必须注意收集和研究信息反馈，使传播活动能有的放矢，也要注意情感在公共关系中所拥有的调节职能和信息展示职能。

2）共享性

共享性也是公共关系传播所具有的较明显的特点之一。它主要是指传播信息在时间上和空间上由传受双方共同享用。就空间而言，信息能够同时被众多的使用者所拥有，某个人在使用信息后，不会引起信息在数量上和内容上的任何变化；就时间而言，由于信息扩散的过程同时也是信息分享的过程，传播者将信息传出以后，自己仍然可以享用它，并未失去什么。信息作为一种重要资源，不管使用者有多少，每个人都可以完整地使用信息内容，有效的信息可以长久地储存和使用。

3）快速性

快速性是指公共关系的信息传播迅速快捷，表现出及时、机动的外在特征。科学技术的发展，特别是日新月异的大众传媒手段的运用，使人们在较短的时间内就能把信息传送到组织所需要的地方去，组织可以在最短的时间内“誉满全球”。对于公共关系传播而言，追求时效和提供方便简洁的信息，扩大途径是必不可少的。它对传播本身也提出了更为严格的要求。公共关系工作人员在策划传播时，要有效利用快速性特征，从受传者的需要出发，确定内容、选择主题，注意扩大传播面；要做到题材多样化、大众化，传播信息要快、要准，语言表达要力求简洁、明快等。

4）广泛性

广泛性是指公共关系信息被所有传播媒介所追求并经传播媒介而广泛扩散，直至在公众中形成日渐成熟的公共关系意识。一方面，现代科学技术的飞跃性发展，为信息传播广泛性的实现提供了现实条件。例如，新闻媒介可以大规模地复制信息，使同一信息在最短的时间内家喻户晓、尽人皆知。广播、电视、互联网等传播手段，甚至可以突破地域、国界乃至文化的限制实现全球互联，真正地达到“天涯共此时”。大众传媒使信息传播达到了前所未有的广泛程度。另一方面，公共关系传播的广泛作用，逐渐培育了广泛的公共关系意识，这种意识反过来影响公众行为，为公共关系传播的广泛性奠定了主观基础。全员公关意识能促进信息得到广泛的传播，同时又为公共关系传播的广泛性确立了深厚的群众基础。

5.1.3 公共关系传播的要素

微课5-1

传播的要素

传播的核心是信息，然而在整个传播过程中，只有信息还不能完成传播。任何一个传播活动的形成，必须具备相应的必要条件，这些构成传播活动的必备条件，我们称之为要素。

通常情况下，我们认为传播要素包括：①传播主体——传播过程中“传”的一端的个人或团体，是信息传播的主动发出者和媒介的控制者；②传播内容——信息，泛指情报、消息、数据、信号等有关周围环境的知识；③传播媒介——信息的载体，传递信息符号的中介、渠道；④传播对象——传播过程中“受”的一端的个体或团体；⑤传播效果——受传者接受信息后，在情感、思想、态度、行为等方面发生的反应。

除此之外还有一些其他要素，如：①译码，指信宿找到信息后，将信息符号译成自己理解的内容；②干扰，又称噪声，指传播过程中放大或缩小信息量使信息失真的因素，它常常无处不在；③共同经验范围，指传播者与受传者之间共同能理解的约定俗成的规则，即“共同语言”，毫无“共同语言”的人无法实现传播；④环境，指传播存在的时空条件、物质条件和社会条件。

我国学者熊源伟把传播的构成要素分为两类：一类是基本要素，包括信源和信宿、信息、媒介、信道和反馈等；另一类是隐含要素，指传播活动中的时空环境、心理因素、文化背景和信誉意识等。前者是公共关系传播的“硬件”，后者是公共关系传播的“软件”。其中每一个要素，都会对传播效果产生一定的影响。如果缺少一个要素，就无法构成公共关系传播。

1）传播的基本要素

（1）信源和信宿

信源，即信息的发布者，也就是传者。这里一般是指某一个具体的社会组织。信宿，即接受并利用信息的人，也就是受者。这里一般是指公众。

（2）信息

从公共关系传播这一角度看，信息是指具有新内容、新知识的消息，其中包括观念、态度和情感等。

（3）媒介

媒介，原意指中间物，这里指用以记录和保存信息并随后由其重现信息的载体。媒介与信息密不可分，离开了媒介，信息就不复存在，更谈不上信息的交流和传播。

（4）信道

信道，是指信息传递的途径、渠道。信道的性质和特点，将决定对媒介的选择。比如，在谈话中，传者如果是以声波为交流信道的，那么，声波信道的特性，便决定了所选取的交流媒介只能是具有“发声”功能的物体、材料和技术手段。同样，如果以频道为信息传递渠道，那么，其媒介选择只能是电子类的载体。

（5）反馈

反馈，这里指受者对传者发出信息的反应。在传播过程中，这是一种信息的回流。传者可以根据反馈检验传播的效果，并据此调整、充实、改进下一步的行动。

我们收听广播就是一个传播的过程，具备以上各个要素：信源——广播电台的编导及主持人；信宿——收听广播的各类听众；信息——主持人讲述或播出的节目内容；媒介——口语、声音、无线电波；信道——收音机、听觉、感觉等；反馈——在听众中产生的影响及发生的行为变化，或打电话向电台进行咨询、质疑等。

2）传播的隐含要素

（1）时空环境

时空环境，包括时间和空间两个方面。传播的任何一方“无故失约”、“拖延时间”或“姗姗来迟”，都会使对方对这次传播活动的态度和感受发生变化，其传播行为会随之改变，从而影响传播效果。

从时间角度上看，真正衡量传播效果的是单位时间内所传播的有效信息量。当然，传播时机（即在何时进行传播）的选择，对传播效果也是有一定影响的。例如，谈判时间适当与否会对谈判效果产生影响。一般来说，以下几种情况，是在选择谈判时间时应注意的：第一，避免在身心处于低潮时进行谈判，如夏天的午后就是人们需要休息的时候。第二，避免在休息日后的第一天早上进行谈判，因为这个时候人们在心理上可能仍未进入工作状态。第三，避免在连续紧张的工作后进入谈判，这时，人们的思绪比较混乱。第四，避免在“体内时间”内进行谈判。从现代心理学、生理学的角度看，16时至18时是所谓的“体内时间”，即最没有效率的时间。这段时间人的疲劳在心理上、生理上都已达到顶峰，因而会焦躁不安，思考力减弱。

空间，指传播活动存在于一定的物理环境中。传播信息总是在具体的空间环境中进行，不同的环境条件会使人对信息有不同的感受，并产生不同的传播效果。空间环境影响传播效果，一般有两个方面：一是座位的设置排列；二是交流环境的气氛。座位的设置排列应该根据信息传播目的来安排。一般来说，如果是向员工做报告，应采用并排同向的教室型座位排列，以此避免员工之间横向沟通，从而加强纵向传播效果；如果是举办联谊会，则应采用围桌而坐的方式，以增加彼此间的交流次数和表示友好的机会。因此，如何选择就座方式，会直接影响公关的传播效果。交流环境的氛围因素包括音响、照明、室内温度和整洁程度等。实践证明，一个组织的领导人在一个嘈杂、昏暗、脏乱的办公室和在一个安静、明亮、整洁的办公室与他的部下交谈，绝不会产生同样的信息互动，因此，不可忽视“环境效应”。

（2）心理因素

心理因素，主要是指信息接受者的情感心理状态。有句俗话叫“人逢喜事精神爽”。在不同的情感状态下，人们接受信息的效果是不一样的。情绪高涨时，人们能迅速接受信息，并强化理解、记忆或行动；情绪低落时，人们会抑制信息的接受量，从而可能错过许多有利的机会。因此，传播行为的发生、延续和发展，应建立在双方心理愉悦的基础上，心情不好会使传播效果受到很大影响。所谓“酒逢知己千杯少，话不投机半句多”便是这种心理因素作用的结果。为此，公共关系工作者在实施传播时，一定要注意了解和把握所面临公众的心理动态和感受，只有这样才能获得理想的信息反馈和情感共鸣，进而产生有利于组织的公众行动。比如，在旅游胜地的花园内、树林中向游客宣传“爱护花草树木”这一观点时，在木牌上写不同的话，效果就截然不同：

① 严禁摘花折枝，不准乱写乱刻！违者罚款！

② 除摄下美景，其他请别带走；除留下足迹，其他请别留下。

第①例有一些训斥性的词语，是命令式的口气，“不满意”的情绪体验使人难以接受传播的观点。而第②例是一种语言艺术，并在传播过程中产生一种“附加的诱因”，其作用就在于唤起受者肯定、积极的愉悦情感和行为上的接纳。因此，愉悦的情感是促使传播取得成效的“催化剂”。

（3）文化背景

传播是一种文化现象，它既反映了广泛的时代文化背景，又受到了文化特质的制约。在传播过程中，传受双方的文化差异，必然会对传播效果产生影响。不同的经济环境、风俗习惯、民族心理、性格特征、思维方式和价值观念等，使人们对同一信息内容可能产生不同的主观感受。这就是人们常说的“物以类聚，人以群分”“入乡随俗”等惯用语的文化依据。

（4）信誉意识

信誉意识包括两个方面：一是指传播内容的可信度；二是指传播者被受众所依赖的程度。

在传播过程中，信息内容的权威性越高，受众对之就越信服；反之，就很难使受众信服，从而影响传播效果。所以，对新产品的宣传，广告商往往利用用户反馈、有关学术权威机构的鉴定、产品获奖的名次等来提高其广告信息的可信度。

1988年9月11日，《新民晚报》刊登了一则鲜为人知的消息：“注意，99.68%的成年人脸部都有螨虫感染。”不久，市场上出现了一种螨虫克星——虹雨牌肤美灵嫩肤霜。对于这样一个还没有被人所了解的新产品，广告主（扬州美容化妆品厂）就采取了提高广告信息可信度的方法：该产品获第十四届日内瓦国际发明奖、中国首届发明奖成果专利应用，并指出该产品“系全国著名皮肤病专家曲魁遵教授发明”，从而增强了信息来源的可信度，起到了有效改变公众心理倾向的作用。

传播者被受众依赖的程度，就如同其所传播的信息内容一样重要，它将极大地影响信息传播的效果。受众对传播者所产生的依赖感，一般由三个因素形成：第一，产生于“权威效应”，即传播者客观上是这一方面的专家、学者；第二，产生于“名人效应”，即传播者本人不是这一方面的专家，但由于其职位、身份而带来的声望，增强了感召力；第三，产生于“首因效应”，即传播者给受众的第一印象良好等。

5.1.4 公共关系传播的内容

公共关系传播的内容主要包括两类：一类是信息的传播，另一类是情感的传播。

信息的传播是公共关系传播中最主要、最基本的内容。一方面，公共关系组织和从业人员要广泛收集公众信息、社会环境的信息，在对信息进行加工整理后，及时向组织的决策层汇报，为组织作出决定、制订计划提供信息来源，这样才能保证作出的决策能投公众之所好，应公众之所需；另一方面，组织要在公众心目中树立良好的形象，获得广泛的合作与支持，就必须积极宣传自己，传递有关本组织的新情况、新政策、新产品、新行动，多从正面传播有利于组织的信息。这是公共关系工作的主要内容。

情感是人类共有的东西，组织运用各种传播手段促进组织与内外公众之间进行情感交流是公关活动的重要内容。例如，逢员工生日，公关人员送上一张写满祝福语言的贺卡；逢年过节，公关人员打电话给组织的重要公众，送去节日的问候；春暖花开时，公关部门组织一次郊游踏青；工作之余，组织一次别开生面的舞会。这些活动都能加强组织与内外公众的沟通与交流，增进双方的了解与好感，在组织内部能形成较强的凝聚力和向心力，在组织外部则更容易获得社会的认同。

5.1.5 公共关系传播的类型

传播作为无处不有、无处不在的社会现象，常常以不同的形式表现出来，按照不同的划分标准，传播可以划分为不同的类型。

第一，以传播内容涉及的社会生活为标准，传播可以划分为政治传播、经济传播、科技传播、文化传播、教育传播、军事传播、宗教传播等。

第二，以传播所使用的媒介及人体器官为标准，传播可以划分为口语传播、动作传播、实物传播、文字传播、电子传播等。

第三，以传播所涉及的主客体关系及规模大小为标准，传播可以划分为自我传播、人际传播、小群体传播、组织传播、公共传播、大众传播等。

公共关系的传播类型一般分为四种：自我传播、人际传播、组织传播和大众传播。

1）自我传播

自我传播又称内向传播，是行为主体自身内部进行的信息传播，它集主传者与受传者于一身，表现为自我意识、自我表露、自我宣泄、内心冲突等。日常生活中人的内心独白、自言自语、自吟自唱、自问自答、三思而行等都属于这种类型的传播。自我传播是人类社会一切传播的基础和开始，自我传播的过程是行为主体不断完善自我、发展自我的过程，个人的不断完善才能最终推动社会的进步。一个自我传播丰富且频繁的人，才是一个成熟且稳健的人，它是公关人员必备的基本素质。

2）人际传播

人际传播指的是个体与个体之间的沟通交流。具体地说，人际传播是个人与个人之间借助语言符号和非语言符号来彼此交流信息、沟通情感、协调行为的社会活动。它是最常见、最广泛的一种传播方式。一般来说，它有两种方式：一种是面对面的交谈，一种是通过中介进行的信息沟通。其表现形式为：前者一般通过语言、动作和表情等媒介进行交流；后者则通过书信、电话、电子邮件等媒介进行交流。这种传播的特点是个性、私密性和信息反馈的及时性，因此，在传播过程中，双方不断地相互调整、相互适应，传播效果会更好。

在公共关系工作中，公关人员也不总是面对整体意义上的群众或社会组织，因为任何一个群体和组织都是由个体组成的，对每一个公众的重视和传播从来都是公关工作的起点。赢得每一个社会公众的认可，进而形成整体意义上的公关规模，是公关工作的基本规律。因此，公关人员利用人际传播方式并不是一种私人性质的交往活动，而是作为一个社会角色和组织的代表来从事人际传播活动的。

3）组织传播

组织传播指的是通过组织所控制的媒介与公众进行的信息传播活动，它是具体组织或社会固定机构所展开的信息活动，是组织和其成员、组织和其所处环境之间的沟通交流。它主要运用组织的媒介进行固定传播。公关中的组织传播往往采用展览、庆典、广告、文体活动和具体宣传等来开展公共关系专题活动。在公关范围内的组织传播往往是传播主体即社会组织与其成员及环境之间的信息交流和沟通活动。公共关系概念与组织传播概念是基本一致的，公关活动是一种特殊的组织传播行为。组织传播具有以下特点：

（1）传播主体的组织化

组织传播的发起者、实施者、承担者是组织机构而非个人。传播活动受组织目标和计划的制约，受组织的控制，为组织的利益服务，是组织经营管理的一种手段。组织传播的内容也是体现组织意志的信息。

（2）传播对象的具体化和大众化

组织传播的对象比人际传播的对象更为复杂和庞大，它既有内部的沟通对象，又有外部的公众环境；既有近距离的沟通，又有远距离的沟通。无论哪一种沟通，无论规模有多大，组织传播都在具体目标制约下有选择地作用于对象。组织传播活动总是涉及特定范围内的公众，当然也包括大范围的公众，并对其产生舆论影响。

（3）组织内部的传播活动具有双重性

在组织内部信息的传播活动中，同时存在着正式的组织传播和非正式的人际沟通形式，正式沟通以正式方式达到主要目标，非正式沟通辅助正式沟通以感情、兴趣为润滑剂，形成富有弹性的人际沟通，从而最大限度地实现组织目标。

（4）组织外部的传播方法具有综合性

面对外部公众对象的多样性，组织在传播活动中必须综合运用人际传播、小团体传播、公众传播和大众传播等方式，集中各种媒介的优势，广泛开展传播。

组织和其成员之间的传播有两种形式：一种是职能传播，如厂长与车间主任、经理与员工之间的角色沟通，其沟通方向一般为下行和上行的垂直传播；另一种是非职能传播，如员工与员工、校长与师生之间的感情沟通，其沟通方向一般为平行的横向传播。

组织和其所处环境之间的沟通交流，就是组织和其外部各类公众的沟通交流。这种传播的特点是：传播的主体是组织，传播的对象十分广泛、复杂，传播具有明确的目的性和可控性。例如，公共关系广告就是组织与社会公众互相沟通的一种常用的传播宣传手段。

与一般的商品推销广告不同，我们把旨在为组织树立形象和创造声誉的广告，称为公共关系广告。公共关系广告着重介绍组织的观点、政策，使公众了解组织的情况，增加对组织的信任，并给予支持和合作。常见的公共关系广告形式有：节假日向公众贺喜；宣传、介绍组织的目标、方针和经营思想；向公众披露自身的实力、技术装备、人员素质和经营发展状况，增强组织对公众的吸引力；经常向社会公益事业和文体活动提供赞助等。作为组织传播的一种手段，它是“让公众爱企业”的一种非直接营利的声誉性广告。

4）大众传播

大众传播指的是职业传播者通过大众传播媒介（报纸、杂志、广播、电视等），将大量复制的信息传递给分散的公众的一种传播活动。大众传播是随着科学技术的发展而实现的远程通信与大批复制信息的技术。它使信息的传递规模和速度空前发展，一经产生就成为社会发展的强大动力。大众传播具有以下特点：

（1）广泛性

大众传播的广泛性是指传播对象和传播内容的大众化。大众传播拥有大量的受众，涉及不同的地域和不同的阶层。由于面对整个大众，大众传播的内容一般要符合广大对象的各种要求，要引起他们广泛的兴趣，所以信息量大是可想而知的。

（2）间接性

大众传播的间接性是指这种传播的信息反馈比较困难。分散的、匿名的受众与大众传播者之间是互相分离、无法谋面的，因此，大众传播的信息反馈迟钝。这种传播双方的互不联系，使大众传播的反馈渠道不畅，过程长、速度慢、成本高、不准确。

（3）专业性

大众传播的专业性是指传播机构的高度专业化和传播手段的技术化。现代大众传播是个专业化很强的行业，它由专业机构和专门人员组成，如报社、杂志社、电台、电视台和其中的记者、编辑们。同时，大众传播经常借助现代印刷、摄影、电话、电传、无线电、卫星等技术手段，使用的机器较复杂，操作难度和技术含量很高。

（4）高效化

大众传播的高效化是指大众传播使用现代传媒，大量、高速地复制和传递信息。网络和其他电子媒介同步传播已使所有信息瞬间即至，具备强大的公众舆论影响力，所以大众传播成为公共关系工作最有效的手段。

从媒介角度看，大众传播有两种类型，一种是印刷类的大众传播媒介；另一种是电子类的大众传播媒介。这种传播的特点是：传播主体的高度组织化、专业化；传播手段的现代化、技术化；传播对象众多，覆盖面极广，传者和受者之间的“人际关系”不复存在；信息反馈比较缓慢、间接等。大众传播的迅猛发展，是现代社会科学技术高度发展的产物。大众传播的方式，是公共关系从业人员所必须掌握的。

传播的四种基本类型，既自成体系，具有独特的结构、要素、形式和功能，同时又相互联系、互为补充。从自我传播到大众传播，传播形式出现了四个变化：第一，受众面越来越广；第二，传受双方在距离和感情上越来越远；第三，信息的个性化越来越淡；第四，组织系统和传播技术越来越复杂。

5.2 公共关系传播媒介

传播媒介是信息或观点进行传递与交流的渠道、途径、手段。它是传播内容的载体，传播要借助传播媒介进行信息或观点的扩散和宣传。离开媒介，传播的作用就无法实现；同样，离开传播的需要也就无所谓媒介。公共关系传播媒介是公共关系借以沟通、传播信息的载体。按传播过程中所选媒介的物质构成形式和表现形态来划分，可将公共关系传播媒介分为符号媒介、实物媒介、人体媒介和大众传播媒介等。

党的二十大报告指出，要“增强中华文明传播力影响力。坚守中华文化立场，提炼展示中华文明的精神标识和文化精髓，加快构建中国话语和中国叙事体系，讲好中国故事、传播好中国声音，展现可信、可爱、可敬的中国形象”。因此，公共关系传播媒介要多样化，要能够翻越“文化鸿沟”，打破“文化壁垒”。

5.2.1 符号媒介

符号媒介是信息传递过程中极有意义并极易引起互动的载体，是现代社会运用最广泛的传播媒介，也是公共关系传播中最常用的媒介。它包括有声语言媒介、无声语言媒介、有声非语言媒介、无声非语言媒介。

1）有声语言媒介

有声语言，即自然语言，是发出声音的口头语言。它专指传播者（说话人）通过口腔发声并运用特定的词语和语法结构及各种辅助手段向受传者（听话人）进行的一种信息传递。在公关活动中经常大量运用有声语言进行传播，其方式包括：答记者问、与员工谈心、电话通信、内外谈判、演说和为宾客致欢迎词等。有声语言媒介的特点是信息反馈迅速，形式灵活多样，传播效果明显。

有声语言传播在公关活动中的运用是有技巧可言的。公关语言技巧是传播者在了解和认识传播规律的基础上，对语言的特点加以艺术性运用的一种方法，它是公共关系实务的基本传播手段，在日常接待、新闻发布、演讲、沟通性会议、公务谈判等场合的应用非常广泛。它主要包括说话的技巧、听话的技巧、提问的技巧和演讲的技巧。

第一，在说话方面：首先要全身心投入，对讲述的内容要用词准确，要声情并茂，表现出诚恳、认真的态度。其次，语言要通俗、生动、口语化，不要用生硬的书面语，更不要用生涩的词语。再次，用语要准确简洁，要用最少的、最精确的语言表述最多的、最生动的意思。最后，要讲究流畅的语流与和谐的语言表达风格，并且在音量、音速和音顿上有精确的讲究，在使用副语言时也要达到准确、传神。

第二，在听话方面：要十分注意聆听的艺术。聆听的艺术是语言传播的重要技巧。首先，要全神贯注地听，做到尊重说话人以及他讲述的内容。其次，要用积极的反馈激发说话人的谈话热情，并运用表情和动作鼓励对方，以增加表达效果。再次，要多听对方的谈话内容，思索对方的每一句话包含的信息量，做到尽快与对方沟通。

第三，在提问方面：要尽量使用双方习惯和喜欢的问话方式。要做到文明提问，尽量避免直接提问带来的不礼貌，同时还要注意避免一次提多种问题，给对方的回答造成压力。另外，要注意提问时机必须适当，所有的问题必须围绕中心问题展开，不能问不着边际的问题，更不能离题万里。

第四，在演讲方面：要讲究技巧。首先，演讲的开头要引人入胜，用精致的语言、诚挚的情感引起听众的兴趣和注意。其次，表达要形象生动、传神。再次，要选择典型、有新意的事例，并适时将演讲推向高潮。最后，在演讲的结尾处要深刻、含蓄、耐人寻味。

2）无声语言媒介

无声语言是有声语言的一种文字符号形式。在公共关系传播中，是通过印刷文字进行信息传递的。其方式有谈判决议、会议纪要、社交书信、调查报告、电文、通知、通讯以及公共关系简报等；其特点是超越时空，语言表达便于斟酌，也利于保存，但信息反馈不及有声语言媒介迅速。也有人将无声语言传播称作非语言传播，它是借助非有声语言来传递信息、表达感情、参与交际活动的一种不出声的伴随语言，分为默语和体语，它的使用也是有技巧的。

第一，默语使用的技巧：默语是言语中短暂的间隙，往往能让人体会出言外之意、话外之音。对于默语的使用有多方面讲究。首先，要利用各种环境因素形成丰富的寓意，产生“此时无声胜有声”的效果。其次，讲求适度实效，在使用默语时要借助有声语言，互相映衬。最后，要注意无声的感情，如戛然而止产生的强烈效果。

第二，体语使用的技巧：体语是以人的动作、表情和服饰来传递信息的一种无声语言。在传播中体语表述的内容是丰富而复杂的。首语，即点头与摇头包含的意思，前者为肯定，后者为否定，有时它们的应用比语言更生动、传情。手语，即用手所表达的丰富内涵，如手指构成的语言、手势和哑语，以及握手传递的信息等。足语，就是用脚的运动表达的内容，如跺脚、来回踱步等。目光语，即历来被誉为“心灵之窗”的眼睛的视角、视线传递的内容，这也是很丰富、很微妙的。微笑语，是通过不出声的微笑传递信息，主要由面部肌肉的运动来完成各种复杂信息的传递。姿势语，是人体的动态或静态所表达的信息内容，如鞠躬、立正等。服饰语，是指通过服装和饰品所传递的信息，也是一种个人素养、爱好和文化品位的显现。

3）有声非语言媒介

有声非语言，是一种“类语言”。它是传播过程中有声而不分音节的语言，如说话时的重读、语调、笑声、掌声和众多动作发出的声音。其特点是要在语言环境中得以传播，且同一形式的寓意不是固定不变的。如笑声可以有很多寓意，可能负载着正信息，也可能负载着负信息；掌声可以是肯定的，如传递欢迎、赞成、高兴等信息，也可以传递否定的意见。

4）无声非语言媒介

无声非语言，指的是各种人体语言。它是用人的动作、表情、服饰等来传达信息的。几乎人体的各个部分都能表达众多的含义，常为公共关系传播所利用，如人的站、坐、走、表情、手势、举止等。无声非语言的特点是有鲜明的民族文化性，有些动作在不同民族的文化中所表达的寓意是不同的，无声非语言能强化有声语言的传播效果，发挥“此时无声胜有声，于无声处听惊雷”的作用。

5.2.2 实物媒介

实物媒介指的是实物充当信息的载体，包括产品、公关礼品、象征物等。产品本身就是一种典型的实物媒介，其承载信息的要素有品牌、商标、包装、外在形态、内在质量、售后服务以及广告设计等。公关礼品一般是非商品化物品，由组织根据公关目标的需要专门设计制作，其交际沟通价值远远大于礼品的使用价值，因为其中还有信息价值和情感价值的成分。象征物也常常传达组织的各类信息，如印有组织标识的手提袋、购物袋、交通工具、信笺等。实物媒介的特点是直观明确，可信度高，视觉和感觉冲击力强，容易引起公众反应。

5.2.3 人体媒介

人体媒介是借助人的行为、服饰、素质和社会影响来作为传送信息的载体。它包括组织成员（从领导者到员工）、社会名流、新闻人物以及能够影响社会舆论的其他公众的形象。以员工形象为例，它是组织形象的重要组成部分，其中包括员工的内在素质、外表行为（谈吐举止、面部表情、服饰等）以及隐于其中的行为规范、技巧等。比如，一个商业公司的员工的统一得体的服饰，这一载体传递给公众的不仅仅是一种整体的视觉识别，更重要的是在传播一种企业精神和企业的经营作风，让顾客走进店门就有一种信任感，相信在这样的公司购买商品不会上当受骗。因此，人体媒介容易建立传播双方感情的沟通渠道，在公共关系传播中有其独特的形象影响力。

5.2.4 大众传播媒介

大众传播媒介在公共关系传播中发挥着极为重要的作用，它是其他诸多媒介实现最佳效果的“助推器”和“放大镜”，是实现大众传播形式的载体。大众传播媒介具有传播范围广泛、传播速度快、传播内容重要等特点，其主要功能是传播信息、引导舆论、传递社会文化传统、提供娱乐休闲享受等。对于组织来说，它能为组织的各类信息提供承载和传送服务，并能迅速形成有利于组织的舆论状态。

从严格意义上说，大众传播媒介主要包括以下几种形式：报纸、杂志、书籍、广播、电影、电视、互联网等。它们可分为印刷类传播媒介和电子类传播媒介，各有自己的特点，在传播中发挥着不同的效能。

印刷类传播媒介是指以印刷作为信息复制的手段并以纸张作为主要介质的一类传播媒介，包括报纸、杂志、书籍、小册子、传单等。这类媒介的特点是：

第一，信息符号以文字为主、图片为辅（画报、画册例外）。这一特点使印刷媒介能阐述抽象内容，揭示事物的本质和规律，但它不如其他媒介直观、生动，且对受众有文化水平的制约。

第二，信息符号具有记录性，不会转瞬即逝。这一特点使印刷媒介便于保存、剪辑和查阅，具有较高的收藏价值。

第三，信息符号以空间序列展开，在时间上没有先后性。这一特点使受众在接受信息时具有选择自由，减少了获取信息的不必要环节。

第四，信息制作的速度相对缓慢，且必须经过大量复制后方能广泛流传。这一特点限制了信息的传播速度，使其逊色于电子传播媒介。

电子类传播媒介是指以电磁物理原理作为信息传播的基础，以电子产品作为传播工具的一类传播媒介，包括广播、电视、互联网等。这类媒介的特点是：

第一，信息符号以声音或图像为主，以文字为辅。这使得这类媒介形象、生动，感染力强，能满足文化水平较低的受众的信息需求，但它对信息的深刻提示性较差，无法与印刷媒介相匹敌。

第二，信息符号是非记录性的（除录像和音像出版物外），播出后立即消失。这给信息的保存和反复接收带来了诸多不便，如果用现代技术拍摄下来，必然会增加成本，缩减了信息能够长久发挥作用的空间。

第三，信息符号以时间序列展开，在时间上具有先后性。这使受众的选择性降低，影响了全部信息的效能发挥。

第四，信息制作快捷，覆盖面广，不需要太多的复制就能广泛传播（音像出版物除外）。它可以做到即时传播，大大提高了传播速度且容易克服自然障碍，成为区域联络、跨国交流的信息工具。

第五，媒介自身制作成本较高，故选择该类媒介时应量力而行。

以上两大类型的传播媒介，就其社会功能来说，大致是相同的，但由于其信息载体不同，传播过程的环节也不同，加之许多人文因素的影响，印刷类传播媒介和电子类传播媒介之间存在着明显的差异，其特点和应用也各不相同。

5.2.5 新媒体

1）新媒体的定义

新媒体暂时还没有统一的定义。一般而言，不同于传统媒体的媒体被称为新媒体。

美国《连线》杂志对新媒体的定义为：“所有人对所有人的传播。”

清华大学新闻与传播学院熊澄宇教授认为，新媒体是“在计算机信息处理技术基础之上出现和影响他人的媒体形态”。

新传媒产业联盟秘书长王斌认为：“新媒体是以数字信息技术为基础，以互动传播为特点、具有创新形态的媒体。”

阳光文化集团首席执行官吴征认为：“相对于旧媒体，新媒体的第一个特点是它的消解力量——消解传统媒体（电视、广播、报纸、通信）之间的边界，消解国家与国家之间、社群之间、产业之间的边界，消解信息发送者与接收者之间的边界，等等。”

新媒体是新的技术支撑体系下出现的媒体形态，如数字杂志、数字报纸、数字广播、手机短信、网络、桌面视窗、数字电视、数字电影、触摸媒体等都属于新媒体。相对于报纸、广播、电视、杂志四大传统意义上的媒体，新媒体被形象地称为“第五媒体”。

2）新媒体的构成要素

不管人们如何定义新媒体，有一点是确定的，那就是相对于旧的媒介形态，新媒介的形态是不断变化和延伸的，在现阶段其核心是数字式信息符号传播技术的实现。一般而言，新媒体的概念包含以下要素：

（1）新媒体建立在数字技术和网络技术的基础上

新媒体主要是以计算机信息处理技术为基础，以互联网、移动通信等作为运作平台的媒体形态，包括使用有线与无线通道的传送方式，如互联网、手机媒体、移动电视、电子报刊等。如果说传统媒体是工业社会的产物，那么新媒体就是信息社会的产物。

（2）新媒体在信息的呈现方式上是多媒体

新媒体的信息往往以声音、文字、图形、影像等复合形式呈现，具有很高的科技含量，可以进行宽媒体、跨时空的信息传播，还具有传统媒体无法比拟的互动性等特征。

（3）新媒体具有全天候和全覆盖的特征

受众接收新媒体信息，大多不受时间、地点的制约，受众可以随时通过新媒体在网络覆盖的地方接受地球上任何一个角落发出的信息。

（4）新媒体在技术、运营、产品、服务等商业模式上具有创新性

新媒体不仅是技术平台，也是媒体机构。与传统媒体相比，新媒体不仅仅在技术的运用上有了变化，更在商业经营模式上进行了创新。

（5）新媒体的边界不断变化，呈现媒介融合的趋势

新媒体的出现打破了传统媒体的固有边界，呈现新旧媒体彼此交融整合的趋势。

3）新媒体的传播特点

相对于传统媒体，新媒体的特点如下：

（1）传播方式从单向到双向

传统媒体的传播方式是单向、线性、不可选择的。它集中表现为在特定的时间内，由信息发布者向受众传播信息，受众被动接受，没有信息的反馈。这种静态的传播方式使得信息不具有流动性。而新媒体的传播方式是双向的，传统的发布者和受众现在都可以成为信息的发布者，并且可以进行互动。

（2）传播行为更为个性化

微博、微信等新的传播方式使得每一个人都能成为信息的发布者，可以个性化地表达自己的观点，传播自己关注的信息。传播内容与传播形式等完全是“我的地盘我做主”。个性化的传播方式一方面让发布者体会着发布信息、影响他人的快感，同时也带来了个人隐私被滥用、内容良莠不齐的弊端，为管理带来困难，也对受众的信息选择能力提出了更高的要求。

（3）接受方式从固定到移动的转变

无线移动通信技术的发展使得新媒体具备移动性的特点，用手机上网、看电视、听广播，在公交车、私家车上看电视等越来越成为普遍的事情。随着5G技术的普及，移动性的特点将成为未来新媒体的主要特性。

（4）通信技术的发展使得新媒体可以实现实时的传播

无须复杂的剪辑和烦琐的后期制作与排版，技术的简单便捷使得信息可以在全球实现实时传播。这一优势是任何传统媒体都无法比拟的。目前，一些大的门户网站基本都实现了音频和视频的实时传播，时空的距离被无限拉近。

（5）从单一到交融

与传统媒体相比，新媒体在传播内容方面更为丰富，文字、图像、声音等多媒体化成为一种趋势。与此同时，交融性还表现在终端方面，一部手机不仅仅可以用来通话、发短信，同时还可以用来听广播、看电视、浏览网页，多种媒体的功能集合于一身，而这些功能的实现是以互联网、通信网、广播电视网等多种网络的融合为基础的。

另外，新媒体传播方式也突破了地域和边界，打破了国家与国家之间、社群之间、产业之间的壁垒，模糊了信息发送者与接收者的身份。

4）新媒体的主要分类

新媒体的种类很多，包括门户网站、搜索引擎、虚拟社区、RSS、电子邮件、即时通信、博客、微信、网络文学、网络动画、网络游戏、电子书、网络出版、网络广播、网络电视、手机短信/彩信、手机电视/广播、数字电视、移动电视、楼宇电视等。我们将以上种类的新媒体简要归纳为网络新媒体、移动新媒体、新型电视媒体和其他新媒体四类。

（1）网络新媒体

网络新媒体亦被称为“第四媒体”，其形式包括博客、门户网站、搜索引擎、虚拟社区、RSS、电子邮件、网络出版、播客、即时通信等。

博客，是“网络日志”的意思。作为颠覆传统的一种传播方式，它是一种表达个人思想的网络平台，其内容按照时间顺序排列，并且不断更新，倡导思想的交流和共享。博客传播者的特点是：以非组织性的传播者为主流；传播者构成趋向多元化；传播动因多样化；传播活动的非制度性。博客受众的特点是：具有高度选择权利；拥有深度参与可能；其反馈直接影响博客发展；特定博客的受众群容易演变成社群。

网络出版，又称在线出版，是指互联网信息服务提供者将自己创作或他人创作的作品经过选择和编辑加工，登载在互联网上，或者通过互联网发送到用户终端，供公众浏览、阅读、使用或者下载的在线行为。其特点包括：出版内容的多样化、个性化及出版载体的多元化、立体化；出版过程简约化、时效性强；出版成本和价位低，互动性强。

播客是数字广播技术的一种，通常也把那些自己录制视频节目并通过网络发布的人称为播客。播客将视频和音频发布技术门槛降到最低，让网民走出自娱自乐的模式，站在互联网的大舞台上，通过这种新的传播方式充分表现自我。因此，播客实现了从文字传播向音频、视频传播的转化，增加了娱乐成分。播客还满足了人们自我表达、张扬个性的需求，同时还加强了媒介汇流与互动。

职场链接 5-2　　支付宝新春广告《七里地》：一个“福”字串起三代人

这是一部关于“福”的电影。香港著名导演许鞍华执导，携手金牌演员金士杰、金像影后春夏，共同打造了新春短片《七里地》。

整部短片全长9分30秒，以一家三代人过年为背景，用一个“福”字串起了70年的人生与家庭。

一个“福”字，牵引出三代人为生存而来、为梦想而走出去、为寻根而归的故事，给人温暖的小感动。

正如短片中所说，“福到了，家就到了”，其展示了中国人对故土的依恋。

好的广告片总是给人留下深刻的印象，要么情节紧凑，扣人心弦；要么标新立异，脑洞大开。而春节广告总是跟家、跟团聚联结在一起，也常常能够触动人内心深处最真挚的情感，从而引发观众强烈的情感共鸣。

资料来源　佚名. 支付宝新春广告《七里地》：一个“福”字串起三代人［EB/OL］.［2019-01-23］. https：//www.digitaling.com/articles/99560.html? plat=ios.

即时通信是一种线上即时聊天系统，简便易用，是人们当前优先选择的通信工具。其特点有：参与者可在匿名状态下大胆进行交流，从多人即时的分享经验或闲聊中，跨越性别、年龄、职业等社会因素的隔阂，寻得归属或附属的感觉。在线聊天甚至延伸到真实生活的互动中，网聚就是某些聊天群成员经常举办的活动，成员通过这种交友形式，密切了彼此间的关系。

（2）移动新媒体

移动新媒体主要包括依托手机、平板电脑、其他移动设备传播的短信/彩信/微博/微信、报纸/杂志、电视/广播等。

手机媒体开创了媒体新时代。如今，手机已不再是单纯的通信工具，它还担当起了“第五媒体”的重任。

手机报纸，用一种21世纪的方式，向渴望了解新闻又忙于赶路的公众，提供了一种快乐阅读的享受。手机报纸的用户已赶上或超过网络版报纸以及印刷版报纸的读者数量。

手机电视是利用具有操作系统和流媒体视频功能的智能手机接收和观看电视节目。其特点包括：①移动性，手机伴随左右，看电视不再局限于家中的电视机，选择时间上也更自由；②个人化，手机终端的移动性决定了播放的内容更加个性化，灵活性、参与性较强，片段式的节目（如宣传片、花絮）将更适合用手机电视播放；③互动性，手机点对点的传播方式便于受众对节目的及时反馈和参与，也便于受众之间的交流。作为一种新兴媒体，手机电视的迅速发展是人们始料未及的，它具有覆盖广、及时迅速、移动性强的特点，除了传统媒体的宣传和欣赏功能外，还具备城市应急信息发布的功能。

（3）新型电视媒体

新型电视媒体包括数字电视、网络电视、楼宇电视等。

作为新媒体之一的数字电视同样在吸引着人们的眼球，可以预见，快速增长的数字电视用户将推动传媒产业价值链的快速发展。有专家指出，老年受众是付费数字电视的潜在用户之一。因此，付费数字电视要兼顾老年人，启动老年人市场。

网络电视是一种基于互联网的新兴技术，也称IPTV，是一种个性化、交互式服务的崭新媒体形态。网络电视的服务内容具有很灵活的交互特性，当期节目在网内可采用广播、组播、单播等多种发布方式。网络电视可灵活实现电子菜单、点播、节目预播、快进/快退、终端账号及计费管理、节目编排等多种功能。

楼宇电视是指采用数字电视机为接收终端，以楼、堂、馆、所等公共场所作为传播空间，播放各种信息的新兴电视传播形态。

（4）其他新媒体

其他新媒体包括隧道媒体、路边新媒体、信息查询媒体等。

职场链接5-3

自媒体传播

自媒体又称公民媒体，是指为个体提供信息生产、积累、共享、传播内容，兼具私密性和公开性的信息传播方式。简而言之，自媒体即公民用来发布自己亲眼所见、亲耳所闻事件的载体，如博客、微博、微信、论坛/BBS等。

自媒体时代就是以个人传播为主的媒介时代，人人都有麦克风，人人都是记者，人人都是新闻传播者。这种媒介基础凭借其交互性、自主性的特征，使得新闻自由度显著提高，传媒生态发生了前所未有的转变。

自媒体分为广义的自媒体和狭义的自媒体。广义的自媒体可以追溯到20世纪末，当时的个人主页、BBS个人专辑都可以叫自媒体，然后就是博客、微博等。狭义的自媒体则是以微信公众号为标志的自媒体写作平台。

在自媒体时代，各种不同的声音来自四面八方，人们不再被一个“统一的声音”告知对或错，每一个人都在从独立获得的资讯中对事物作出判断。自媒体有别于由专业媒体机构主导的信息传播，它是由普通大众主导的信息传播活动，是由传统的“点到面”转化为“点到点”的一种对等的传播概念。

自媒体的内容构成也很特别，没有既定的核心，想到什么就写什么，只要觉得有价值就分享出来，有时还会分享一些小众的观点，不需要过多考虑他人的感受，所以一些优秀的自媒体文章十分独特有趣，它们给阅读者留下的印象即自媒体的个性。

自媒体之所以爆发出如此大的能量，之所以对传统媒体有如此大的冲击，从根本上说取决于其传播主体的多样化、平民化和普泛化。第一，自媒体的传播主体来自各行各业，相对于传统媒体从业人员单个行业的知晓能力来说，其覆盖面更广。第二，自媒体的传播主体来自普通民众。这些各行各业的人相对于传统媒体的从业人员来说体现出更强烈的非功利性，他们的参与带有更少的预设立场和偏见，他们对新闻事件的判断往往更客观。第三，自媒体最重要的作用是：它将更多的话语权授予普通民众，它张扬自我、助力个性成长、铸就个体价值。这种普泛化的特点使"自我声音"的表达愈来愈成为一种趋势。

资料来源　编者根据相关资料整理。

5.2.6　公共关系传播媒介选择的原则

公共关系传播的根本目的，是从需要和可能出发，取得最佳传播效果。影响传播效果的因素有很多，正确选择传播媒介是其中的重要方面。选择传播媒介要坚持以下原则：

1）根据自身需要和经济实力进行选择

在公共关系传播过程中，主传者要根据自身特点、实际需要来选择媒介。每个社会组织的目标不同，工作重点不同，所面临的工作对象也不同，在选择媒介时，一定要从自身实际出发，要考虑组织的经济实力，因为利用大众传播媒介总要支付一定的费用，因此，要量力而行，做到"少花钱多办事"，根据经济原则来选择媒介（其公式是：预期选择率=可望得到的报酬/付出的代价）。

2）根据对象进行选择

不同的公共关系机构和组织部门面对的公众对象是不同的，在不同时期的公共关系工作中所联系的公众也会有所不同。公关人员要根据不同的受传对象，有的放矢地运用与之相适应的传播手段。当传播对象人数少时，可以进行无媒介传播；当传播对象局限于组织内部时，可利用内部报刊、有线广播、闭路电视、简报等进行传播；当传播对象人数众多且范围很广时，公共传播媒介和大众传播媒介是必不可少的；当传播对象文化水平低时，广播、电视的效果最好；当传播对象具有一般文化水平时，广播、电视、通俗杂志、书籍都是可以采用的；当传播对象属于高知识阶层时，专业性杂志和书籍比较对路；当传播对象属于流动作业或野外作业者，广播媒介是最佳选择。除此之外，传播对象还有年龄、性别、职业、业余爱好等方面的差异，选择媒介时，要充分考虑这些因素。

3）根据内容进行选择

不同的传播内容要选择不同的传播媒介。一般来说，比较浅显的内容可选择电子媒介；反之可选择印刷媒介。如果信息内容侧重于声音，可选择广播；如果内容侧重于画面，则可选择电视。如果内容相对简单且不系统，可选择报纸；如果内容比较专业，则可选择杂志或书籍。如果内容有一定的隐私或保密性，则可选择电话、书信、内部报刊等；如果内容需要广泛传播且无须保密，则可选择报纸、电视、互联网等。

4）根据媒介自身特点进行选择

据前所述，不同的媒介适合的传播类型也不一样，报纸、杂志、书籍、广播、电视、电影等适合大众传播；实物、模型等适合小群体传播或公共传播；信函、电报、电话、传真等适合于人际传播；内部刊物、闭路电视等适合于组织传播；灯箱、广告牌、布标、旗帜等适合于公共传播；互联网适合于各种传播类型。

5.3　公共关系传播效果

微课5-2

实现良好传播效果的技巧

公共关系传播效果，是指目标公众对信息传播的反应，也是公关人员对传播对象的影响程度。

人们对传播效果的研究经历了半个多世纪的历程，先是提出“传播万能论”，继而提出“有限效果论”（以“两级传播”为主要内容），后来又由“两级传播模式”发展为“多级传播模式”。传播效果理论的演变告诉我们，大众传播媒介固然能够改变受众原有的观念，但其效果不是无限的。在实际工作中，公关人员不能把大众传播媒介作为唯一的手段，而应当将它与人际传播、组织传播等多种方式结合起来，以便收到更好的效果。同时，受众的被动地位是相对的，他们对信息的注意、理解和记忆都是有选择的。公关人员可以通过各种调查手段，如观察、访问、文献分析、抽样调查等了解公众对信息的接受程度，“知己知彼，百战不殆”。此外，在信息传播过程中，还要重视专家、学者、社会名流等“意见领袖”的中转作用，设法通过他们影响公众。

1）公共关系传播的层次

（1）一级——“王婆卖瓜，自卖自夸”

处于这个级别的公关传播思路，其基本方式就是自我宣讲，表现方式是自己组织公关活动，自己说自己好。

很多企业通过媒介发稿件，举行以产品发布为主题的新闻发布会，来向社会证明自己的东西就是好。这类公关手段充斥了各种报纸的版面，那些报纸上说的“××企业近期发布了一款××产品，质量处于世界先进水平”，就是这类公关的经典写照。这类公关手段通常用于企业刚起步或者产品刚上市阶段的宣传。

（2）二级——不管好坏，只要曝光

处于这个级别的公关传播思路，其基本方式是全面曝光，表现方式是正面新闻、负面新闻相夹杂。

很多企业或品牌希望在短期内提升自己的知名度和影响力，因此不管什么手段似乎都可以使用，典型的表现方式就是用一些公关事件营销，制造有轰动效应的话题，引起社会关注。例如，某广告公司在北京造了一个防弹厕所，一下子成为社会新闻的焦点。也有很多不知名的人突然曝光跟某名人的恋情，或者恶意泄露他人隐私等，都是这种公关手段的体现。对于一个不认真考虑长远的品牌形象，而且当前处于弱小状态的品牌来说，全面曝光无疑是一个可以四两拨千斤的策略，不过也不能滥用，否则后期很难消除被放大了的负面影响。

(3) 三级——让别人说自己好

处于这个级别的公关传播思路，其基本方式是证言策略，表现方式是寻找形象代言人和意见领袖夸自己。

公关要做得看不出破绽，就不能自己夸自己，自己夸自己是初级阶段的公关，聪明的公关应该知道利用别人的嘴巴来讲自己想讲的话，因此，这类公关的最常态就是找"托儿"，就是找形象代言人、专家、意见领袖来说自己好，这种"证言"方式威力不小，特别是当很多消费者难以区分两个品牌的差异时，一个由权威人士推荐的品牌，就会让消费者的信心倍增。对于那些想提升自己品牌价值的企业来说，让别人说自己好无疑是一种不错的方式。

(4) 四级——声东击西

处于这个级别的公关传播思路，其基本方式是迂回策略，表现方式是不提及自己的产品，而是用其他活动表现自己的形象。

大部分的公关手段都做得太功利，明眼人一看就知道是厂家的故意炒作，这种情况下，有一半消费者会跑掉。高明的公关活动常常不露声色，例如，卖药品的企业，常常邀请你参加一些健康检查活动，又是给你上课，又是请你参与体验，还赠送小礼品，直到你要离开那一瞬间，才将广告小心翼翼地塞进你的口袋，甚至有些人直到跟你混熟了，才说要不你买点什么吧，这个时候你被企业的活动搞得没有了防备，于是就容易接受。迂回策略永远比直接的策略要有威力，因此这种活动满街都是，其之所以能普及也自然是因为很有效果。

(5) 五级——说行业，说责任，不说自己

处于这个级别的公关传播思路，其基本方式是置入策略、关联策略，表现方式是不提自己，不提产品，而是说社会责任，说行业价值。

最高层次的公关莫过于高瞻远瞩，表现自己是行业领导企业，达到忘我境界的公关。当企业在进行具有社会责任的传播的时候，可以不提竞争对手，也不用说自己，大家都会认为这样做的企业一点都不功利，因而可以得到更多的社会支持。但是实际上其传递的是一种隐形的高端形象。人们因为企业做的事情而把其视作一个具有高端价值的企业，从而与别的企业区分开来。赞助活动、支持公益事业、支持关于目标消费者的研究、冠名行业指数研究都是这种策略的最佳体现，既提升了品牌，又传播了口碑，还得到了支持，并且有助于企业品牌的长期建设。这种方式自然是最高明的。

目前企业的公关传播，关注自己的多，关注行业与社会的少，宣讲与曝光的多，迂回与植入的少，其原因在于，高价值的公关传播还没有体现出应有的价值，需要企业界、传播界、咨询界共同努力。

2) 影响公共关系传播效果的因素

在传播过程中，有很多因素同时作用于接受者，并对接受者产生不同程度的影响。了解主要的影响因素，并有针对性地加以引导和应用，会使传播效果得到改善和提高。

研究证明，影响传播效果的因素主要有以下四个：

（1）传播媒介

公众对传播媒介的要求：一是要使用简便，易于掌握，易于得到；二是比较有效，即它的使用效果受到普遍的重视与承认，当它特别有效时，即使在使用、驾驭上有一定难度，人们也会努力去得到或掌握它。

公众选择媒介的这两个因素可以概括为一个公式：

选择概率=报偿的保证/费力程度

从这个公式可以看出，选择概率与报偿的保证成正比，而与费力程度成反比。所以公关工作要注意选择适当的媒介传播信息，选择不当就有可能接收不到或者没有影响。

（2）信息的内容与表现方式

信息的内容，即传播者传播的信息，是否为接受者所关心和感兴趣的，是否重要、新鲜，是否可靠、可信，这一点是接受者价值判断的中心点，也是决定传播效果的关键所在。公关人员在传播信息时要注意内容的趣味性以及与接受者的相关性，信息来源的可靠性，内容的真实性，观点的客观性、科学性。

除去内容自身的要求外，内容的表现方式也非常重要。形式、方法不当，再好的内容也难以传播出去，可能还会引起误解甚至反感。表现方式包括从传播者的形象、权威性，内容的结构、节奏、变化，到遣词造句的方法、语气、语调等方方面面。

（3）信息的重复

一个人接触某一信息的次数越多，越容易接受它。同样的信息多次发出，受者会逐渐由生疏到熟悉、由漠然到亲切，甚至在长期接触后，会把这一特定的内容形式融入自己的生活。所以，同样的信息在相当长的时间里重复出现，是取得乃至增强传播效果的重要因素。

（4）接受者接收信息的条件

时间、空间对接受者接收是否有利，对传播效果也有相当大的影响。接受者的接收环境存在各种干扰或没有足够的时间接收，这些因素都会影响接受者，会使效果大打折扣。

从传播类型来说，不同种类的传播的效果也不相同。个人传播在各类传播形式中的传播效果最好，传播率最高，而其他传播形式的传播效果还不及它的一半，但个人传播的影响非常有限。随着传播群体的增大，传播内容的针对性、具体性下降，反馈的质量、数量下降，群体传播与大众传播的效果就比较模糊了。因而传播学家提出这两类传播只有“适度效果”，即一次具体的传播活动对某一个接受者来说，效果是有限的。其中的影响因素一是接受者本人的思维定式，二是接受者周围团体、个人的影响。

3）公共关系传播沟通的一般规律

研究传播沟通规律，目的是取得更好的传播效果。无论哪种传播类型或媒介形式，都离不开传播者、信息、传播对象、传播环境这几个基本方面，掌握这几方面的变化规律正是研究公共关系传播规律的突破口。为此可以从以下几方面探讨：

（1）主传者形象促动规律

主传者形象促动规律，是指信息传播者的自身形象直接影响传播效果。同样的内容，由不同的传播者进行传播，即使选择的传媒是一样的，效果也可能不大一样。究其原因，除了其知名度、美誉度、和谐度以外，形象良好的主传者的传播行为易使人信服，反之公众则不为所动。这里的形象力量主要体现在主传者的知识力量、人格力量、能力结构等方面，传播者的可信度、可敬度和可亲度对受众的影响力不可低估。一般情况下，名人效应、权威观点、现身说法等对促进传播是有效的，但也不能盲目崇拜。跨越名人、权威所占优势的领域进行传播，有时效果并不好。

（2）传受双方角色认同规律

传受双方角色认同规律，是指传受双方彼此换位思考能取得利益一致。常言道，"了解别人的最简单方法是把自己看作别人"，传播要获得成功，传播者必须学会扮演接受者的角色，树立以接受者为中心的观念，及时了解他们的需求和心理状态，即"设身处地"站在他人立场上，选择他们需要的信息，采取他们容易接受的方式吸引、打动他们。在公共关系传播中，组织一定要向公众说明自身期望公众采取的行动，这不仅对组织有利，而且符合公众自身利益。实践证明，成功的传播总是在传播伊始就暗示人们，组织传播的信息与公众现有的心理和态度是一致的，这有利于从容掌握情况和自然产生良好效果，这在心理学上叫作"名片效应"和"自己人效应"。

（3）传播因人、因地、因时制宜规律

在传播沟通过程中，受众是最大的变量。他们有性格、年龄、职业、民族、国籍、文化程度、思想倾向、兴趣爱好、个人心理与群体心理等诸多方面的差异，这使他们的接受习惯、接受心理往往有很大的区别。同样的内容、同样的传播者，使用同样的传播技巧，传播效果会因传播对象不同而有所不同。这一点在跨国文化、民族区域文化的传播中表现得尤为突出。因此，传播者要切实把握受众特征，了解受众状况，因人、因地、因时制宜地进行传播，做到具体问题具体分析，具体事务具体解决。切忌生搬硬套、墨守成规或千篇一律。

课堂讨论

2018年9月29日，"一带一路"主题大型动画系列片《丝路传奇》首播会在北京举行。请查阅资料并观看该动画片，讨论以下问题：该动画片是如何进行传播的？它对传播中华文化起到了什么样的作用？同时该动画片有利于培养学生的哪些素养？

（4）信息结构和数量合理搭配规律

信息结构是指信息的组织与搭配方式，体现在先后顺序、空间分布、刺激程度、对比效果、重复态势、新鲜状况等方面。例如，在某一信息传播中，先表明结论，引起注意，再进行交流，容易产生共鸣；空间较宽阔且醒目的信息容易引起注意；刺激强度大、对比效果鲜明、重复次数多、新鲜度高的各类信息容易引起受众反应。此外，公共关系传播的信息量要适宜，过少达不到传播要求，过多会使主要信息被淹没，甚至引起受众的逆反心理。当必须传播较多的信息时，可分层次、分阶段进行。

（5）传播效果层次规律

传播效果层次规律，是指传播的信息在受众中引起的反应是层次递进的。通常把传播效果分为无效传播和有效传播。无效传播指传播没有引起受众态度上的变化，其对信息视而不见、充耳不闻，虽听、虽见，但形不成理解的记忆。有效传播指传受双方进行了很好的交流沟通，并引起了受传者态度上的、行动上的变化。信息传播的效果一般沿四个层次递进：引起注意→态度反应→情感变化→行为转变。其中，“引起注意”是产生良好效果的基本前提，受众生活在大千世界，时刻被各类信息包围着，只有那些别致新颖、冲击力强的信息才能引起受众的注意，因此，主传者一定要在所发信息的编排上下功夫，力求创新、独树一帜，只有这样才能为深层的传播效果打下基础。“行为转变”是传播效果的最高层次的反映和归宿，它包括符合组织需要的正向行为和违背组织需要的反向行为。当然，公共关系传播者应力求使传播引起正向行为变化，最终实现组织的公关目标。

4）实施有效传播的条件和方法

传播领域历来要求“传务求通”，即传播行为能达到传播者的预期目的，形成共同的意识和行为。为此，在传播沟通过程中，除了坚持传播沟通原则，遵循传播沟通规律外，还要努力排除各种干扰，创造有效传播的最佳条件。

（1）选择最佳信息源

信息源是传播活动的起点，是有效传播的第一个重要条件。它以主传者的身份体现。信息源的声誉、形象对改善传播条件至关重要，具体表现在其权威性、客观性和与公众关系的亲密性上。权威性指传播者是传播内容的行家里手，其传播活动具有说服力；客观性指传播者在公众心目中立场客观，态度公正，与传播内容没有直接利害关系，对公众影响力大；亲密性指传播者应尽量缩小与公众的心理距离，要站在公众立场上进行传播。为此，要选拔品德优良、能力高、形象较好的人员从事公共关系工作，必要时还可借用社会名流、权威人士作为本组织的传播者。

（2）编制最好的信息符号

信息是由一定的内容和形式（符号）组合而成的，要根据特定的内容和对象选择一定的表现形式。其表现形式有语言、文字、音响、图画、形象、动作、表情、姿态等，不同的形式适合不同的表现内容，形式与内容不适合就会影响传播效果。另外，传播者要根据受传者的经验制作传播内容，尽量扩大与公众的共同经验范围，使其有更多的共同语言和感受，要尽可能采用公众喜闻乐见的形式来表现内容，针对公众特点及时调整和改进信息内容，只有这样，才能引起公众对传播的兴趣与共鸣，进而获得理想的传播效果。

（3）认真研究公众对象

有效的传播要看信息是否被公众所接受，看公众情感、态度、行为的变化情况。由于公众在接受信息时不是任人摆布而是有所选择的，这就会对传播效果产生干扰，这种干扰在争议较大的问题上表现突出；在争议较小的问题上不太明显；在公众一无所知的情况下，几乎没有选择性干扰。因此，公关人员在信息传播中，不要奢望改变受众的选择性，而应改变自己，顺应公众的选择趋势，要牢记“改变自己比改变公众容易”，要学会根据公众的需要调整传播者自身的行为、传播内容和形式。

（4）营造良好的传播背景

一切传播活动都是在一定的社会环境、具体场合和一定的情景气氛中进行的，这些就是传播背景。传播背景主要包括：①物质环境——传播的具体空间和场景，如在谈判桌上和宴会桌上，沟通形式和气氛截然不同；②社会环境——沟通人员之间的社会关系、职务、地位以及相关的团体背景、社会规范、文化习俗等，相同或相近者容易沟通；③心理环境——交往沟通时双方的心理状态、情绪和气氛，心情舒畅时容易沟通；④时间环境——传播的具体时机，即时的、新鲜的信息传播效果显著。总之，不同的背景导致传播效果会有所不同，公关人员要努力营造良好的传播背景，获得最佳传播效果。

（5）完善传播沟通的方法和技巧

传播效果和传播技巧之间有直接关系。由于公共关系传播活动是一项创意性活动，它追求唯一，抵制雷同，忌讳人云亦云，因此，创造性思维和高超的技能与方法显得尤为重要。公关人员要培养和提高自身的语言表达能力、文字写作能力、沟通联络能力、技术操作能力、人际吸引能力、创新思维能力等，要在掌握传播沟通原则、规律的基础上，注意积累传播工作的方法和经验，要敢为人先，大胆尝试，有所发展，有所创造，不断有新点子、新成就。许多公共关系工作者多年总结的传播经验与方法，都取得了较好的传播效果：①新颖别致法——通过信息编排和媒介选择的标新立异，吸引受众；②投其所好法——通过把握受众、遂其心愿而获得认可；③典型示范法——抓住典型，进行示范而感染受众；④名人效应法——利用名人进行宣传，借助光环效应影响受众；⑤周而复始法——反复不间断地进行同一信息的传递，对公众产生强大的视觉、听觉的冲击，最终使其发生改变；⑥客观超脱法——利用人们的逆反心理，不主动说服，而使其变成似乎与传播内容无关的第三者，反而容易引起受众的共鸣；⑦适度夸张法——将传播的信息进行适当的美化、夸张，以幽默风趣的方式表达出来，会产生较好的反响等。以上这些方法融入了较高的沟通艺术，值得研究和借鉴。

（6）要使传播具有感染力

传播感染力就是传播信息对受传者的吸引力，这种吸引力是很神奇的，它能使受传者和传播者达到情感上的沟通和心灵上的交融。要想实现有效传播，必须加强传播过程的感染力，使传播对象在接受传播的过程中，能够通过巨大的感染力来接受传播者的观点与劝说，从而在传播过程中以最短的时间取得最好的传播效果。

除了创造有效传播的条件外，还要准确地选用传播媒介。对于形形色色的传播媒介，公关工作者在公关活动中要充分了解各类传播媒介的特点，有针对性地选择传播工具，使传播获得成效。

要选择适合的传播媒介，从总体上看，应当考察各类传播媒介的覆盖域（传播发挥影响的区域范围）、触及率（触及到传播信息的人数比率）、时效性（传播信息的速度和有效性）、重复率（重复接受信息的次数）、连续性（信息连续传播后所产生的影响和效果）、权威性（媒介的影响力）、效益（传播带来的经济效益）等项指标和因素。具体来看，各类传播媒介因性质、状态不同，传播方式、手段、功能也各不相同，公关工作应根据需要来选择。

第一，恰当地选择各类传播媒介。选择传播媒介要根据适用、有效、经济的原则进行。除了考虑传播媒介的特点和功能外，还应当考虑传播媒介的影响范围、表现形式、传播对象的接受程度等因素，特别是要考虑费用，它往往起决定性作用。

第二，精心组合各类媒介进行有效传播。一般的公关组织都拥有自己的某些或某种传播工具，至少也拥有语言媒介。对于组织来讲，媒介有自用和租用两种形式，这和组织的财力有直接的关系。为了有效、恰当地将各种媒介有机组合，在公关传播工作中，我们经常采用以下两种方法：首先是组合运用媒介，既可以在同类媒介中进行，也可以在不同类型的媒介中进行。其次是把自用媒介和租用媒介结合起来，也可以以租用媒介为主进行组合。以上这两种方法可以根据情况充分发挥各类媒介的优势，争取好的传播效果，使传媒达到优化组合。由于各个公关组织的具体情况和要求各不相同，所以在精心运筹、恰当组合各类媒介时，要注意三个方面：对同类媒介进行组合使用，如进行各种不同电子媒介的配合；把不同类型的媒介组合使用，如进行印刷和电子媒介的配合；把自用媒介和租用媒介组合使用，以求经济实用。对媒介组合使用时，要善于筹划，优化组合各种方案，以求少花钱、多办事，完善交流、树立形象。

职场链接 5-4　**整合营销传播的魅力**

作为专注羽绒服40多年的专业羽绒服品牌，波司登曾因守旧的设计、低调的传播一度沦为“爸爸妈妈辈”的服装品牌，伴随消费升级、四季化及国际品牌入局羽绒服市场引发的激烈竞争，如何刷新大众对“老”品牌的印象，建立“全球热销的羽绒服专家”的认知，成为波司登在2018年实施新战略的制胜关键。

波司登从2018年9月起展开了一场持续性的海外影响力反哺国内的全球舆论行动，通过登上纽约时装周主场走秀，携手美国、法国、意大利三国知名设计师推出联名款，打造国际追捧的产品爆款，进行国内外高势能明星带货等一系列联动全球线上线下的整合营销活动，以海外名人为引爆原点+海外KOL及社交媒体升级话题事件，带动海外素人关注，并反哺国内明星KOL“种草”，最后以“两微一抖”的话题平台及各类“种草”平台为路径进行外围扩散的整合，实现“墙内开花墙外香”的效果，提升品牌的全球势能。

经过半年的服务实践，迪思携手波司登摸索出一种服装领域的升维打法、一套行之有效的作战体系，助力波司登重回主流消费者视野，实现“量”与“质”的飞跃。2018年，波司登搜索指数、资讯指数、媒体指数呈现爆发性增长，重要销售节点的关注度指数赶超竞品，羽绒服销售额突破百亿元，实现品销合一。

资料来源　佚名. 2019金旗奖候选案例：波司登全球整合营销传播推广项目［EB/OL］.［2019-

08-27]. http://www.sohu.com/a/336872254_363248.

此外，还应努力完善传播沟通的技巧和方法。良好的传播效果，不仅取决于传播的媒介和技术，还取决于传播者的主体条件、传播的技巧和与传播技巧相联系的其他因素，所以传播效果的好坏和传播技巧的掌握有着直接的关系。只有不断完善传播技巧，才能获得明确的传播效果，才能准确地驾驭各种传播手段从而达到预期的目的。

公关实训

公关人员传播沟通技能训练

【实训目的】

通过实训，了解社会组织进行传播沟通的形式，掌握各种传播沟通的技巧，提升公关传播沟通的效果。

【实训内容】

信息传播练习、沟通协调技巧训练。

【实训方法】

小组讨论法、情景模拟法、角色扮演法。

实训任务一：口头传播练习

【实训目的】

通过训练，让学生懂得口头传播的利弊，了解传播失真的原因，掌握信息传播的技巧，并在实践中加以强化。

【实训地点】

教室。

【实训要求】

未被传递信息的同学不能听前面同学的信息内容，已被传递信息的同学必须在一旁听下面同学的信息传递。

【实训步骤】

1.教师事先准备300字的文字材料和一张图片。

2.教师讲解传播的方式、种类及注意事项。

3.进行两轮信息传递并进行比较。

第一轮：10人一组，第一位同学口头传递所看到的图片内容，按顺序向下一位同学传递。

第二轮：20～30人一组，口头传递文字材料，第一位同学看两遍，然后依次向下一位同学传递信息。

4.一起核对最后一位同学所述内容和原文（图）是否一致，分析原因，探讨怎样避免出现这样的问题。

实训任务二：判断对方肢体语言的真假

【实训目的】

通过训练，提高对信息传递对象行为表现的分析能力，懂得从表象中判断别人真实的想法。

【实训地点】

教室。

【实训要求】

陈述同学尽可能地误导他人，隐藏自己的真实意图；辨析同学通过观察细节，判断真伪。

【实训步骤】

1.教师事先根据学生数量准备文字或图片。

2.教师讲解常见的肢体行为语言及其心理学意义。

3.每个同学随机抽取资料一份。

4.每人领取填涂卡一张。

5.每人分别陈述自己的资料内容。

6.其他同学观察其肢体语言，并判断其陈述是真是假。

7.收取答题卡。

实训任务三：与（陌生）同学沟通

【实训目的】

通过训练，让学生掌握与（陌生）人沟通的方法、技巧，协调好与（陌生）人的关系。

【实训地点】

校外。

【实训要求】

把沟通的步骤、每一步骤的具体情况写下来，并交给指导老师。

【实训步骤】

1.选择一个对象（不认识的同学或不常接触的同学）。

2.实施沟通。

3.在规定的时间里让对方对你有个较好的印象。

实训任务四：与组织（团体）的沟通

【实训目的】

通过训练，让学生掌握与组织（团体）沟通的方法、技巧，协调好公众与组织、组织与组织的关系。

【实训地点】

校内或校外。

【实训要求】

把沟通的步骤、每一步骤的具体情况写下来，并交给指导老师；请沟通对象填写沟通实训情况调查表，并交给指导老师。

【实训步骤】

1.选择对象，可以是公司、学校或某单位的某个部门。

2.制订沟通方案，实施沟通。

3.在规定的时间里让对方对你有个较好的印象。

【实训报告要求】

1.实训报告可以按每一个实训任务单独编写，也可以在全部实训完成后统一分析编写成一份报告。

2.格式要规范，分析要有理有据。

3.语言表达准确、清晰。

4.既可以以小组为单位提交报告，也可以独立提交报告。

【实训注意事项】

1.首先要通过小组讨论制订传播沟通方案。

2.根据传播沟通方案设计情景模拟的脚本。

3.通过角色扮演进行实训，训练中注意学生之间的沟通能力的培养。

本章小结

公共关系传播是社会组织利用各种媒介，有计划地将信息或观点与公众进行交流沟通，以达到争取公众、信息共享的目的。它具有双向性、共享性、快速性、广泛性的特点。

公共关系传播的要素包括基本要素和隐含要素。基本要素包括信源和信宿、信息、媒介、信道、反馈，隐含要素包括时空环境、心理因素、文化背景和信誉意识。公共关系传播的内容包括信息的传播和情感的传播。公共关系传播的类型包括自我传播、人际传播、组织传播和大众传播。

公共关系传播媒介按照表现形态可分为符号媒介、实物媒介、人体媒介和大众传播媒介等。在选择媒介时要考虑自身需要和经济实力、传播对象、传播内容、媒介自身的特点等。

公共关系传播的基本原则包括真实性原则、目标针对性原则、公众利益至上原则、目标一致原则、双向沟通原则、科学性与艺术性相结合原则。在公共关系传播中应遵循的传播规律有：主传者形象促动规律，传受双方角色认同规律，传播因人、因地、因时制宜规律，信息结构和数量合理搭配规律，传播效果层次规律。实施有效传播的条件是选择最佳信息源、编制最好的信息符号、认真研究公众对象、营造良好的传播背景、完善传播沟通的方法和技巧、使传播具有感染力。

同步测试

随堂测5

一、单项选择题

1.下面属于公共关系传播隐含要素的是（　　）。

A.信源和信宿　　B.媒介

C.文化背景　　D.反馈

2.印刷类传播媒介的特点是（　　）。

A.信息符号以声音或图像为主，以文字为辅

B.信息符号具有记录性，不会转瞬即逝

C.信息符号以时间序列展开，在时间上具有先后性

D.信息制作快捷，覆盖面广

3.名人效应、权威观点、现身说法遵循公共关系传播沟通的（　　）规律。

A.传受双方角色认同　　　　B.主传者形象促动

C.传播因人、因地、因时制宜　D.传播效果层次

二、多项选择题

1.公共关系传播具有的特点是（　　）。

A.双向性　　　　B.共享性

C.快速性　　　　D.广泛性

2.属于电子类传播媒介的有（　　）。

A.报纸　　　　B.杂志

C.电视　　　　D.网络

3.信息源的声誉、形象对改善传播条件至关重要，表现为（　　）。

A.权威性　　　　B.客观性

C.与公众关系的亲密性　　　　D.广泛性

三、简答题

1.公共关系传播的类型有哪些？

2.简述公共关系传播的要素。

3.不同的公共关系传播媒介有什么特点？如何选择公共关系传播媒介？

4.要使公共关系传播达到预期效果，有哪些要求与技巧？

四、情景题

某市森林公园在国庆节正式对外开放。开放之前，公园方曾在一些报纸上做过一些宣传，然而有些宣传却明显过了头，公司自己编印的宣传资料有些名不副实，缺乏分寸，将松树稀少的地方美化为“松涛幽谷”，枫树稀少之处硬叫作“枫林爱晚”，没有花的地方称为“花架”，并且声称公园“景色迷人，令数万游客神往”。结果，许多人去后连呼“上当”，发誓“再也不来了”，也有人说这是“花钱买罪受”，感到“后悔不已”，抱怨道：“早知如此，何必跑到这种地方来。”如果公园方请你来帮助分析问题，寻找对策，你准备如何去做？为何游客到了该森林公园后“后悔不已”？公关传播应坚持什么原则？

五、案例题

案例分析一：大众汽车的网上推广策略

大众汽车为了推广2 000辆最新款式——亮黄和水蓝——甲壳虫系列汽车，决定在网上发布销售信息。公司花了数百万美元通过电视和印刷媒体大做广告，推广活动的广告语为“只有2 000，只有在线”。推广活动从5月4日持续到6月30日，根据大众公司商业部经理Aragones的介绍，网站采用Flash技术来推广两款车型，建立虚拟的网上试

驾页面，将动感效果和声音融入其中，让用户觉得他们实际上是整个广告的一部分。网上试驾使得网站浏览量迅速上升。网站的月平均浏览量为100万人次。在推广的第一天，就有超过8万人次的访问量。在活动期间，每天平均有47 000个独立用户浏览网站，每个用户花费的时间翻倍，达到19分钟，每页平均浏览1.25分钟。

网上试驾吸引了更多的注册用户，用户能够在网上建立名为“我的大众”的个人网页。在推广期间，超过9 500人建立了自己的网页。他们能够更多地了解自己所需要的汽车的性能，通过大众的销售系统检查汽车的库存情况，选择一个经销商，制订自己的买车计划，安排产品配送时间。推广活动产生了2 500份在线订单。

请思考：

（1）此次活动的成功之处是什么？符合哪些传播要求？运用了哪些传播技巧？

（2）网上推广策略与大众传播媒介推广策略的异同点有哪些？

案例分析二：Kindle：Kindle盖泡面，真香！

被嫌弃了这么多年的Kindle是放弃挣扎了吗？

2019年“聚划算欢聚日”在某宝旗舰店的广告语居然是“盖Kindle，面更香”。官方认证自己是一个盖泡面的盖子，这是……破罐子破摔了吗？

自黑玩得好，热搜跑不了。这句“弃疗”式广告语带动一大批网友亲自示范什么叫作“用Kindle盖泡面”。以“#Kindle官方盖章泡面盖子#”为主题的微博话题阅读量破2亿，讨论量高达3.9万。前期的话题引爆助力Kindle泡面礼盒的售卖，在聚划算欢聚日开售2分钟就售出100台。

从结果来看，尽管“Kindle盖泡面”的形象并没有那么正面，但Kindle巧妙地挖掘到这个槽点并加以利用，制作出大众喜闻乐见的内容，不仅拉近了品牌与消费者之间的距离，同时将舆论引导至品牌信息输出上，达到品牌声量和销量的双丰收。

请思考：

（1）运用信息传播原理分析该企业的成功原因。

（2）企业如何策划公关传播吸引公众的关注？

第6章

公共关系调查

情景导入

肯德基的“家庭宴会”调研

由于竞争者——麦当劳的发展以及美国其他快餐公司日益受欢迎，肯德基面临着寻找其竞争优势的挑战。为了适应英国市场，肯德基有必要确定并调查英国市场家庭价值观问题。

首先，多年来肯德基已在英国消费者心目中形成了一种强烈的“外卖”式餐馆的印象，且其主要消费者一直都是青年男性。此“外卖”形象在英国消费者心中已根深蒂固，因此公司可能要 花好几年的时间才能使其形象转变为“友好家庭”的概念。其次，经常出入肯德基餐厅的都是青年男性，有的甚至喝醉了酒，因此母亲们都认为把孩子带进肯德基餐厅很不安全。最后，麦当劳进入英国市场要比肯德基晚10年，但它却迅速地弥补了这个时间上的损失。现在，麦当劳仅用于儿童广告的单项支出就已超过了肯德基的全部广告费用，麦当劳对于家庭的吸引力要比肯德基大很多。

因此，肯德基营销管理层面临的主要问题是：如何使公司对英国的母亲们有足够的吸引力，以及如何使她们经常购买肯德基的食品作为家庭膳食？相似的“家庭宴会”套餐是否会吸引英国的母亲们？“家庭宴会”套餐的推出是否会使肯德基的品牌在英国的整体形象及知名度有所提高？

一经决定推行“家庭宴会”概念，肯德基就制订出相关调查方案，包括第二手资料分析、专题座谈会、对于英国母亲们的典型调查，以及最终的销售及消费者追踪研究。

根据调查，人们认为“家庭宴会”套餐的价格更为合理，食物量更为充足，人们也更喜欢，更愿意购买。基于以上调查，肯德基（英国）推出了“家庭宴会”套餐。

对于整体价值的追踪调研显示，在推出“家庭宴会”时，肯德基（英国）的整体价值信用度要比麦当劳低10个百分点，但到追踪调研阶段结束时，两者的价值信用度已经相同了。年底时，肯德基豪华膳食销售的比例已从10%上升到了20%，整整增加了一倍，说明“家庭宴会”套餐的推出使肯德基的品牌在英国的整体形象有所提高。

其他的追踪研究因素包括连锁餐馆的知名度、“家庭宴会”套餐的知名度以及“家庭宴会”套餐的销售情况。尽管麦当劳在英国投入的电视广告是肯德基的4倍，但“家庭宴会”套餐的广告还是创造出了前所未有的品牌知名度。

【思考与讨论】

（1）肯德基定义的调研问题是什么？

（2）肯德基是怎样实施调研的？

（3）如果要调查消费者对“家庭宴会”套餐的态度，如何设计调查问卷？

学习目标

通过学习，明晰公共关系调查的准确含义；了解公共关系调查的作用及原则；认识公共关系调查所包含的一般内容；掌握公共关系调查的基本程序，并能组织撰写公关调查报告。

6.1 公共关系调查的作用与原则

6.1.1 公共关系调查的地位与作用

公共关系调查，是指公关人员对自己或自己服务的组织（指公共关系专业公司受特定组织的委托为其进行公共关系调查）的公共关系状态进行的情报搜集与研究工作，即运用一定的理论、方法和技巧，以组织内外部公众为对象，通过收集资料和分析资料，了解组织的公共关系状态，揭示其发展趋势并提出改进措施或意见的一种调查研究活动。很明显，公共关系调查有两个主要的功能：一是收集资料，反馈信息，客观真实地反映组织的公关状态；二是分析资料，透过现象看本质，从而揭示组织公关状态的发展趋势，并据此提出加强和改进组织公关的策略、方法和措施。

1）公关调查的地位

（1）公关调查是公关工作的第一步

有效的公共关系是一个过程。公关工作的四个步骤是：公关调查、公关策划、公关实施和公关评估。其中，公关调查是“公关四步工作法”的第一步，是基础；公关策划是关键，是公关实施的指南和公关评估的标准，离开了公关策划，公关工作就会漫无目标，不得要领，难以协调统一，成效甚微；公关实施是核心，是执行公关策划、取得公关成效的具体行动，离开了公关实施，再好的策划也只是纸上谈兵；公关评估是重要的反馈环节，也是下一轮公关活动的起点。

（2）公关调查是公关活动的基础性工作

从静态来看，公关调查是社会组织公关工作的起点，是为社会组织的其他公关活动起铺垫作用的工作。用美国公关专家马克·麦克尔里恩教授的话说，调查意见为你提供处理大规模公关活动资源所需要的基础信息。从动态来看，公关调查贯穿公关工作的全过程，在策划、实施、评估阶段，一旦出现信息不全、不准、不明的情况，便少不了进一步开展公关调查，或补充调查、重新调查、追踪调查等，所以公关调查是公关工作的基础性工作。

(3) 公关调查是公关活动的重要方式

公关活动中我们要收集信息、调查舆论、测验民意，了解组织的公关状态，要与公众进行沟通，协调各种关系，这些都离不开调查。公关调查既是反映公众意见、希望和要求的过程，也是调查人员向公众介绍组织情况，使公众进一步了解组织的过程。通过调查不仅能够了解公关状态，还可以进行形象传播，发挥了双重作用。

2) 公关调查的作用

(1) 提供信息保障

公共关系是社会组织与其相关公众之间的一种信息交流关系。公关工作的每一个步骤、每一个环节、每一个方面都需要有公关信息做保障。在公关工作前期，公关信息可以用来测度社会组织的公关状态，作为制定决策的依据；在公关活动实施过程中，公关信息是公关传播沟通的内容，其中反馈信息是公关行为调整的依据；在后期，公关信息是检测公关工作绩效和公关状态改善情况的依据。

(2) 实施环境监测

任何社会组织的公共关系工作都要在一定的公共关系环境中开展，必然会受到公共关系环境的制约和影响，因此，社会组织要有效地开展公共关系工作，必须注意监测自身所处的公共关系环境。

(3) 开展问题预警

公关调查能对社会组织可能出现的公共关系问题进行预测和报警，能为社会组织开展“危机管理”的超前行动提供警示和依据。所谓危机管理，是指社会组织对业已出现的或可能出现的公关问题进行分析，并采取相应的对策和行动，以保证社会组织在危机面前保持稳定，转危为安。任何一个组织总是有一些潜在的危机存在的。无论哪种危机，一旦发生，都会给组织形象带来一定的损害，公共关系调查能使组织防患于未然，起到预警的作用。

(4) 塑造组织形象

公共关系调查首先可以使组织准确地了解其在公众中的形象定位。通过形象定位，可以测量出组织自我期望的形象与其在公众中实际形象的差距，然后有针对性地开展公关活动。其次可以使组织及时地把握公众舆论并适时地作出决策。积极的公众舆论有利于组织塑造良好形象，消极的公众舆论则有损组织的形象，甚至会造成组织形象危机。因此，通过公共关系调查，监测公众舆论，有助于组织塑造良好的形象。

课堂讨论

《反对本本主义》写于1930年5月，原篇名为《调查工作》，是毛泽东同志为了反对当时红军中的教条主义思想而写的。重温《反对本本主义》一文，讨论调查工作的重要性以及在新时代如何在公关调查中坚持正确的世界观和方法论。

6.1.2 公共关系调查的基本原则

进行公共关系调查必须遵循的基本原则包括：实事求是的原则、尊重公众的原则和讲求效益的原则。

1）实事求是的原则

在公关调查中遵循实事求是的原则极为必要。因为公关调查要取得成效，必须依赖真实可靠的资料，并按照事物内在的规律性去进行分析推理，得出符合实际的结论，否则，整个公关调查就毫无意义。遵循实事求是的原则，要求收集资料时，广泛听取正反两方面的意见，不能偏听偏信，更不能搞假材料；分析研究时，结论要从调查的真实材料中得出，尊重结论的客观性，并如实报告。

2）尊重公众的原则

尊重公众的原则，是指调查者在整个调查中要尊重被调查者的人格、宗教信仰、民族习惯、生活方式和兴趣爱好；要谦虚礼貌，热情主动，举止文明；要关心被调查者，并积极为之解决困难等。在进行公关调查时，强调尊重公众的原则是极为必要的。这是因为：一方面，尊重公众是顺利开展公关调查的前提；另一方面，尊重公众是建立组织信誉的需要。

3）讲求效益的原则

讲求效益的原则，就是要求在公关调查中以较少的人力、物力、财力投入来办更多的事，使调查取得最佳效果。遵循讲求效益的原则，应树立艰苦奋斗、勤俭节约的观点，能节约的尽量节约。另外，要科学组织调查活动，提高公关调查的效益，关键要在科学地组织调查研究活动上下功夫。

6.2 公共关系调查的一般程序

公共关系调查的程序，是指具有一定规模的某项公关调查，从调查准备到调查结束全过程的先后次序和具体步骤。在公关调查中建立一套系统的科学程序，有助于提高调查工作的效率和质量。在实践中，各项公关调查的具体步骤和先后次序会因目的、要求、范围等不同而呈现出差异性，一般情况下，一项规模较大的公关调查可按以下步骤进行。

6.2.1 确定调查课题

确定调查课题是整个调查的第一步。这一步的主要任务是明确调查目的，解决“调查什么”的问题。为了有针对性、有目的地进行公关调查，避免盲目行动导致的工作失误，必须切实做好调查的第一步工作。

1）调查课题的分类

按照课题的性质来划分，公关调查课题可分为状态性选题、开发性选题和研究性选题三种。状态性选题是以了解社会组织所面临的公共关系状态（如知名度、美誉度等）

为宗旨的选题，需要回答的是“怎么样”之类的描述性问题；开发性选题是以寻找开发方向为宗旨的选题，需要回答的是“怎么办”之类的措施性问题，调查成果往往是形成一套相关的措施；研究性选题是以研究、分析公关现象之间的本质联系为宗旨的选题，目的是通过资料的收集与分析，建立关于某种公关现象的理论模型，其最终成果主要是理论学说。由于这三种选题性质上的差异，公关调查计划在人员安排、调查途径、时间布置以及资料整理等方面均有所不同，具体参见表6-1。

表6-1　**不同选题的调查计划侧重点差异比较**

项目	状态性选题	开发性选题	研究性选题
人员要求	普通调查者	科研工作决策者	具有相关专业知识的调查者、学者
调查方法	问卷调查法、抽样调查法、民意测验法	观察法	抽样调查法、文献法
资料处理	统计法、描述法	灵感顿悟法、设想法	推理法、寻找本质联系
时间安排	公众休闲之时	公众工作、生活之中	公众处于特定时空之中
调查范围	由随机抽样决定	选择典型场所	由非随机抽样决定
调查工具	问卷	观察表格	调查问卷、调查提纲
经费	一般较多	较少	居中
周密程度	相当周密	灵活性、随机性较大	具有一定的随机性

2）确定调查课题的程序

确定调查课题一般分两个阶段进行。第一阶段，明确调查目的，提出调查课题设想。重大的公关调查一般都是在组织内外部出现了新情况或新问题的条件下进行的。在这一阶段，要尽量掌握组织内外部出现的新情况和新问题，了解组织领导人进行公关调查的真实意图，弄清“为什么要调查”这一问题，然后，在此基础上提出比较抽象的、可能是多个或不成熟的调查课题。第二阶段，分析论证，筛选调查课题。对多个或不成熟的课题，经过必要的分析论证，必要时还可以组织非正式的试探性调查，以明确问题的症结所在，从而筛选出针对性强的、恰当的课题。一般来说，所确定的调查课题越具体、越明确则越好。如新产品上市之初，对产品早期接受者的态度调查，比组织形象调查更具有现实性。

6.2.2　制订调查计划

为了使整个调查工作有计划、有步骤地进行，保证整个活动的科学性，在确定了调查课题以后，调查者必须根据调查的课题制订调查计划。调查计划的内容一般包括两部分：第一部分是对调查本身的设计，包括调查的目的和内容、调查的具体对象和范围、取得资料的方法及调查表格等；第二部分是对调查工作的具体安排，包括调查的组织、领导和人员配备、经费估算、调查日程安排等。调查计划是调查安排的依据，调查安排是调查计划的具体化。

从程序上看，制订调查计划要注意以下两个问题：

第一，调查计划要进行可行性论证。调查的规模、范围多大才合适；人力、物力、财力能否承受得了；时间上是否来得及；经费估算和工作进度、日程安排是否合理等，都应进行比较充分的可行性论证，以保证调查计划的科学性和可行性。第二，调查计划既要全面又要简单明了。在调查计划中，凡应包括的主要内容都应简明扼要写清，既不能丢三落四，也不能烦琐冗长。

6.2.3 收集调查资料

收集资料是整个公关调查工作的重点，它的主要任务就是按计划的要求与安排，系统地收集各种资料（包括数据和被调查者意见）。

调查资料一般分为两类：一类是原始资料，也称第一手资料，这是调查人员通过各种调查方法进行实地调查所取得的资料；另一类是现成资料，也称第二手资料，这是由他人收集的已有的资料。一般来说，现成资料容易取得，花费较少，而原始资料取得难度较大，花费较多。因此，在收集资料时，要充分利用现成资料，能够取得真实可靠的现成资料，就尽量不再费力去收集原始资料。当然，就一项较大规模的调查来说，仅有现成资料是不够的，它的主要资料还是来源于实地调查。可以说，原始资料是收集的重点。至于原始资料与现成资料的收集次序，一般以先收集现成资料，再收集原始资料为宜；在现成资料的来源比较清楚的情况下，两种资料的收集可以同时进行。

由于民意测验的大量使用，问卷资料的收集成为主要工作。最普遍的方法有受试者自行答卷和调查人员访谈两种。

受试者自行答卷，顾名思义，就是由受试者自己动笔答卷。根据我国的实际情况，它的具体做法也可以有所不同。一是可以征求受试者所在工作单位或地区的支持，组织受试者集中起来答卷；二是可以一一走访受试者，将问卷留下来，过一段时间收回；三是可以通过邮寄、附上回单（贴足邮资）的方法，让受试者自行答毕寄回。问卷回收数目与发放的总数之比称为回收率。对于回收率，调查人员应有足够的估计，100%的可能性是很小的。美国社会学家肯尼迪·贝利认为，50%的回收率是令人满意的，60%是相当成功的，而70%以上则可以说是非常成功的了。这可以作为调查问卷回收的一个参考。

调查人员访谈，就是由经过专门训练的调查人员走访受试者，由调查人员根据问卷向受试者口头提问，再记下答案。相对于受试者自行答卷，访谈问卷回收率高，但访谈要求调查人员严格遵守操作规定，比如不得以任何形式暗示受试者，以受试者为主，保持气氛融洽等。随着电话在我国的普及，利用电话进行访谈这种方式逐渐被采用。

6.2.4 整理分析资料

整理分析资料是公关调查过程中极为重要的一环。一般来说，通过调查所得到的资料还比较零乱、分散，并不能系统而集中地说明问题；某些资料还可能有片面性与谬误等。因而，在取得资料后，必须对资料进行系统科学的整理和分析，去粗取精，去伪存真，分析综合，严加筛选，并进行合乎理性的推理。只有这样，才可能客观地揭示事物的内在联系，得出正确的调查结果。

资料的整理分析主要包括以下工作：

1）检查核实

在资料的整理过程中，要检查资料是否齐全而无遗漏，是否重复或矛盾，是否有与事实不相符合的情况。一旦发现上述情况，要及时复查核实，并予以剔除、删改、订正和补充，即剔除错误的资料，删除重复的资料，修改、订正有差错的资料，补充遗漏的资料。检查核实的部分工作是在收集资料时就要完成的。一边收集，一边检查核实，这样便于及时进行订正和补充。

2）分类汇编

资料经过检查核实后，为了便于归档、查找和统计，还应按照调查的要求进行分类汇编，即进行分类登录，然后按类摘抄、剪贴、装订、归档，以备查阅。还可将整理后的信息输入电脑。整理资料数据要做到准确、清楚、及时，这是衡量信息资料价值的重要标准。

3）分析论证

对分类汇编的资料进行分析，得出结论，并依据资料所得出的结论进行论证。分析一般包括定性分析和定量分析。所谓定性分析，是以资料或经验为依据，主要运用演绎、归纳、比较、分类和矛盾分析的方法找出事物的本质特征或属性。所谓定量分析，是运用概率论和数理统计的测量、计算及分析技术，对社会现象的数量、特征、数学关系和事物发展过程中的数量变化等方面进行描述。为了取得比较符合实际的结论，不仅要进行定性分析，还要进行定量分析，要在定性的基础上尽量根据不同要求把资料量化，制成统计表或统计图，或计算百分比、平均值等，然后运用这些量化资料进行分析，力求对调查的事物有较深刻的认识，并把有关材料迅速提供给领导部门，作为策划的依据。成功的企业在日常公共关系工作中经常运用以上方法。如马耳他女总统巴巴拉访问上海时，曾下榻锦江饭店。锦江饭店公关部的人员接到任务后查阅了大量资料，了解到女总统的生活习惯和爱好，并进行了周密的准备。当巴巴拉走进总统客房后，意外地发现了房间里放置了全套“露美”化妆品，吹风器，珠花拖鞋，一架高级钢琴以及一些她所喜爱的物品，她很高兴，并愉快地弹起了钢琴。临行前她亲笔留言：“在上海逗留期间，感谢你们给予我第一流的服务，并祝你们幸福，前途美好。”可见，分析整理材料对公共关系策划来说是非常重要的。

6.2.5　撰写调查报告

撰写调查报告是公关调查的最后程序。撰写调查报告的目的，是为制订科学的公共关系计划提供依据，为领导者决策提供参考，寻求领导的支持和帮助。撰写出一份具有说服力的调查报告，是卓有成效地进行公关调查的一个不可忽视的方面。如果调查报告的撰写不得要领，即使前面的工作做得再好，整个调查也不会令人满意。

一般来说，一篇调查报告是对调查过程的回顾和调查成果的总结，它包括以下内容：①调查题目、调查委托人、调查主持人、调查日期；②调查的原因和目的；③调查的总体对象；④调查所采用的基本方法；⑤调查的结果及各种答案的比例；⑥问卷回收率及抽样误差；⑦分析结果；⑧调查者提出的建议；⑨附件，包括问卷样本、统计数据、背景资料等。

调查报告不同于理论性文章，也不同于一般的工作总结。它是用调查资料来说明问题，用资料来支撑结论。因此，在撰写调查报告时，要坚持实事求是，资料的取舍要合理，推理要合乎逻辑，还要在结构、主题、语言上下功夫。同时，调查报告写好后要及时送交最高管理部门备案，供决策者在决策时参考。

6.3 公共关系调查的方法和技巧

6.3.1 公关调查的方法

按信息资料的来源划分，调查方法可以分为间接调查法和直接调查法两类。

1）间接调查法

间接调查法也称文案调查法，是指公关人员不直接和公众接触，而是通过某些中间环节达到调查目的的方法。它的作用在于：

第一，它可以发现问题，并为市场研究提供重要参考依据。几乎所有的市场调查都始于收集现有资料，只有当现有资料不能为解决问题提供足够的依据时才进行直接调查。

第二，可以为直接调查创造条件，为直接调查提供基本的情况，检验直接调查的结果。

第三，可用于有关部门和企业进行经常性的市场调查，不受时空的限制。间接调查法的主要渠道是企业内部资料和企业外部资料。企业内部资料是从财务部门、计划统计部门、档案部门等渠道取得的；企业外部资料是从统计部门、信息中介、国内外文献等途径取得的。调查的方法有查找法、索取法、收听法、咨询法、采集法、互换法、购买法和委托法。间接调查资料处理的方法有综合法、相关法、推导法、反馈法、追踪法。

2）直接调查法

直接调查法是指公关人员与公众面对面地沟通，直接了解情况，掌握信息。一般情况下，公关调查都采用直接调查法。常见的直接调查法主要包括观察调查法、访谈调查法和问卷调查法等。下面我们简要介绍常见的直接调查法。

（1）观察调查法

观察调查法就是在信息产生的源头通过耳闻目睹，客观记录下信息源产生过程的调查方法。其优点在于调查对象没有意识到自己正被调查，具有很好的自然性。观察调查法的类型包括直接观察法、间接观察法和比较观察法。

（2）访谈调查法

访谈调查法也称访谈法，是指调查员通过与调查对象进行有目的的谈话，收集口头资料的调查方法。

访谈调查法的特点是：收集信息是通过访谈员与调查对象进行面对面交谈的方式来实现的，因此，它具有直接性的特点，具有较好的灵活性和适应性。资料由访谈员通过访谈直接获取，因此，访谈员个人的访谈技巧、人品气质和性格特征等都会直接影响到调查的结果。回答率高、效度高，但标准化程度低，常常给统计分析带来一定的困难。访谈法一般应用于那些准确性要求较高的问题的研究，或者探索性研究上。

访谈调查法按访谈提纲的方式不同分为结构性访谈和非结构性访谈；按访谈的场所不同分为机关访谈、街头访谈、家庭访谈和公共场所访谈；按受访谈的人数不同分为集体性访谈和个别访谈；按访谈的时间不同分为一次性访谈和跟踪访谈。

（3）问卷调查法

问卷调查法是目前国内外社会调查中使用最为广泛的一种方法。问卷是指为统计和调查所用的、以设问的方式表述问题的表格。问卷调查法就是指研究者用这种控制式的测量对所研究的问题进行度量，从而收集到可靠资料的方法。

此外，还可采用电话采访或询问的方式进行，无须面对面，速度快，效率高；或充分利用网站设置调查问卷，在虚拟的世界中得到真实的反馈信息。

6.3.2 公关调查的技巧

1）文献调查技巧

文献调查法的基本步骤包括文献收集、摘录信息、文献分析三个环节。

（1）文献收集

文献调查法的实施是从文献收集开始的。只有广泛收集文献，对所需要的文献资料做到心中有数，才能保证文献调查法的顺利实施。在文献收集中，必须遵循一些基本要求，掌握一定方法。

首先要学会文献检索。应当知道在哪里才能找到所需的文献，或者说，如何才能发现这些文献的具体位置，否则所谓收集文献就只能是一句空话。要做到这一点，就必须掌握检索文献的方法。

迄今为止，人工文献检索仍然是查找公开发表的文献的主要方法。这种方法主要借助两类工具，即有关机构编制出版的文献检索工具和图书馆编制的目录。

还有一种方法就是用计算机进行文献检索。主要有两种方式：一是登录专门网站检索。目前，国内外绝大多数图书情报机构、政府部门、学校、科研机构、大众传媒机构、企事业单位都有自己的网站，建有各种数据库。只要按网址登录，即可从中查找有关信息。即使不知道其网址，只要按其中文或外文名称搜索，一般也可以查到。二是利用大型门户网站的搜索引擎查找。例如，人们就常用百度搜索引擎检索文献。计算机文献检索法使用起来非常便捷，而且可以找到大量并未公开出版、只在网上公开发表的个人文献、官方文献和机构文献。

其次要学会文献收集。当我们能够灵活、熟练地使用上述文献检索方法，发现所需文献时，其后的文献收集就变成一件顺其自然、非常简单的事情了。目前，文献收集的渠道主要有个人、机构和互联网三种。我们应该针对文献的不同来源和出版、收藏情况，采取不同的方法，通过这三种途径进行文献收集。

一般说来，对于未公开发表的文献，若属于个人收藏品，如个人写的日记、信件、自传、回忆录等文献，可以根据线索，主动联系，在征得文献主人同意的前提下，采取租、借、复印等办法收集；若是机构收藏品，例如企事业单位、社会团体的规章制度、统计报表、总结报告，宗族族规与家谱，宗教组织的教义与教规等文献，或者官方不宜公开的各种规章制度、文件、统计数据等内部资料，则可按照一定程序和规定，采取向有关单位直接索取、复印复制、租、借等方法收集，某些特别的历史档案则可到专门的档案管理机构采取借阅、复印等方式收集。此外，在某些特殊情况下，还可通过上级主管部门下达指令采用征集、调档等方式收集。

对于公开发表的文献，若是正式出版发行的各种书籍、刊物、磁带、光盘等文献资料，可到图书情报机构和可能收藏这类文献的单位、读者那里去借阅，或者从互联网上的有关数据库中下载，当然也可以直接购买。另外，对那些虽未正式出版发行，但已在互联网上公开发表的文献，如个人撰写的各种文章，大众传媒机构因版面不够或其他原因未刊印的稿件，政府部门的官方网站、社会组织和企事业单位的网站中发布的各种信息、文章、统计资料等，可以通过网上下载或复制的方式来收集。

（2）摘录信息

在通过检索发现并收集到文献之后，下一步的工作就是摘录与调查课题有关的信息。摘录信息一般有以下步骤：

首先是浏览，就是文献收集告一段落后，应将收集到的文献资料全部阅读一遍（包括对音像文献的视听），以对它们有个初步认识，即大致了解文献的内容，初步判断文献的价值。浏览应注意如下几点：

第一，要粗读而不要精读。

第二，只读“干货”而去除“水分”，即只注意文献的筋骨脉络、主要观点和有关数据，跳过那些无关紧要的过渡段落、引文和推理过程等。

第三，全神贯注，思维敏捷。

第四，抓住重点，迅速突破。

其次是筛选，就是在浏览的基础上，根据调查课题的需要，从所收集的文献中选出可用部分。筛选时应当注意以下几点：

第一，必须注重文献的质量，或者说文献的信度和效度，即文献的可靠性和有用性。

第二，要注重所选文献的代表性。

第三，在筛选时，应从应用的角度，区分文献的层次。可以把全部文献预设为必用、应用、备用、不用等几个部分。

再次是精读，精读就是对筛选出的可用文献要认真、仔细地阅读，同时着重在理解、联想、评价等方面下功夫。文献越重要，下的功夫也应该越多，那些必用和应用文献往往需要反复地阅读、思考。在精读时，不但要认真理解文献所阐述的观点，详细了解文献所引用的事实，还要把它们与其他文献联系起来进行反复对比和研究，对文献所引用的事实和阐述的思想同调查课题之间的关系作出客观判断和全面评价。在此基础上，要进一步明确对调查研究课题有价值的信息。

最后是记录。记录就是把在精读中确认的有价值的信息记录下来，供进一步分析研究之用。记录信息最基本的要求就是及时，最好精读与记录同步进行，边看边记，边听边记，或者是读一部分记一部分。如果记录太滞后，不仅会事倍功半，而且容易丢掉在精读中常有的一瞬间产生的思想火花。

记录信息的主要方法有：标记、批注、抄录、编制纲要、撰写札记等。

（3）文献分析

专门的文献分析是在主要依靠文献资料说明问题的社会调查研究中一项至关重要的工作。文献分析有两大类，即文献定性分析和文献定量分析。

文献定性分析是通过对文献内容的分析，来揭示文献所反映事物的性质、本质特征及其发展规律的方法。因此，它是最常用的一种文献分析方法。文献定量分析也叫内容分析，是对各种文献的内容进行客观的、系统的和定量的描述。

2）访谈技巧

访谈技巧是公关工作中运用的主要技巧之一，它主要包括集体访谈技巧和个人访谈技巧。

微课6-1

访谈法的设计与技巧

（1）集体访谈技巧

集体访谈的主要形式是召开座谈会，而座谈会调查的效果在很大程度上取决于调查者的技巧。调查者的能力强、技巧高，座谈会会开得轻松自然而又主题突出，与会代表互相讨论、互相启发，把调查的问题引向深入；也可以让与会者自由地发表意见，调查者可以全面了解各方面的意见。反之，如果调查者没有驾驭座谈会的能力和技巧，那么，座谈会就很可能出现沉闷的窘况，或海阔天空一般的神侃，还可能出现因团体压力而难以听到不同意见的情况，整个调查就难以达到预期的效果。所以，要搞好集体访谈调查，提高调查者召开座谈会的技巧是十分关键的。

从技巧上看，召开座谈会时通常要注意以下两个方面：

第一，充分做好准备工作。准备工作包括：①准备访谈提纲。访谈提纲包括访谈的目的，访谈中准备提出的问题，以及提问的先后顺序等。一般来说，座谈会主题越明确越好，各种问题想得越深入越好，并尽可能估计多种可能的情况。对于那些临场经验不足的调查者来讲，甚至如何做开场白、如何提出问题等具体细节都应事先有所准备。②选择访谈对象，要对参加座谈会的人员进行选择，尽量挑选那些对所调查问题比较熟悉的人参加，同时，还要尽可能使与会者具有各方面的代表性。考虑到会议的需要，座谈会的规模不宜过大，一般以5～8人为宜。

第二，精心主持会议。在主持会议时应注意：①要营造轻松和谐的会议气氛。良好的气氛是真诚相见、各抒己见的前提，主持者应牢牢把握这一点。为此，座谈会开始时，不妨互相介绍一下，或做一些轻松愉快的漫谈，然后自然地转入主题；会议进行中，不要让会议冷场，一旦发现这种情况，主持者应尽量用启发式语言使会议气氛活跃；与会代表发言时，调查者应集中精力，认真做好笔记，同时，还应不时地用目光或简短的肯定词语如“嗯”“啊”等来沟通与发言者的感情，营造融洽的气氛。②要把握会议讨论的方向。座谈会围绕主题进行，这是调查者始终要重视的。为此，在会议开始时，应开门见山，使与会者明确会议的主题；在会议中，调查者要见机行事，发现有人发言离题时，要用比较巧妙而简短的插话把发言拉回到主题上来；发言者围绕主题讨论时，不要随便打断他的发言；当发现会议有形成团体压力的可能时，调查者应机警地排除干扰，如及时插话、变换角度来讨论问题，还可以进行一些尽量轻松的漫谈，把会议引到无拘无束的境地，让各种意见都发表出来。

（2）个人访谈技巧

个人访谈的最大困难是如何排除沟通障碍，使被调查者乐意接受调查。一般而言，被调查者不愿意合作的原因主要有以下几种情况：

第一，被调查者不愿意被调查活动占用时间。个别访谈需要占用被调查者的宝贵时间，而这种占用纯粹要被调查者尽义务。在一般情况下，人们是不大乐意接受的，尤其是那些十分繁忙的人，就更难挤出时间与调查者合作。

第二，被调查者对调查有顾虑。个别访谈的目的当然是要被调查者提供有关情况，甚至对某些问题表明自己的态度和观点。一般来说，每一个人都有自己不愿意告诉别人的事情，即使是可以告诉的，也并非乐意告诉任何人。尤其是对那些比较敏感的问题，被调查者不仅有顾虑，有的人甚至不愿涉及。

第三，被调查者不相信调查者能解决问题。有些问题较重大，被调查者认为公关调查人员难以解决；有些问题由于被调查者接受过多次调查而未解决，因而，他们再也不愿意接受同类调查了。

第四，被调查者看不惯调查人员的穿着打扮、行为举止。有时，对于调查的问题，被调查者并非不愿作答，而是对调查者没有好感，不愿与之合作。

以上种种原因都会使被调查者不愿接受调查。如果不排除这些访谈中的障碍，那么调查就很难进行下去，被调查者很可能勉强应付，或者干脆拒绝接受调查。

排除上述障碍的关键是要提高公关人员的访谈技巧。为此，除了注意访谈前的准备要充分外，在访谈中还要注意如下几点：

首先，提高进见被调查人的技巧。个别访谈的过程一般包括进见、建立关系、正式访谈、告别四个基本环节，其中，进见是访谈的开端。如果调查者连进见这一关都闯不过去，那么整个调查工作就无法进行。进见时，一般要注意：①服饰打扮应庄重大方。②有条件的，尽可能有人引见。③进见时，要给人良好的印象。对职位较高的人，要有礼节，且要不卑不亢；对于一般群众，要谦和、诚恳。④遵循进见程序。通过他人介绍，或通过出示有关证件和其他方式，告诉被调查者自己是谁，代表什么机构，然后说明自己为什么而来，及时说清调查的目的和意义。为激发被调查者的兴趣，有时也要说明对被调查者的回答内容是保密的，以消除对方的戒备心理。⑤采用肯定的进见方式。

首先要进见，使调查能进行，这是调查者的信念。为此，要采取肯定的进见方式，使被调查者感到非接受调查不可。不管被调查者忙闲与否，调查者都可以说“打扰了，希望能和您谈谈这个问题，相信您一定能尽力帮助”，而不要说“我能和您谈谈吗”或“您有空吗”等有可能使被调查者马上拒绝的问话；对于那些想打发你走的人，可以通过述说自身的窘境来引起被调查者的同情，如说“我好不容易才找到您，您不支持我，那我麻烦了……”还可以通过取得被调查者的家属的好感而自然地使被调查者接受调查。

其次，提高与被调查者建立融洽关系的技巧。进见以后，能否顺利进入实质性的交谈，还有待于关系的融洽与否。一般来说，这一环节是短暂的，但也是困难的。为此，进见以后，调查者要尽量主动，给人以礼貌、友好、健谈的印象，可以从同龄人、老乡、从事过相同职业或有相同的爱好等方面入手，缩小感情上的距离；或以当天发生的趣闻为题漫谈，尽量找共同点；或从已发现的对方的优点、特长、光荣历史等方面着手，通过言辞、表情等表达对被调查者的尊重友好之情，从对方心理满足上找出路等。总之，要在短时间内，尽量变陌生人为熟人，与被调查者建立融洽的关系。

再次，提高交谈的技巧。在进入实质性交谈后，为了提高交谈的质量，调查者始终要注意以下几个问题：①要注意交谈气氛。在整个交谈中，调查者都要使交谈气氛和谐、融洽，要尽量消除被调查者的顾虑。同时，对被调查者忌讳的问题，要采取迂回的交谈方式，从侧面去了解。例如，要了解被调查者对某问题的看法，估计对方有顾虑，就可以说，“您看，对这一问题人们会怎样看待呢”，而不说“您认为如何呢”。②不要表达带有倾向性的意见。调查主要是征求别人的意见。为了保证资料的真实性，在交谈中，调查者应取中立的态度，不要发表带倾向性的意见。③要把握交谈的主题。访谈的问题是调查之前就准备好了的。交谈中，要抓住要领，防止偏离主题。如发现被调查者特别健谈，谈话离题时，调查者不要流露出不耐烦的情绪，要在适当的时候，礼貌、巧妙地将谈话拉回到主题上。交谈中，注意所提问题的顺序及彼此衔接，以便逐步把问题引向深入。④要随时注意新情况。交谈中，调查者往往会发现一些事先未料到的新情况、新问题，在按原定主题逐渐展开的情况下，也应了解这些有价值的新线索。⑤要认真做笔记。交谈时，调查者要认真做笔记。在一般情况下，能不录音的尽量不录音。如果实在需要，征得被调查者同意后，才可录音。

最后，提高告别的技巧。告别是访谈的最后环节，同样不能忽视。因为被调查者接受调查付出了劳动，理应得到调查者的肯定和感谢。因此，告别时调查者应对被调查者所给予的合作作出中肯的、恰如其分的肯定，并对其表示诚挚的感谢。这样做，可以使被调查者获得心理满足，有利于组织形象的塑造，也为下次合作打下基础。

以上介绍了访谈的一些主要技巧。当然，访谈的技巧远远不止这些。访谈是与人沟通的过程，是一门人际交往的艺术，没有一成不变的规则；同时，这门艺术还要通过实践来掌握、提高，离开实践的东西终究是肤浅的。

职场链接6-1

公关经理对客人的访谈调查

公关经理（以下简称“经理”）：李先生，您是我们的老顾客，很感谢您常光临我们的酒店。今天想占用您一点宝贵的时间，请您谈谈客人期望从酒店得到什么，可以吗？

李先生（以下简称“客人”）：当然可以，我很乐意。

经理：李先生，请您先谈谈什么才是酒店向客人提供的最重要的服务。

客人：你或许不相信，但我认为，最重要的就是酒店对客人的亲切感，这正是我所迫切希望得到的。对于我来说，它比一间舒适的房间和一顿可口的晚餐更为重要。

经理：能否请您具体谈谈您所指的亲切感？

客人：当然可以。对我来说，酒店这个概念并不是指一座无生命的建筑物，而是意味着里面工作的人。当我离开一家酒店时，我不会记得我所住过的客房是什么颜色，或吃过的甜点是什么味道，但我却不会忘记门童对我的热情招呼和电话接线员友善的声音。酒店对我的亲切感会使我在一个新的环境里感到舒适和开心。其实，这并不需要酒店方面作出什么特别的努力，我仅仅是希望经常看到酒店服务员的微笑或听到服务员与我亲切地打招呼，如“很高兴见到你”“希望你住得开心”等。当然，打招呼时如能称呼我的名字，我会感到更亲切，但即使不认识我也能笑脸相迎，我也心满意足。

经理：请您谈谈商务旅行时感到最困难的是什么。

客人：就是到一个完全陌生的环境工作，语言不通，人地生疏，心里总是惶惶然；不知该如何兑换外币，不知如何打电话，不知当地的标准电压是多少……

经理：呵呵，我还以为商务旅行是很舒服的呢。

客人：很多人都这么认为，其实恰恰相反。不错，与家人去度假旅行的确很开心，但一个人的商务旅行却是很辛苦的差事，而且会觉得很孤单。所以酒店员工的亲切款待会使我感到很温暖。

经理：您能否谈谈具体的例子？

客人：去年，我有一个为期六周的商务旅行，经香港、广州、深圳，最后到达上海时，我已感到精疲力尽了。我是清早8时左右到达酒店的，很遗憾，接待处的职员告诉我，由于前一批客人延期离店，我预订的客房尚未整理好，需等3个小时才能分到房间。要等3个小时！这多么懊恼啊。但我却很赞赏接待处职员亲切而真诚的态度。他一再向我致歉，在向我解释事情的原因时，一再称呼我的名字“李先生”，请我喝杯咖啡休息一下，还主动提出替我查查酒店有没有收到寄给我的信或留言。这个职员热情的态度使我烦恼顿消。

经理：酒店职员称呼客人的名字真的这么重要吗？

客人：确实如此。这是一个心理因素，会使客人感到酒店认识他、关心他，对于在异乡旅行的客人来说，尤其如此。

经理：您很强调亲切感和礼貌热忱。除此以外，您对酒店的服务员还有些什么要求呢？

客人：我希望酒店能成为我的“家外之家”。所以我希望酒店服务员能认识到，当客人居留在酒店时，是把酒店当成他在此地的“家”的。如果行李员将行李送到我的房间时，在一些小事上也关心我，如告诉我怎样开空调，怎样打电话，是否可以打开门窗等，那么我也会感到很高兴，因为像在家里一样舒适自如。

经理：看来，您所说的可以归结为一句话：殷切款待，亲切热忱。

客人：正是这样。这难道不就是客人期望从酒店得到的东西吗？再说一遍，当我来到酒店时，受到热情招待，服务员称呼我的名字，笑脸相迎，使我由衷地感到酒店欢迎我的到来，这样，我下一次一定乐意再来。

经理：谢谢您，李先生，今天花费了您这么多宝贵的时间。衷心欢迎您下次再光临。

资料来源　黄建雄.酒店公共关系学［M］.北京：中国商业出版社，2013：99.

3）调查表的设计

（1）调查表的作用

微课6-2

调查问卷的设计

调查表也称问卷，是系统地记载需要调查的问题和调查项目的表格，用来反映调查的具体内容，为调查人员询问和被调查人回答提供依据，是实现调查目的的一种重要工具。一般来说，好的调查表可以使调查内容标准化、系统化，便于收集和整理资料，能够对调查资料进行定量分析。在调查中，调查表既可以通过函寄让被调查者自己用笔作答，也可以由调查者通过访问代为填写。它运用广泛，尤其适用于大规模的民意测验。

（2）调查表的构成

调查表一般由标题、致被调查者的短信、填表说明、主题内容、编号和调查实施情况记录等六部分组成。

第一，标题。每份调查表都应明确简洁，以醒目的标题开宗明义地告诉被调查者所调查的主题。如“中国城市青年消费心态调查问卷”“关于××企业形象的调查问卷”，它们把调查对象和调查内容一目了然地呈现在被调查者面前。一般来说，这就容易取得被调查者的合作。而不拟标题，仅仅标出“调查表”，其效果是不好的。

第二，致被调查者的短信。短信主要用来说明组织调查的单位、调查的目的和对被调查者的回答内容是否保密等问题，使被调查者进一步明确调查目的，消除不必要的顾虑，理解和支持调查工作，从而接受调查。因此，致被调查者的短信要短小精悍，交代清楚，富有启发性。

第三，填表说明。这是告诉被调查者应如何填表的说明部分，凡是容易引起歧义和误会的或难以理解的都应在此部分进行解释和说明；凡是调查表格比较复杂，估计被调查者难以填写的，都应予以示范。

第四，主题内容。这是调查表的主体部分，它一般由一个个相互联系并前后有序的问题和相应的可供选择的答案组成（如果是开放式问题，则无答案部分）。在这一部分中，要根据调查的目的和任务，围绕主题确定要调查的项目，并根据事物的内在联系确定其先后次序；设计好提问的方式，并以被调查者最容易接受的语言提问；对需要提供可供选择答案的问题，要设计好选择答案。

第五，编号。为了便于分类归档，或便于电子计算机处理，一般调查表都应编号。

第六，调查实施情况记录。这是调查表的最后部分，它的主要作用是记录调查完成的情况和需要复查、校正的问题。

当然，对具体的调查表来说，有的部分是可以省略的，但是，标题、致被调查者的短信、填表说明与主题内容是必不可少的。

（3）主题内容设计

调查表质量优劣的关键在于主题内容这一部分的设计，而整个调查表设计的难点也在这一部分，因此，努力提高主题内容的设计能力与技巧十分必要。下面对这一部分如何设计介绍三点。

第一，总体框架的设计。总体框架是能够指导设计问卷的提问语句和对问卷资料进行分析的一种总体思路的逻辑架构，往往采用图示法。对于要求高、内容比较复杂的调查表来说，为了使表中的每一个问题都有不可或缺的作用，且各个问题之间都有一种内在的逻辑联系，能够对它们进行科学分类和相关分析，在设计调查表之前，都应该先设计总体框架。设计时，一般是先从调查目的出发，将调查主题逐层分解，直到可以依据这些分解的条目设计提问语句时为止；然后，按照事物本来的逻辑关系对分解的条目进行检查、调整，使分解的条目能够有序排列。

第二，提问语句的设计。总体框架设计出来以后，就要设计提问语句，把每一条目变成提问语句。在设计提问语句时，要注意以下事项：

首先，注意提问的方式。提问方式有直接提问、间接提问、假设性提问等。一般来说，对于那些估计被调查者能够直接回答的项目都可以用直接提问的方式设计语句，如“您家是否有电视机”“您认为采用哪种方式组织厂庆活动最好”。对于那些估计被调查者直接作答可能有顾虑的问题，一般采用间接提问方式较好。间接提问，是不直接问被调查者本人的有关情况，而是要求其回答其他人是什么情况。例如，向一个卖菜的摊主了解他每天的收入，采用“您估计大多数像您这种情况的人每天纯收入是多少”的提问，就比“您每天的纯收入是多少”的提问间接一些，得到的资料也可能客观一些。有时，为了全面了解情况，还可以假设某一情景或假设别人对某事物有一种看法而要求被调查者说出自己的想法，这种提问方式就是假设性的。如“有人认为，目前企业还不具备推行某项管理的措施，您是否同意这种看法”，再如“假定您的企业破产了，您会怎么办”。此外，对于那些被调查者不敢或不愿公开作答的敏感性问题，也可采用假设性提问方式。

其次，注意提问语句的确切。语句确切，指设计的语句意思表达清楚，所用概念的内涵与外延十分明确。只有语句确切，被调查者才能得到口径一致的真实材料，因此，在设计语句时，要注意对那些容易发生歧义的概念进行严格限定，力求表达清楚。如语句中涉及“家庭”一词，就不要用“您家有多少人”之类的笼统问句，而要对“家庭”进行限定。根据需要，可限定为“小家庭”“大家庭（祖孙三代）”等。

再次，避免出现诱导性问题。诱导性问题，是指包括某种倾向而使被调查者按其倾向作答的问题。一般用权威的话或大多数人的看法设计的问题都是诱导性问题。如“大多数人都对工作很满意，您呢”“在这次全国质量评比中，我厂的电视机质量评比获得第一名，您的意见呢”，这样的提问一般很难得到全面的真实信息，在语句设计中是必须避免的。对问题的设计一般都应取中立的方式，如上两例就可改为：“您是否对您目前从事的工作感到满意”“您使用了我厂电视机后，感觉它的质量如何”。

最后，以封闭式问题为主，辅之以开放式问题。所谓封闭式问题，是指设计若干可供选择的答案而由被调查者根据情况选择作答的问题；所谓开放式问题，是指不提供具体答案而由被调查者自己回答的问题。一般来说，封闭式问题具有作答方便、省时省力、资料便于统计分析等优点，适用于大规模的问卷调查，但它难以取得丰富生动的资料，缺乏自发性和表现力，常常需要开放式问题来弥补不足。因此，在设计问卷时，一般应以封闭式问题为主体，同时以少量开放式问题作补充。如“您认为天龙大厦提供的服务如何”“您对天龙大厦有何评价”。开放式问卷多用于探索性研究，它给调查对象较多的发挥余地，可获得较深层次或是调查者意想不到的信息，适用于定性研究，但答案非标准化，难以统计分析，耗时较多，易被拒答。总之，封闭式问卷和开放式问卷各有优劣，在公共关系调查中，最好的做法是把两种问卷形式结合起来，取长补短。

提问语句的设计应注意的事项还有：设计的语句尽量考虑被调查者的各种情况，尽量适合于各种被调查者；调查表中的项目不宜太多，一般控制在作答者半小时内完成为宜；语句要简洁，不要太长等。

第三，选择答案的设计。封闭式问题按其性质可以划分为定类问题、定序问题、定距问题和定比问题，各类问题的答案设计各不相同。

定类问题，是指要求对被测定对象的性质作出分类的问题。这类问题的答案设计要注意：一是可供选择的答案要互斥；二是答案要穷尽。例如，“您认为下面哪些人最适合做这种工作？（请在选择项右边的□中打√）老年人□中年人□青年人□”。再如，“目前，您在日常生活中最迫切需要的是什么？（选三项）第一位□第二位□第三位□①增加个人收入②提高社会地位③发挥才能，作出成绩④对公共事务有更多的发言权⑤人与人之间的感情联系⑥丰富文化生活”。这一例中，答案显然没有穷尽，被调查者最迫切需要满足的很可能是“房子”或“找个对象”等，因此，像这一类难以列举完答案的问题，应在最后加上“其他”，使答案穷尽。如此例就应加上“⑦其他（请您自己填写）”。

定序问题，是指要求对被测定对象的排列次序作答的问题。对这一类问题的设计，一般采用五级或三级定序答案。例如，“你对××公司的信心如何？A.充满信心 B.毫无信心”。两者之间存在着很大的空当。较好的答案是：“A.充满信心 B.相当有信心 C.有点信心 D.信心甚少 E.毫无信心”，或者“A.超过一般 B.一般 C.低于一般”。前一种是五级定序，后一种是三级定序。

五级定序答案一般采取“①极喜欢（极满意，极可靠）②喜欢（满意，可靠）③无所谓或拿不准④不喜欢（不满意，不可靠）⑤极不喜欢（极不满意，极不可靠）”这样的基本形式。三级定序答案的基本形式是把五级定序答案中的两极情况，即①和⑤去掉后的部分，由②③④构成。有时，根据需要还可以采取不平衡的做法，即偏向某一方面的答案数目多。例如，“您对我商场服务人员的态度有何看法？非常好□好□一般□不好□”。这一例中，好的方面的答案数目就偏多。

一般来说，定序问题的答案有强迫性答案与非强迫性答案之分，强迫性答案如“满意，无所谓，不满意”等，要求作答者一定表明自己的态度；而非强迫性答案如“满意，无所谓，不满意，不了解”等，因为有“不了解”一项，所以，它就不强求被调查者对某事物表态。在设计答案时，一般采取强迫性答案，有时，也采用少量非强迫性答案。

定距问题，要求设计出来的答案之间的顺序关系保持一定距离。如“您的月基本收入是：①750元以上□②700～750元□③650～700元□④600～650元□⑤600元以下□”。答案之间的顺序关系都保持50元的等距。

定比问题，要求设计出来的答案之间的顺序关系成比率。在公关调查中，定比问题极少见。

第四，主题内容的编排。提问语句和相应答案设计出来以后，还应对整个主题内容加以编排。编排的依据主要是总体框架。在按总体框架编排时，还应考虑：①从逻辑结构上看，是否还需要调整。②在照顾逻辑顺序的前提下，尽量做到先易后难，先一般性问题后特殊性问题，先封闭式问题后开放式问题。

第五，主题内容的修改。主题内容设计出来以后，应该认真地审查；同时还应在小范围内（20～30人）进行试验性调查，以便在试验中发现问题，然后根据审查和试验中发现的问题进行修改，制成正式问卷。

职场链接6-2　《中国青年》杂志公共关系的形象调查问卷

亲爱的读者：

您好！我们是《中国青年》杂志社。为了让您的业余时间更加快乐和充实，请您协助我们做一个简单的调查，以便我们改进工作，更好地为您服务。对于您所提供的信息我们会予以保密。对于您的支持，我们表示由衷的感谢。

《中国青年》杂志社

一、请对您满意的答案打“√”或填写相关内容

1.您在何处得知本刊？

A.赠阅　B.邮局　C.报亭　D.其他：________

2.您从什么时候开始阅读本刊？

A.记不清　B.半年前　C.一个月前　D.刚开始

3.您是否经常购买本刊？

A.经常　B.不固定　C.几乎不买（原因：________）

4.您对本刊的内容会全部阅读吗？

A.会　　　B.会看一部分　　C.不固定

5.您对杂志的封面满意吗？

A.满意　　　B.一般　　　C.不满意（原因：________）

6.如果对我们的封面不满意，您喜欢哪个杂志的封面？

____

7.您感觉杂志的内容丰富吗？

A.丰富　　　B.一般　　　C.不丰富

8.如果您觉得不丰富，应该增加哪些栏目？

A.科技性的　B.娱乐性的　　C.其他：________

9.您觉得哪个栏目需要改进？

____

10.您最喜欢本刊的哪个栏目？

A.特别关注　B.观点　　　C.事件

D.文史　　　E.国际　　　F.其他：________

11.您觉得所有杂志中您最喜欢哪本杂志？

____

12.您对我们杂志有什么希望或建议，请留言。

____

二、个人资料

13.姓名：

14.性别：

15.年龄：

16.文化程度：

17.职业：

18.电话：

19.地址：

20.邮箱：

资料来源　根据网上资料整理。

6.4 公共关系调查的内容

公共关系调查是指公关人员对自己或服务的组织的公共关系状态进行的情报收集与研究工作。主要是了解那些受组织行为和政策影响的人对组织的观念、态度、看法和反应，掌握组织的实际形象，发现组织存在的问题并对问题进行全面而深入的了解。公共关系调查的内容，包括公共关系的主体——组织情况的调查，公共关系的客体——公众意见的调查，以及同公共关系的主客体密切相关的社会环境的调查。

6.4.1 组织自身情况调查

组织自身情况是公关人员的案头必备材料，无论是撰写新闻报道、解答公众提问、编写组织通讯、制作宣传材料，还是举办展览会、记者招待会，都需要随时查阅和引用这些调查资料。

组织自身情况调查包括下列内容：

第一，组织自然情况。自然情况如组织的地理位置、外观、名称、性质、机构设置、法人代表、员工人数、文化、年龄、性别、职务、职称结构等。

第二，组织社会情况。社会情况如组织的管理模式、业务范围、社会效益和经济效益、内外政策、文化内容、优势、存在的问题、潜在的危机等。

第三，组织历史情况。历史情况如组织的建立时间、体制变化、重大事件、有突出贡献的员工及其贡献情况、历届领导人情况、人员素质变化、发展阶段等。

第四，组织现实情况。现实情况如组织的知名度，产品或成果的质量、数量、信誉、生产能力及社会需求等。

第五，组织未来情况。未来情况如组织的发展前景、近期目标和长远规划等。

需要说明的是，组织的自然和社会情况与组织的历史、现实、未来情况是两种不同的分类方法，在一起列出，可详细掌握组织情况调查内容的整体性。由于各类组织情况的不同，组织情况调查的具体内容也不同。如产品的质量、数量的调查，对煤炭企业而言，是指煤炭的热量、含硫量、灰分、产量、品种等；对高等学校而言，则指毕业生的工作能力、适应情况等。

一般而言，组织情况调查的内容越详细，就越具有可利用价值。既要有综合情况，也要有分类情况，如组织的人数、文化程度、年龄、职务结构情况。既要有组织中全体人员的文化程度、年龄、职务的分布情况，又要有每一文化程度、每一年龄段的高级专业技术人员、初中级专业技术人员的情况。一个组织中，高级专业技术人员的年龄在50岁左右与在40岁左右是不一样的，前者使人感到人员老化，技术潜力不足；后者则使人感到人员精力充沛，技术发展前景乐观。

职场链接6-3　　**长城饭店的公关调查**

北京喜来登长城饭店（以下简称长城饭店）是1979年6月由国务院批准的全国第三家中外合资经营企业。一提到长城饭店的公关工作，人们立刻会想到那举世闻名的里根总统的答谢宴会、北京市副市长证婚的95对新人集体婚礼、颐和园的中秋赏月和十三陵的野外烧烤等一系列使长城饭店声名鹊起的专题公关活动。长城饭店的大量公关工作，尤其是围绕为客人服务的日常公关工作，源于它周密系统的调查研究。

长城饭店日常的调查研究通常由以下几个方面组成：

（一）日常调查

1.问卷调查。每天将调查问卷放在客房内，问卷中的项目包括客人对饭店的总体评价，对十几个类别的服务质量的评价，对服务员服务态度的评价以及是否加入喜来登俱乐部等。

2.接待投诉。几位客务经理24小时轮班在大厅内接待客人，随时随地帮助客人解决困难、受理投诉、解答各种问题。

（二）月调查

1.顾客态度调查。每天向客人发送喜来登集团在全球统一使用的调查问卷，每日收回，月底集中寄到喜来登集团总部，进行全球性综合分析，并在全球范围内进行季度评比。根据量化分析，对全球最好的喜来登饭店和进步最快的饭店给予奖励。

2.市场调查。前台经理与在京各大饭店的前台经理每月交流一次游客情况，互通情报，共同分析本地区的客源形势。

（三）半年调查

喜来登总部每半年召开一次世界范围内的全球旅游情况会议，其所属的各饭店的销售经理从世界各地带来大量的信息，相互交流、研究，使每个饭店都能了解世界旅游形势，站在全球的角度商议经营方针。

这种系统的全方位调研制度，宏观上可以使饭店决策者高瞻远瞩地了解全世界旅游业的形势，进而可以了解本地区的行情；微观上可以了解本店每个岗位、每项服务及每个员工工作的情况，从而使他们的决策有的放矢。

资料来源 作者根据相关资料整理。

6.4.2 公众意见调查

公众意见调查是公共关系调查的主要内容，其调查结果决定公共关系的效果、对策和发展。公众意见调查包括组织形象、公众动机、活动效果、传播效果和内部员工意见等。

1）组织形象

组织形象是社会公众对一个组织的认识、看法和评价。组织形象一般包括组织成员形象、组织管理形象、组织实力形象、组织产品形象等方面。进行组织形象调查，主要包括对以上几个方面的调查。

组织成员形象即组织“主体代表形象”，包括领导者的形象、公关人员形象、组织内部典型人物形象和组织群众形象。组织成员形象调查即对此进行调查和分析、研究。

组织管理形象调查，主要是对组织管理对象的精神状态、组织内部系统的运行状况进行调查、分析。

第一，调查组织内部成员岗位责任制的履行情况，工作态度是否端正，有无工作责任心和劳动积极性。

第二，对组织管理人员的职、责、权进行调查，检查管理人员是否真正做到职、责、权相统一；能否明确自身肩负的责任；能否合理使用手中的权力，协调组织内部的各个环节；能否以身作则，起到模范带头作用。

第三，对组织内部的计划工作，包括对时间、空间的合理分配，人力、物力、财力的合理使用等方面进行调查。

第四，对组织内部管理制度、组织纪律、职业道德情况进行调查。组织内部要有系统的管理制度，严明的组织纪律，良好的职业道德，这是组织创造良好形象的保障。

组织的实力一般是指组织自身的物质基础和技术力量，组织成员的文化层次、知识结构，组织的科研技术力量、工作环境、设备及组织成员的福利和待遇等。组织的实力是组织在竞争的条件下生存发展的基本因素，是否有雄厚的实力做后盾，是组织在竞争中能否取得成功的关键。

对组织产品形象的调查，首先可以从对物质产品的直接观察入手，了解组织物质产品的外观，继而收集公众对组织生产的产品的意见，同时对物质产品的性能和使用价值加以评估。其次对精神产品进行调查，了解它在公众中产生的影响和社会效益。社会效益好、为公众喜闻乐见的精神产品，能体现出组织良好的产品形象。

2）公众动机

公众动机是影响公众如何评价组织的主要因素。一般而言，不同的公众，由于动机不同，对组织的评价往往见仁见智，印象不同，评价各异。公众动机调查，包括公众对组织是否抱有偏见或特殊的喜欢，该组织的工作方式、社会活动、产品服务等方面是否与公众的某种期望相冲突，或与公众的某种嗜好相吻合，或与某种社会上流行的东西相一致等。

3）活动效果

活动效果调查，就是了解公众对企业公共关系专门活动的评价。活动效果的好坏，是公关活动成功与否的标准。每一位公关人员或每一个公共关系组织，每举办一次公关活动，都希望取得满意的效果。活动结束后，公众是否满意，满意程度如何，公众如何评价，都需要通过调查得到答案。例如开展“迎春杯”文明售货服务后，了解员工和顾客的评价；在“百万大酬宾”活动中，了解顾客购买商品的心理等。

4）传播效果

公共关系的传播效果调查，是了解组织通过传播媒介（主要是宣传和新闻媒介）进行内外传播的效果，也就是公众接受传播信息后，在感情、思想、态度和行为等方面所发生的变化。包括调查某种媒介的覆盖面、受众构成、收视（或收听）率，对传播内容的态度和产生的行动等。如通过某电视台举办企业产品有奖问答活动，就要调查某电视台当晚的收视率、观众年龄、职业、消费习惯、分布状况、态度及行为的变化、问卷回收率、构成以及答案正确率等。

5）内部员工意见

内部员工意见调查是组织内部公共关系的主要内容。重视内部员工意见，才能促进组织的合作与团结，才能有助于内部员工关心组织发展、重视组织利益、珍惜组织的信誉和形象，使组织在发展中处于有利地位。内部员工意见包括对本组织及本组织工作的评价、人际关系评价、领导行为评价、员工需要等。

（1）对本组织及本组织工作的评价

对本组织及本组织工作的评价包括对组织的整体工作是否满意，本组织在同类组织中是优秀的、普通的还是不理想的，本组织的优缺点、吸引力，以及调查内部员工对组织及组织工作的评价。其中，群体内聚力是一个很重要的指标。群体内聚力主要反映组织内部所形成的集体意识、相互合作的气氛，以及成员对群体产生的向心力。这是衡量一个组织的战斗力与集体效率高低的尺度。

（2）人际关系评价

人际关系评价包括一个公众与其他公众的关系，一个公众如何评价与其他公众之间的关系，关系的融洽与紧张程度，影响人际关系密切程度的因素及促进人际关系密切的手段等。例如，了解一个公众与其他公众之间的人际关系，可让被测者用“是”、“不是”或“有时是”回答下列问题：“在谈话时，您说的话是否都像您愿意说的那样说出来”；“在交谈中，您是否倾向于多说话”；“当您解释某件事情时，别人是否插嘴”；“接受他人建议性的批评是否很困难”；“一般来说，您能不能信任别人”；“当您意识到您做错了某件事情时，您是否敢于承认错误”；“当您在说话时，别人是否都在倾听”等。

（3）领导行为评价

组织领导行为评价的途径是多方面的，调查可以通过组织的现状、管理水平以及组织成员的整体形象等，多角度进行包括领导者之间的相互评价和自我评价、下级对上级的评价，以及领导者与被领导者之间关系的评价。调查内容包括组织领导者的政治思想品德、领导才能、工作作风、管理水平等。如通过下级对下列问题的回答可了解上级的行为：“他让群体成员懂得他们所要做的事情吗”“他保持明确的绩效标准吗”“他接受群体提出的建议并实行吗”“他照顾群体成员的个人福利吗”“他能主动与各单位接触，而不是等待人们去找他吗”等。调查结果应及时反馈到组织领导者手中，使领导者通过调查反馈的信息检查自身工作中存在的不足，及时调整领导方针和管理方法，从而取得组织内外部公众的信任。

对组织领导行为进行评价，最好能取得其上级领导的同意和支持，以便调查工作能顺利进行。同时，选择调查对象也应当注意使组织各个层次的成员都有发表对本组织领导的意见或建议的机会和权利，尽量做到全面、周详，切不可简单、草率行事。

（4）员工需要

需要是个体和社会的客观要求在人脑中的反映，是个人的心理活动与行为的基本动力。成功的公共关系工作就是了解每个员工的多种需要，了解员工的优势需要，有的放矢，有效地激励员工的积极性。比如，在员工中定期进行不记名的问卷调查，特别是对员工中的各种抱怨要敏感。具体方法是定期分发员工调查表，进行民意测验。可以向员工了解如下问题：①您了解公司近来的处境吗？②近来公司里什么事情使您最高兴？③您工作中最讨厌的是什么？④您目前最忧虑的是什么？⑤您最近是否受到过不公平的对待？⑥您周围是否有什么不和睦的事件？是谁的责任？⑦您对工作环境有什么不满意的地方？⑧您认为公司应该为员工做哪些最迫切的事情？⑨您听到什么有关公司的抱怨吗？⑩您能提供哪些有益的建议？⑪您乐意向别人介绍公司的情况或您自己的工作吗？⑫您愿意让您的孩子来公司工作吗？

通过分析调查结果，可把其中具有普遍意义的资料分类汇总，供组织领导参考。

员工意见调查中要特别注意员工中的意见领袖，他们是员工中颇有影响的人物，虽然不比他们的同伴更有地位，但却因消息灵通、足智多谋，或有超人的胆识和品质，或有非凡的经历，赢得了员工的信任，逐渐形成了一定的影响力和权威性。由于他们的处境、地位与普通员工基本一致，因此，他们的意见往往能体现广大员工的意志。公共关系组织和人员，要尊重意见领袖，多与意见领袖交朋友，将意见领袖作为自己调查的重点，将意见领袖的意见作为调查内容的主攻方向。

6.4.3 社会环境调查

社会环境是指与组织有关的各类公众和各种社会条件的总和，它影响着组织的生存和发展。公共关系部门和人员进行社会环境调查的目的，就是协调组织和社会环境的关系，使组织适应社会环境的变化，从而获得发展。社会环境调查包括政策环境、社会问题和其他组织公共关系情况的调查。

1）政策环境

政策环境调查就是了解与组织有关的方针、政策、法规，遵循并运用它们为自己的组织服务。如化工厂的公关人员就要研究合同法、环境保护法、劳动法等政策法规，并密切注意其他化工厂对这些法规的运用和执行情况；政府部门的公关人员就要研究选举法、行政诉讼法、公务员法等法规，并对由此发生的公关活动进行专题调查、追踪研究。

2）社会问题

社会问题包括政治、经济、文化、思想、技术等方面的内容，它对公众意见具有很大的影响力，甚至关系到一个组织或几个组织的发展与消亡。例如，煤气热水器因煤气泄漏致人死亡的事件，会引起煤气热水器滞销，造成产品积压、企业亏损；股票热的兴起，可使出版商因出版股票书籍而获得收益，也会使银行存款下降，国库券卖不出去等。

3）其他组织公共关系情况

调查其他组织公共关系情况，可以获得其他组织在公共关系方面的经验，并根据自己的实际情况加以借鉴，避免走他人失败之路，从而发展自己、完善自己。例如，调查其他组织公共关系状况如何，如何组织公共关系工作，创造了什么公关方法，发展了哪些公关技巧等。

上述组织情况调查、公众意见调查和社会环境调查，内容十分广泛。公关人员要根据组织的实际需要，结合具体情况决定每一次的调查内容。

6.5　公共关系调查报告的撰写

6.5.1　公共关系调查工作方案

1）公共关系调查工作方案的基本格式

公共关系调查工作方案的撰写，具有一定的格式和规范要求。公共关系调查工作方案的基本格式包括三个部分，即标题、正文和署名。

微课6-3

调查报告的撰写

（1）标题

标题一般采用公文式写作法，即采用“事由+文体”的格式，如“公众消费意见调查工作计划案”。在这个标题中，“公众消费意见调查”是事由，而“工作计划案”是文体。在绝大多数情况下，公共关系调查工作方案的标题都采用“××调查工作计划案”的形式。

（2）正文

正文是公共关系调查工作方案的主体内容，一般包括以下几个方面的内容：

第一，前言。主要介绍本次公共关系调查活动的目的和意义，阐述调查活动的应用价值和理论价值，以便于执行人员充分理解公共关系调查活动的重要性。

第二，研究课题。主要介绍本次公共关系调查活动的研究内容、课题类型以及需要回答的问题等。

第三，研究范围和对象。主要介绍公共关系调查的范围和研究对象。

第四，研究类型。本次公共关系调查活动究竟是综合研究还是专题研究，现状描述性研究还是趋势判断性研究，史料追溯性研究还是用户跟踪性研究，诸如此类的问题，在公共关系调查工作计划方案中应给予明确的说明和介绍。

第五，调查和分析的方式、方法。主要介绍本次公共关系调查活动所采用的主体性调查方法、辅助性调查方法及其组合方式；整理分析资料所运用的主要分析方法、次要分析方法及其组合方式；运用调查、分析方法的注意事项。

第六，抽样方案。如何选择样本，这是公共关系调查工作方案中的重要内容之一。一般而言，公共关系调查多采用抽样调查技术（普查除外），因此，公共关系调查工作方案中就少不了抽样方案的内容。在抽样方案部分，主要介绍本次调查活动的研究总体、调查总体、总体编码方法、抽样具体方法、样本规模、样本代表性的评估方法等，以此确保抽样工作的科学性和准确性。

第七，调查项目和调查表。这是公共关系调查工作方案中的关键部分。本部分主要介绍本次公共关系调查活动的理论假设、项目指标设想以及据此而设计的调查问卷表或调查提纲。

第八，时间进度安排。主要阐明本次公共关系调查活动的起始、终结时间，收集资料的规定时间，可容许的时间误差幅度等。

第九，经费预算。主要介绍本次公共关系调查活动所需支出的费用、用途。

第十，调查人员选择与培训。调查人员素质的高低，直接影响着公共关系调查工作的质量。因此，在公共关系调查工作方案中，应列出调查人员的聘用标准，以及培训方式和培训要求。在实际工作中，如果课题比较规范、严谨，还可编写《调查人员工作手册》，在《调查人员工作手册》中详尽介绍公共关系调查方法的运用技巧、工作注意事项等，以指导公共关系调查人员的调查工作。

（3）署名

署名包括两项基本内容，即编制方案的组织或个人名称，以及工作方案的写作时间。署名有时置于标题之下，有时置于全文的最后。

2）公共关系调查工作方案的编写要求

公共关系调查工作方案作为一种特殊的应用文，其写作要求如下：

（1）文字的简洁性

公共关系调查工作方案的文字叙述力求简洁、明确，朴实无华，忌华而不实。

（2）内容表述的真实性

善于应用简洁的文字，真实地表述复杂的计划内容。

（3）结构的条理性

公共关系调查工作方案实际上是一种工作指南，既要便于调查人员理解工作要点，明确工作任务，又要便于调查人员按照方案的规划开展资料收集工作。因此，在结构安排上尤其强调其条理性。

（4）计划安排的周密性

在公共关系调查工作方案中，涉及抽样方案、资料收集方案、时间部署安排、培训方案等操作性的内容，所以，一定要注意计划的周密性和严谨性。

6.5.2 公共关系调查报告

调查报告要反映调查与研究的结果，所以现在也常称调研报告。调查报告的撰写是整个调查活动的最后一个阶段。调查报告完成，全部调查活动即告结束。

一项市场调查活动的成败，调查报告的内容和质量很关键。写得拙劣的报告能使最好的调查工作黯然失色；相反，写得好的报告可以使调查结果锦上添花。报告的好坏有时甚至影响调查结果在有关决策中的作用。

1）调查报告的基本要求

一份优秀的调查报告，起码必须具备下列条件：

第一，报告语言简洁、有说服力，词汇尽量非专业化。原因是阅读报告的人可能并不完全懂得调查人员已熟悉的技术资料，也不一定有耐心阅读烦琐、生涩的报告。

第二，报告必须以严谨的结构、简洁的体裁将调查过程中各个阶段收集的全部有关资料组织在一起，不能遗漏掉重要的资料，但也不能将一些无关的资料统统地写进报告中。

第三，报告应该对调查活动所要解决的问题提出明确的结论或建议。

第四，报告应该能让读者了解调查过程的全貌。也就是说，报告要回答或说明调查为何进行，用什么方法进行调查，得到了什么结果。

2）调查报告的结构

在开始撰写调查报告之前，调查人员对报告的结构和体例要有一个清楚的概念。调查报告尽管因调查课题、调查人员的风格不同而有所区别，但是其基本结构应该是相同的。规范的市场调查报告，一般应该包含下列五个部分：

第一，序言。主要介绍调查课题的基本情况。

第二，摘要。概括地说明调查活动所获得的主要成果。

第三，引言。介绍调查进行的背景和目的。

第四，正文。对调查方法、调查过程、调查结果以及所得结论和建议做详细的叙述或阐述。

第五，附录。呈现与正文相关的资料，以备读者参考。

3）调查报告撰写的注意事项

调查报告是调查活动的成果的体现，调查的成败以及调查结果的实际意义都表现在调查报告上。因此，撰写调查报告时，要特别认真细致。以下是几个撰写报告时值得引起注意或重视的问题：要考虑读者的观点、阅历，尽量使报告适合读者阅读；尽可能使报告简明扼要，不要拖泥带水；用自然体例写作，使用普通词汇，尽量避免行话、专用术语；务必使报告所包括的全部项目都与报告的宗旨有关，剔除一切无关资料；仔细核对全部数据和统计资料，务必使资料准确无误；充分利用统计图、统计表来说明和归纳资料；按照每一个项目的重要性来决定其篇幅的长短和强调的程度；务必使报告打印工整匀称，易于阅读。

6.6　网络调查法

6.6.1　网络调查的概念与特点

网络调查法是指企业在网络上发布调研信息，并在互联网上收集、记录、整理、分析和公布网民反馈信息的调查方法。它是伴随互联网发展而出现的新的调查技术。

网络调查法同传统的调查方式相比具有较多优势：

（1）首先，这种技术节省问卷印制、邮寄和数据记录过程；

（2）可以提高回收的速度，扩大回收的样本量；

（3）节约调查的费用；

（4）在调查设计的视觉上可以吸引更多的人参与；

（5）不受地点限制，适合全球性调查。

网络调查同样具有许多不足之处，包括：

（1）被调查者的分布不均匀，被调查人群有相对集中的现象；

（2）伴随着互联网安全性问题，网上调查也存在着安全性问题；

（3）由于互联网的开放性，被调查者资料的真实性受到质疑；

（4）无法避免可能出现重复问卷的问题。

网络调查法是一种新兴的调查方法，它的出现是对传统调查方法的一个补充，随着我国互联网行业的进一步发展，网上调查将会被更广泛地应用。

拓展阅读

在市场竞争日益激烈的今天，光有质量优异的产品和服务，不对市场进行客观的调查和研究，很难确保企业的经营成功。因此，市场调查就显得格外重要。

市场调查，可以让我们清楚行业的市场行情，通过调研了解市场需求、确定目标用户和产品核心，这样才能更好地为消费者服务。

做市场调查，最简单直观的方法就是进行问卷调查，常规的问卷调查往往指的是线下调研，但是线下调研周期过长，一个项目的时间跨度短则几个星期，长则一个月，当数据拿到手时已经不能反映当前的市场情况了，依据如此滞后的数据做当下的决策无异于刻舟求剑，在效率上根本无法适配现今的决策节奏。而且传统的线下调研通过预约面访、电话访问、流动街访等方式进行被访者样本收集，花费的人力、物力更大，项目成本费用更高。

因此，如何缩短调研周期、减少调研费用成了目前亟待解决的问题，线上调研逐渐成为一个必然的趋势。

线上调研，能够通过多样化收集方式，实时、快速地找到真实用户进行问卷收集，从项目开始到项目结束，往往只需要不到一个星期的时间，能为企业提供更快捷、更高效、更准确的调研数据。

因此，采用线上调研的方式，不仅能加快样本收集速度，覆盖更多的人群，保证样本多样化，而且最大的优点是大大减少了企业的成本费用。

资料来源　佚名.为什么越来越多企业选择线上调研？［EB/OL］.［2022-03-24］. https://www.sohu.com/a/532293350_121235216.

6.6.2　网络市场调研方法

网络市场调研方法分为网络直接市场调研和网络间接市场调研。网络直接市场调研是指利用互联网技术，通过网上问卷等形式调查网络消费者行为及其意向的一种市场调研类型。网络间接市场调研主要是利用互联网收集与企业相关的市场、竞争者、消费者以及宏观环境等方面的信息。网络间接调研的方法，一般通过搜索引擎搜索有关站点的网址，然后访问所要查找信息的网站或网页。

1）网络直接市场调研方法

（1）按调研的思路不同分类，可以分为网上问卷调研和网上论坛调研等方法。

A. 网上问卷调研。网上问卷调研是将问卷在网上发布，被调研的对象通过Internet完成问卷调研。在实际操作中有两种网上问卷调研途径：一是通过网站发布和回收问卷。将问卷放置网站上，等待访问者访问时填写问卷，如CNNIC每半年进行一次的“中国互联网络发展状况调研”就采用这种方式。这种调研方式的好处是采取自愿性填写方式，缺点是无法核实问卷填写者的真实情况。为达到一定问卷数量，站点还必须进行适当宣传，以吸引大量访问者。二是通过电子邮件发送和回收问卷。通过E-mail方式将问卷发送给被访问者，被访问者完成后结果通过E-mail返回。这种方式的好处是，可以有选择地发送给被访问者，缺点是易遭到他们的反感。采用这种方式时首先应争取被访问者的同意，并向被访问者发送小礼物。

B. 网上论坛调研。网上论坛调研指通过BBS和新闻组对企业的产品进行网上调研。尽管问卷调研方法有比较客观直接的优点，但也存在不能对某些问题进行深入调研和分析原因的缺点。为了弥补网上问卷调研的不足，许多企业设立BBS以供访问者对企业产品进行讨论，或者通过某些专题的新闻组进行讨论，以进行更多深入调研，从而获取有关资料。及时跟踪和参与新闻组和公告栏，有助于企业获取一些问卷调研无法发现的问题。因为问卷调研是从企业角度出发考虑问题，而新闻组和公告栏是用户自发的感受和体会，他们传达的信息往往也是比较客观的。网上论坛调研的缺点是信息不够规范，需要专业人员进行整理和挖掘。

（2）按组织调研样本的行为不同分类，可以分为主动网上调研法和被动网上调研法。

主动网上调研法，即调研者主动组织调研样本，完成统计调研的方法。被动网上调研法，即调研者被动地等待调研样本造访，完成统计调研的方法，被动调研法的出现是统计调研的一种新情况。

（3）按采用的调研技术不同分类，可以分为站点法、电子邮件法、随机IP法和视频会议法等。

A. 站点法。它是将调研问卷的HTML文件附加在一个或几个网络站点上，由浏览这些站点的网上用户回答调研问题的调研方法。站点法属于被动调研法，这是网上调研的基本方法。

B. 电子邮件法。它是通过给被调研者发送电子邮件的形式将调研问卷发送给一些特定的用户，由用户填写后以电子邮件的形式再反馈给调研者的调研方法。电子邮件法属于主动调研法，优点是大大提高时效性。

C. 随机IP法。它是以产生一批随机IP地址作为抽样样本的调研方法。它属于主动调研法，其理论基础是随机抽样。

D. 视频会议法。它是基于Web的计算机辅助访问的调研方法，是将分散在不同地域的被调研者通过互联网视频会议功能虚拟地组织起来，在主持人的引导下讨论调研问题的调研方法。

2）网络间接市场调研方法

（1）收集竞争者信息的方法。

A. 利用搜索引擎进行检索。利用所有的相关关键词和经常使用的搜索引擎进行一系列的互联网检索是搜索竞争者信息的首选方法。寻找全球性竞争对手信息的最好方法是在全球八大导航网站中查找：Yahoo，altavista，infoseek，excite，hotbot，webcrawler，lycos，planetsearch。收集国内竞争对手的方法，可以使用百度、新浪、搜狐等进行搜索。值得注意的是，通过搜索引擎可能只能搜索到部分信息，往往还需要配合传统方法收集信息。

B.访问竞争者的网站。竞争者的网站会透露竞争企业的当前及未来的营销策略。应该认真了解竞争者网站风格、内容和主要特色。虽然调研者在网站上可能发现不了什么内幕消息，但浏览竞争者的网站是获得大量信息的良好开端。

C.收集竞争者网上发布的信息。在互联网上日益增多的信息中，商业信息的增长速度是最快的。调研者在考虑这些信息对企业的可用性时，应该注意它们的时效性和准确性。

D.从其他网上媒体获取竞争者的信息。如果企业没有自己收集竞争者信息的资源或技术，就只能外购竞争者的信息了。外购信息的优点是外部的咨询人员是客观的，他们具有丰富的专业经验，可以更快地完成报告，定期更新信息。外购信息的缺点是成本高，包括初始成本和更新信息的成本。

E.从有关新闻组和BBS中获取竞争者的信息。在网上有许多关于竞争者信息的讨论组，参加其中的任何一个都会得到很大的好处。

（2）收集市场行情信息的方法。企业所收集的市场行情资料主要是指产品价格变动、供求变化方面的信息。收集市场行情信息，首先要了解可能用来收集市场行情信息的站点。这一类站点数目较多，大致有3种。

A.实时行情信息网，如股票和期货市场。

B.专业产品商情信息网。

C.综合类信息网。

一般来讲，不同的商情信息网侧重点不同，最好能同时访问若干家相关但不完全相同的站点，以求找出最新的、最全面的市场行情。

（3）收集消费者信息的方法。消费者信息是指消费者的需要、偏好、意见、趋势、态度、信仰、兴趣、文化和行为等方面的信息。通过互联网了解消费者的偏好，可以通过网上调研的方法来实现。了解消费者的偏好也就是收集消费者的个性特征，为企业细分市场和寻找市场机会提供基础。

A.利用Cookie技术收集消费者信息。Cookie是用户硬盘里的一个小的文本文件，它可以把用户的上网信息储存在浏览器的存储器中。一旦用户浏览某个使用Cookie技术的网站超过一定时间，网站就会把相关的信息下载到用户的浏览器上并存储起来。利用Cookie技术，企业可以更详细地了解消费者的上网特征甚至购买行为。不管怎么讲，Cookie是收集消费者信息的优秀工具。通过Cookie与电子问卷调研等手段收集的信息结合在一起，调研者就可以了解用户上网特征，包括用户人口统计数据、消费心理数据及其他统计数据。收集这些重要的消费者信息可以帮助调研者实施更有效的一对一营销。

B.通过二手资料获取消费者信息。互联网可以让调研者迅速收集到遍布全球的有关消费者的二手信息。有大量组织机构提供内容广泛的消费者信息，调研者可以在互联网上找到各种商业报告、贸易杂志、数据库和政府的人口普查数据。有些服务是免费的，但很多是付费的。一般来讲，购买二手数据比收集一手数据更快、更便宜。

C.利用专业统计软件和网上订单收集消费者信息。有的公司还通过网页统计方法了解消费者对企业站点感兴趣的内容，现在的统计软件可以如实记录下每个访问页面的IP地址，如何找到该网页等信息。目前许多公司为了方便消费者，在公司网站设立BBS专栏，允许消费者对公司的产品进行评述和提意见。有的公司允许消费者直接通过网络下订单，提出自己的个性化需要，公司因此可以获取消费者直接的第一手资料。

（4）收集环境信息的方法。环境信息是指与企业营销战略有关的宏观环境变量的总和。宏观环境主要是指直接或间接影响企业的生存与发展的社会、技术、经济和政治因素。环境信息调研应该看成是对主要的环境变量信息进行收集、评价并把它们与企业的日常决策和长期战略计划结合在一起的过程。在当今经济全球化趋势下，任何地方发生的事情或出现的问题都可以对企业实现其短期和长期目标的能力产生影响。

公关实训

公共关系组织形象调查

【实训目的】

通过实训，掌握调研方案设计方法，会用各种调研方法进行组织形象分析，掌握调查报告写作技巧。

【实训内容】

调查某一社会组织的公共关系形象。

【实训主要仪器设备及材料】

电脑、网络、调查问卷、资料分析软件。

【实训方法及步骤】

1.实训方法：实地调查法、小组讨论法。

2.实训步骤：

（1）教师介绍公关调查进行的基本程序和要求。

（2）学生每5～8人为一组，以小组为单位做调查。

（3）学生自行选择调查主题，但必须是和学校或学校师生相关的。

（4）确定调查对象，制订调查计划和调查提纲。

（5）选择调查场所，设计调查问卷、访谈提纲（针对公众）。

（6）小组成员分工合作，开展公共关系调查。

（7）统计、汇总调查结果。

（8）以组为单位写出调查报告，注明具体分工。

【实训报告要求】

1.方案设计可行，格式符合标准。

2.选择收集资料的方法得当，信息资料收集翔实。

3.调查报告符合要求。

4.语言表达准确、清晰。

【实训注意事项】

1.态度是否积极主动。

2.学生的实践能力是否得到提高。

3.注意考察学生的沟通能力和合作精神。

本章小结

公共关系调查是公共关系工作的首要步骤，是公关活动的基础性工作，也是公关活动的重要方式。公共关系调查具有提供信息保障、实施环境监测、开展问题预警、塑造组织形象的作用。

公共关系调查必须遵循实事求是的原则、尊重公众的原则和讲求效益的原则。

公关调查的程序包括确定调查课题、制订调查计划、收集调查资料、整理分析资料、撰写调查报告五个阶段。

公关调查的方法包括文献调查法、观察法、访谈法、问卷调查法和网络调查法。每种方法的运用中要注意相应的技巧。

公共关系调查的内容包括组织自身情况的调查、公众意见的调查、社会环境的调查。

公关调查工作方案包括标题、正文和署名三部分内容。公关调查报告包括序言、摘要、引言、正文和附录五部分内容。

同步测试

随堂测6

一、单项选择题

1.（　　）是公共关系工作的首要步骤。

A.公关调查　　B.公关策划

C.公关实施　　D.公关评估

2.（　　）不属于公众意见调查的内容。

A.公众动机调查　　B.活动效果调查

C.社会环境调查　　D.传播效果调查

二、多项选择题

1.公关调查的作用包括（　　）。

A.提供信息保障　　B.实施环境监测

C.开展问题预警　　D.塑造组织形象

2.调查方法包括（　　）。

A.直接调查法　　B.间接调查法

C.抽样调查法　　D.典型调查法

3.封闭式问题按其性质可以划分为（　　），各类问题的答案设计各不相同。

A.定类问题　　B.定序问题

C.定距问题　　D.定比问题

三、简答题

1. 公关调查包括哪些内容？在调查中应遵循什么样的原则？

2. 文献调查法的步骤及技巧有哪些？

3. 如何设计一份调查问卷？

四、情景题

1. 平安出租汽车有限公司已经运营一年多了，公司董事会决定全面了解一下公司的社会形象，于是将此事委托给了伊美尔公关顾问公司。公司经理将这项工作中调查方案的制订任务交给了新来公司工作的小刘。请问：小刘应从哪些方面入手？

2. 新年临近，各大商场都在推出五花八门的促销活动，有“买三百送一百”的，有“买一赠一”的，有“抽奖活动”的，有“折上折”的，有“定时限量抢购”的等。请同学们认真、深入地做调查，通过对商家的访谈，听取顾客的反馈，结合自己的实际观察，再运用所学知识进行比较分析，形成一份调查报告。分析哪一商家的做法最有吸引力、最有创意、最能提高效益。

五、案例题

案例分析一：“有奖求教”，家具热销

万斯家具厂的产品连续3年滞销，究其原因，在于与用户的实际需要和具体要求脱节。针对这一弊病，巴莫厂长开出了一张“处方”。

尊敬的顾客：

我厂根据变形金刚的启发，最近聘请了一批高级家具设计工程师，为你们设计了一种可变形的多功能家具。为了使这种家具既能满足您的需要，解决您住房窄小的困难，又能给您带来方便、舒适和美的享受，恳请您来信指教，我们将根据您的意见进行设计。凡来信指教的顾客，将在网站上公布名字，发一张优惠20%的购物卡，凭此卡可购买一件多功能的家具；意见被采纳的指教者，赠送一件多功能家具。

家具厂厂长 巴莫

20××年×月×日

这封有奖求教信在网站上发布后，收到1 814封指教信。巴莫严守信用，立即在网页上用大号黑体字“可变形多功能家具凝聚着这些消费者的智慧和心血”作为通栏标题，在这个标题下，依来信的先后顺序公布了指教者的姓名，并给每个指教者寄出一封感谢信和优惠卡。结果家具一投放市场，立即被抢购一空，一个月的销量等于过去3年的销售总量的960倍。

请思考：

（1）以求教的方式进行公关调查，满足了公众什么心理？试举例分析。

（2）这种“有奖求教”的成功之处在哪？在具体操作中需要注意哪些方面？

案例分析二：时代轻卡企业形象调查

日前，国内一家知名的市场调查公司对轻卡行业进行了调查，时代品牌知名度（98.7%）略高于排名第二的东风小霸王（95%）；时代品牌美誉度2.63%，高出排名第二的一汽红塔0.35%。调查显示，时代轻卡知名度和美誉度均位列第一。

此次在15个城市中，从轻卡购买期在2年以内或者未来半年内准备购买轻卡的人群中抽取了2 000人作为受访者。目前，汽车市场普遍疲软，众厂家销售增幅放缓，而时代汽车产销气势如虹，时代汽车品牌知名度和美誉度荣居全行业第一。种种迹象表明，时代品牌无疑是这一领域最有活力的搏击手。

请思考：

（1）时代轻卡企业形象调查的主要内容是什么？

（2）在抽取调查样本时要考虑哪些因素？

第7章

公共关系策划

情景导入

《啥是佩奇》：品牌营销进入故事时代，短视频成为趋势

2019年1月17日，一个5分40秒的视频犹如“病毒”般迅速扩散，一夜之间占据各大社交媒体，成为2019年开年第一个爆款营销。以春节为契机，《啥是佩奇》精准戳中了大众“回家过年”的痛点，占据“天时地利人和”。

想打动人心，必须会讲故事。在视频内容中，把爷爷为儿女和孙子，用自己的方式默默付出“笨拙”温情的这种旧的情感洞察与此前热门的佩奇混搭在一起，让“火星撞上地球”，形成让人眼前一亮的新反差。而现实生活中，中国人对情感的表达，总是委婉克制，用真实的故事做营销来映照这种克制，更容易引发共鸣。

在内容的推广布局上，除了在微博进行同步宣传推广外，最关键的因素是微信朋友圈的引爆，经过熟人的转发，视频更容易被打开并被观看。

资料来源　佚名.《啥是佩奇》：品牌营销进入故事时代，短视频成为趋势［EB/OL］.［2019-07-05］. http：//www.sohu.com/a/324996256_120119065.

【思考与讨论】

（1）短片《啥是佩奇》的营销为什么会成功？

（2）公关活动策划成功的关键点是什么？

学习目标

通过学习，了解公关策划的含义与特征；掌握公关策划的原则；熟悉公关策划的一般程序；尝试做一个公关专题策划方案。

公关策划是对各类公关活动的谋划、运筹和韬略，是一切公关活动的先导和核心，是高层次的公关工作。本章主要介绍公关策划的基本理论，并在此基础上重点讨论公共关系专题活动的策划、公关新闻策划、公关广告策划以及CI策划。

7.1 公共关系策划的意义与原则

7.1.1 公共关系策划的含义

所谓策划，就是根据各种情况与信息，判断事物变化的趋势，确定可能实现的目标和预期结果，再由此来设计、选择能产生最佳效果的资源配置与行动方式，进而形成正确决策和工作计划的复杂过程。可以说，策划既是决策的前提，同时也是决策的重要组成部分。公共关系策划，就是公关人员根据组织形象的现状和目标要求，分析现有条件，设计最佳行动方案的过程。公关策划包括五个要素：

1）策划者

策划者即社会组织中的专业公关人员（或专业咨询公司），是公共关系策划的关键要素。策划作为一种纯粹的脑力劳动，策划者的能力、素质的高低对整个策划活动具有举足轻重的影响，策划者除了具备一般公关人员应具备的基本素质与技能外，还需有独特的策划兴趣、创新意识及不凡的预测能力和丰富的实践经验。

2）策划目标

策划目标指策划主体预期要实现的一种良好的未来状态。公关策划目标一般是为解决策划主体形象战略目标中的问题而提出来的，在策划要素中，公关策划目标是一个方向性要素，具有指向作用。

3）策划对象

策划对象，即与组织相关的各类目标公众。任何一种策划都是为了沟通组织与公众的关系，吸引公众注意，改变公众态度，进而在公众心目中树立组织的良好形象。因此，在策划过程中确定目标公众，并对其进行调查、分析是一项十分重要而艰巨的工作，必须按照公众与组织的相关性、目标公众的层次性原则，对公众进行科学合理的分类，以保证策划目标的针对性。

4）策划内容

策划内容是多层次的统一体，在系统内部可分为高层次、亚层次、表层次三方面。高层次是指对组织的总体宏观战略规划及设计构思，也称总体公共关系战略策划。亚层次是指公关实务专题活动策划，如记者招待会、新闻发布会、危机管理等。表层次是指具体的操作性公关活动，如记者招待会中的接待礼仪。

5）策划结果

策划结果，即公关策划方案，是策划者在充分调查、了解策划对象的现状和需求的基础上，为了实现策划目标而精心设计、制定的公关实施细则和设计方案。一个完整、周详、切实可行的公关策划方案应包括为实现专题目标而进行的所有工作安排，从确定策划活动主题、明确策划的具体基础到选择公关活动的时机、内容，直至预计活动经费及对活动的事后评估的整个过程。

7.1.2　公共关系策划的意义

1）有利于加强组织公关工作的整体性

通过公关策划，公关目标与组织的性质、目标、任务密切配合起来，实现公关目标的活动成为组织管理系统的一个有机组成部分，从而使组织的政策和各部门的活动统一到树立良好组织形象、提高组织整体效益和社会效益上来，使组织的每项公关活动都与一定的目标相联系，成为构成良好组织形象这个花环上的一朵绚丽鲜花，从而发挥公关工作的整体效果。

2）有利于提高组织公关工作的可控性

通过公关策划，形成一种长期与短期相结合、创新与维持组织形象相结合的公关目标体系，并以此为基础，妥善安排好日常工作、定期活动和专门活动的内容和项目，编制恰当的费用预算和时间预算，形成一份既积极主动又稳妥有序的公关活动进程表，以此作为控制公关工作、检查评价公关效果的依据，从而使公关工作在目标和计划的控制下稳步开展，取得预期的效果。

3）有利于增强组织公关工作的预见性

通过公关策划，可以使公关工作建立在充分调查研究的基础上，依据大量的公众和环境资料，预测趋势，分析后果，区分轻重缓急，提出既主动又灵活的适应环境变化的有力措施，以此影响组织的政策，争取组织决策者对公关工作的支持，影响组织各部门和全体人员的言行，争取组织各部门和全体人员的合作，从而尽量减少危机事件，使公关工作主动超前，避免“救火”。

4）有利于促进组织公关工作的成熟性

通过公关策划，在情境分析的基础上，形成目标、方案和预算，使公关组织机构和人员有可能以此为依据，分析评价实现公关目标、执行公关方案和预算的情况，找出工作中存在的问题，从而分析原因，吸取工作中的经验教训，以指导今后的工作。

总之，公关策划有利于明确组织的公关目标，积累工作成果；有利于控制工作过程，评价工作效果；有利于增强工作的预见性，减少危机事件；有利于积累工作经验，提高工作水平，保证公关活动达到预期目标。

7.1.3　公共关系策划的特征

1）综合性

公共关系策划需要掌握和运用诸如运筹学、决策学、心理学、控制学、系统学等多方面的知识。公关人员只有具备以上多种学科的知识才能做好公关策划工作。

2）思想性

公共关系策划过程是人的一个思想过程，它依赖于人的严密思维。所谓运筹帷幄之中的“运筹”，就是一个军事指挥家的思想活动。

3）创造性

公共关系策划的思维过程是一种创造性的思维活动。公关人员遵循公共关系和策划理论的基本原则，集思广益，标新立异，别具一格，开拓一种全新的境界，使公关活动不断发出耀眼的光芒，从而备受公众的青睐。

4）目的性

公共关系策划具有明确的目的性。每一次策划活动都是为了某一个或几个明确的目标，或为了提高组织的知名度，或为了提高组织的美誉度，或为了树立组织的整体形象，或为了树立产品形象。策划的目的性决定了策划的针对性，即根据目的的不同、所处内外环境的不同，策划出带有针对性的能解决实际问题的一系列活动。

5）弹性

公关策划方案应具有一定的弹性，以便随着环境的变化适时调整。要使策划方案富有弹性，就必须注意以下两点：第一，方案不能烦琐冗杂。烦琐冗杂会限制执行者的主动性和创造性。第二，方案的执行切忌生搬硬套。公关方案是行动的指南，而不是绝对套用的东西；否则，一旦情况有变，执行者就会感到措手不及或无所适从。有弹性的策划方案是成功的保证，没有弹性的策划方案往往是导致失败的陷阱。

7.1.4 公共关系策划应遵循的原则

公共关系工作的中心环节是公关策划，组织形象管理工作是否有效，在很大程度上取决于策划的成败。因此，公关人员在进行公共关系策划时，不可随心所欲，应遵守如下原则：

1）创新性原则

策划本就需要创新，跟在别人后面、人云亦云是策划的悲剧。创新性原则是指：创意要新颖；手法不落俗套；内容贴近公众；时机恰到好处；规模恰如其分。总之，不能走别人走过的老路，公关人员要根据社会条件的变化、公众心理状况的变化、组织内部的变化进行新的策划，不仅要与自己过去组织策划的活动有所不同，更要与自己的竞争对手策划的活动有所不同，使策划的活动能够先声夺人，标新立异，取得更好的效果。

2）公益性原则

开展公关活动的目的是在公众心中树立组织的良好形象，因此，组织在策划公关活动时要注意避免功利性，要本着服务公众的意识去策划公关活动，强调策划的公益性，这样才能真正在公众心目中树立起良好的组织形象。

3）公众性原则

公众是组织公关的对象，公关的目的就是要赢得公众的心，因此，开展公关策划要始终坚持把公众利益放在首位，只有这样，组织才能得到公众的好评，才能使自身获得更大的、长远的利益。

4）严密性原则

公关策划只有出奇制胜，才能收到良好的效果。所以，在策划的过程中要注意保密原则，以免让竞争对手有机可乘。同时，策划的过程一定要严密，不能有任何的漏洞和失误，失之毫厘，谬以千里，这样的教训比比皆是。

除此之外，策划还要突出重点，切忌面面俱到；否则，只能使公共关系工作处于被动状态，造成人力、物力、财力的浪费。同时还要考虑计划的连续性和因袭性。公共关系是一项有计划的持久性工作，为了实现公共关系的某一个目标，需要执行数个或一系列的计划；在编制计划时，既要考虑计划之间的衔接，又要注意单个计划的实施周期不宜过长。

7.2 公共关系策划的程序及模式

按照英国著名公共关系专家弗兰克·杰夫金斯（Frank Jefkins）提出的公共关系策划工作方案的六点模式（评价现状、确立目标、确定公众、选择传播媒介和方法、预算、确定估价结果），结合美国卡特李普等著的《有效公共关系》一书中制定的策划制度十步法（确定问题、进行形势分析、确立方案目标、瞄准重要公众、制定针对各类公众的方案目标、制定方案实施战略、制定沟通战略、评估方案、规划方案执行、反馈并调整方案），可以看出公共关系策划的基本程序。在我国，一般来说，公关策划分为两大阶段七个步骤，即准备阶段和策划阶段。准备阶段又包括公关现状分析、目标确立两个步骤。策划阶段包括设计公关主题、分析公众状况、选择沟通手段（信息与媒介）、编制经费预算、评估方案等五个步骤。下面我们分别阐述这七个步骤。

7.2.1 公共关系准备阶段

1）分析公关现状，确定“公关由头”

分析公关现状，就是对组织形象现状及原因的资料进行分析。实际上，就是要求公关人员在进行公共关系策划之前，对策划所依据的调查资料进行一次分析、审定。调查资料必须真实、可靠；否则，再好的策划，也不会取得成功。同时，在进行某项公关活动的策划时，需要考虑一个师出有名的问题，亦即“公关由头”。有些单位或企业大搞开业剪彩、周年庆典、新闻发布会、记者招待会等，非但未取得公关效果，反而招致公众的反感、新闻媒介的批评，原因在于没有公关由头。

微课 7-1

制订公关活动方案的程序

所谓公关由头，是指一次公关活动得以开展的价值和依据。它一般包括以下三个要素：一是符合公众利益，如为公众提供信息、知识、服务等，如义务咨询活动、体育比赛、大型展览等。二是符合组织机构的总体目标和自身利益。活动内容与本组织的工作性质有联系，或与组织的总体目标相一致，而不是风马牛不相及，让人觉得牵强附会。三是具有新闻价值。具有新鲜性、突发性、接近性、公益性的事件，会得到新闻媒介的关注和报道。

如何寻找公关由头呢？一是运用各种固定的特殊机会来开展专项公关活动。①重大节日，如中国的元旦、春节、端午节、青年节、教师节、重阳节、中秋节、建军节、国庆节等；国际的妇女节、儿童节、劳动节等。②重大纪念日，如国家、机构的纪念日；政治家、科学家、文学家、艺术家的诞辰日等；名作、名牌产品、名著的纪念日等。③其他有规律的假日、时机，如学校开学日、放假日、假期等；内蒙古的那达慕赛马节、哈尔滨的冰雪节、洛阳的牡丹花会、广州羊城花会等。需要注意的是，首先，固定的特殊节日开展的公关活动要与这些日子有直接或间接的联系；其次，内容要有新闻价值，或有公益性和突破性，如某儿童食品的推出、免费修理等；再次，要不落俗套，富于创新，如在哈尔滨冰雪节期间，某电视机厂利用这次机会巧妙地开展了一次公关活动，将电视机放在冰雕里，在零下三四十度的严寒天气里开机，图像清晰，画面稳定，色彩分外夺目，连加拿大《北美时报》等媒体都报道了这则新闻；最后，要及早准备，不能落后。二是运用现存设施条件或形势开展专项公关活动，也就是说借花献佛，借题发挥。如某品牌电风扇在北京王府井百货大楼的商品橱窗内昼夜不停、成年累月地飞速运转，令人认识到其产品质量之高。三是运用各种以信息传播为主的事件或活动来开展公关活动，如学术活动、调研活动、发布会、艺术展览、比赛活动等。要注意的是，这种活动要尽量避开或利用国内外重大节日，并且不要在同一天与另一项重大活动“撞车”。如某一年美国杜邦公司宣布向全美100所大专院校资助100万美元，但这一天美国福特基金会也宣布向教育机构和医院捐助500万美元，美国公众的注意力当然被更大的新闻事件所吸引。

2）确立目标

准备阶段的第二部分是确立目标。因为确立公关目标是公共关系策划的前提。没有目标，公共关系策划也就无从谈起。公关目标是同调查分析中所确认的问题密切相关的。一般来说，所要解决的问题也就成了公共关系的目标。确定目标，对搞好组织的公共关系工作十分重要。它不仅是指导和协调公共关系工作的依据，而且是评价行动方案实施效果的标准。策划的好坏、成败，最终只能用所确定的公关目标来衡量。在确定目标时应考虑这样几个因素：①目标应是结果式的而不是过程式的。如本次活动的目标是“召开两次座谈会，一次研讨会，研讨股票问题”，这一目标是过程式的；如目标是“使本公司员工购买股票的比例从现在的15%提高到40%”，这是结果式的。②目标应是定量的。如本次活动的目标是“大大提高全厂员工对经营承包责任制的认识”，这一目标是定性而非定量的；如说目标是“将全厂员工正确认识优化组合的人数从现在的20%提高到60%”，这是定量目标。③目标应是可测量的。如上例关于优化组合的人数可通过公关调查获得，但有些目标无法测量。④目标应是具体的而不是抽象的。如“提高学生素质”“扩大市场”等目标是抽象的，而“使退学学生减少到零”“使销售量增加10%”则是具体的。⑤目标应是能控制的。如提出“将产品质量水平提高到部颁标准”则不是能控制的，不适宜作为目标。⑥目标应有时间限制。如某年某月某日开展，3个月内完成等。⑦目标应是单一的而不是复合的。一个目标只解决一个问题。

7.2.2 公共关系策划阶段

确立了公关目标之后，就进入了策划阶段。

1）设计公关主题

设计公共关系主题，是对公关活动的高度概括，它要求这一主题能明确地反映公关目标，又要求其鲜明、精确。公关主题的表现方式是多种多样的，有口号式、陈述式、表白式等。如日本精工计时公司在日本举行奥运会期间，搞了“世界的计时——精工表”公关活动。在设计公关主题时要考虑三个因素：公关目标、信息特性和公众心理。公关目标是指主题必须与公关目标相一致，并能充分表现目标，一句话点出活动的目的。信息特性即公关主题要结合形势，有鲜明的个性，并具有感召力。公众心理即公关主题要迎合或适应公众心理的需要，既富有激情，又贴切朴素，既奋发向上，又可信可亲。

2）分析公众状况

公众是一个具有合群意识的社会群体。公众的类型有多种，可根据人口学结构来划分，如按性别、职业、经济状况、受教育程度、政治或宗教信仰、种族、民族等分类；也可根据组织机构对公众的看法分类，如受欢迎公众、被追求公众、首要公众、次要公众、顺意公众、逆意公众等。还可根据该组织机构和不同公众之间的利益关系来分类。外国专家认为有24种公众直接或间接涉及企业的整个营运过程，具体包括：股东、员工、顾客、社区、一般公众、消费者、竞争者、原料供应商、批发商、代销商、经销商、公务员、金融机构、报界、慈善团体、宗教团体、劳工、工会、学校、政治团体、政府、公共服务团体、企业团体、工业界。

根据公关目标，确定公众情况，分析不同公众的权利与利益，以便开展有效的公关工作。

3）选择沟通手段（信息与媒介）

各种媒介各有所长，各有所短。只有选择恰当，才能事半功倍，取得良好的传播效果。选择传播媒介的基本原则是：

根据公共关系工作目标来选择传播媒介。如果组织的目标是提高知名度，则可选择大众传播媒介；如果组织的目标是缓和内部紧张关系，则可以通过人际传播与群体传播，通过会谈、对话等方式加以解决。

根据不同对象来选择传播媒介。不同的对象适用于不同的传播媒介，要想使信息有效地传达到目标公众，就必须考虑他们的经济状况、受教育程度、职业习惯、生活方式以及通常接收信息的习惯等。比如对出租汽车司机最好采用广播媒介；要引起儿童的注意最好采用电视节目与动画片媒介；对喜欢阅读思考的大学教授则应多采用报纸、杂志等媒介。

根据传播内容来选择传播媒介。每种传播媒介都有鲜明的特点和一定的适用范围。选择媒介时应将信息内容的特点和各种传播媒介的优缺点结合起来综合考虑。比如，内容简单的快讯可选择广播，它覆盖面广，传播速度快；对较复杂、需反复思索的内容，最好选择报纸、图书、杂志等，可以从容研读，慢慢品味；对大型专题公关活动的盛况，采用电视则效果最佳，生动、逼真，能引人入胜。另外，只对本地区有意义的信息就不要选用全国性的媒介；只对一小部分特定公众有意义的信息就没有必要采用大众传播媒介。

根据经济条件来选择传播媒介。组织的公关活动经费一般都很有限，越是现代化的传播媒介，费用越高。所以，成功的公关策划，应选择恰当的媒介，争取以较少的开支获得最好的效果。

4）经费预算

公共关系经费预算的基本构成包括行政开支和项目开支。行政开支又包括劳动力成本（公关人员的工资和其他酬金是主要费用之一）、管理费用（通常包括房租、水电费、保险费、电话费、办公文具费、差旅费、取暖费等）、设施材料费（包括购买摄像机、视听器材、复印机、计算机、印刷品、纪念品等的费用）等。项目开支指实施各种公关活动项目所需的费用，如赞助费、重大庆典活动费、重大项目的专家咨询费、调研费、专项组织形象广告费以及应对偶发事件、突发事件等的经费。它具有较大的弹性。

确定公共关系经费预算总额的方法较常见的有：①固定比率法，按照经营业务量的大小（业务量根据销售额或利润额计算）确定固定的百分比来进行预算；②量入为出法，根据组织的财务状况来确定公关预算；③实际操作法，根据公关目标和任务的难易程度确定公共关系预算；④竞争需要法，根据竞争的需要，确定公关预算，一般预算都要超过或至少等于竞争企业或竞争产品所花费的资金总额，这种方法风险较大。

5）评估方案

对方案进行评审，进一步优化方案，并进行论证，最后形成书面报告，送上级领导审核、批准。

7.2.3 公共关系策划活动模式

公关活动模式是公共关系工作的方法系统，是由一定的公关目标和任务及其决定的多种具体方法和技巧构成的有机体系，是具有特定的适应性功能的公共关系工作方法系统。公共关系的工作方法多种多样，但没有包医百病的灵丹妙药。不同类型的组织机构，或同一组织的不同发展阶段，以及同一阶段中针对不同的公众对象，都需要选择不同的公关活动模式来进行。

1）根据公关工作的不同发展阶段分类

根据公关工作的不同发展阶段分为建设型公关（无→有）、强化型公关（弱→强）与矫正型公关（坏→好）。

（1）建设型公关

建设型公关是社会组织为开创新的局面而采取的公关工作类型，是一个组织的公关工作从无到有的活动模式。它采用宣传与交际相结合的方法，向公众主动介绍自己，给公众留下良好印象，提高组织的知名度，主要用于组织开创阶段或新产品问世阶段。建设型公关采用的方式很多，主要有开业广告、开业庆典、新产品展销、免费招待参观、赠送宣传品等。这些方法的关键是在众多的新成立组织中给公众留下深刻印象，使活动有新意、与众不同。对我国的很多企业来说，公共关系工作属于建设型公关。

（2）强化型公关

强化型公关是社会组织公共关系工作由弱转强的活动模式。有些组织平时也搞一些公关工作，并设有专门的公关机构来进行，但由于缺乏压力和动力，难见起色。当组织遇到困难、陷入僵局时，才开始加强公关工作。

（3）矫正型公关

矫正型公关是组织遇到危机时采用的公共关系工作类型。当社会组织的形象受到严重损害的时候，应立即采取一系列有效措施，做好善后工作，挽回影响，恢复组织形象。其目的是纠正或消除损害组织形象的因素，恢复公众对组织的信任，因此，要及时查明原因、及时纠正、及时改善不良形象，不能拖延。社会组织形象受损一般有三个原因：一是天灾人祸；二是他人诬陷；三是自我失误。天灾人祸难以避免；他人诬陷要尽快澄清；自我失误要迅速承认过错，态度一定要诚恳。

2）根据公关活动的性质分类

根据公关活动的性质分为进攻型公关与防御型公关。

（1）进攻型公关

进攻型公关是社会组织与公众发生某种冲突、摩擦，其发展受阻的时候，为摆脱这一困境，组织采用以攻为守的手段创造新局面，使组织与外部环境协调一致地发展。其特点是以较高的姿态、较强的频度、进攻的方式开展工作。社会组织与环境的关系，一方面要积极适应；另一方面要积极主动改造环境。为此，组织可采用以下策略：一是改变组织对环境的依赖关系。组织通过研制新产品，推出新服务项目，开拓新市场，建立新的合作关系，改变对旧环境的依赖，创造有利于组织生存、发展的新环境。二是加强沟通。组织要想方设法形成支持组织的社会舆论，减少公众对组织的对抗情绪，减少组织与环境的摩擦。三是争取得到上级部门的支持。通过公关活动，说服政府制定有利于组织摆脱困境的新政策，促成上级给予更多的扶持，营造有利于组织生存与发展的新环境。

职场链接7-1　　宝洁绿色宣言 美誉和销量双收

宝洁（P&G）是一家拥有众多优质品牌的全球知名公司，产品范围广泛——从美容、时尚到健康、家居，以优质超值的产品和服务，美化全球消费者的生活。170年来，可持续发展的承诺一直是P&G企业核心价值观的重要组成部分，除了开发可持续创新产品、改善运营的环境状况之外，P&G还通过各种社会活动来提高人们的生活质量、关爱地球环境。

2009年夏天，P&G将可持续发展的企业责任、多品牌产品的卖点和“绿色”生活方式紧密结合在一起，使消费者在了解“绿色、环保”理念的同时提升其对P&G宝洁系列产品和品牌的关注度和美誉度。

P&G充分借用“中国环保女王”周迅与联合国开发计划署的权威号召力，实施媒体传播计划，并设计线上、线下的消费者活动，实现传播的多元化，以此吸引公众关注并参与活动。P&G制作了6大类绿色赠品，涉及方便饭盒、刻度水壶、脏衣篮等品类，进行绿色赠品的发放。同时，在第一时间建立了“绿动中国”主题网站。该网站以“绿动中国，没你不行”为主题，借用周迅的影响力，邀请她亲自发出绿色邀约，并设立“24小时绿色行动”，鼓励消费者每天记录所做的环保小事，同时还重点推出“普通人的绿动环保梦想”栏目，征集创意环保方案，颁发“环保梦想奖金”，用以实现环保梦想。

在“绿动中国”官网上线2个月后，即达到了219.2万人次的访问量。其中，有很多人热情参与了“普通人的环保梦想”竞赛活动。公司在上海开展地面活动时再次邀请了3名积极参与者，现场分享了他们的环保创意方案。此外，周迅与P&G及乐购高层，为当天在签名背板前书写下“环保感言”的消费者，颁发“绿动中国”纪念徽章，鼓励更多人积极加入，最终实现超过500万普通消费者加入“绿动中国”计划，坚持生活中随手可做的环保小事，为改善生活环境而努力。

在两轮地面活动中，公司都充分利用不同的信息传播渠道，整合了多种信息传播模式，特别是充分利用官网平台，开展系列丰富的活动，再配合传统电视媒体和平面媒体的积极报道，使核心信息得以持续性传播，使“绿动中国”活动成为在全国范围内的热点活动。在深圳沃尔玛当天活动中，店内销售比平日增加了177%，众多消费者积极参与到绿色消费倡议中。两轮地面活动过后，共有90家平面、网络、电视媒体进行了全方位报道，其中经常以娱乐新闻为报道角度的21家全国时尚生活类电视媒体，均以“绿色及环保”为主题进行了平均时长超过1分钟的正面报道，成为传播中的亮点。大部分平面媒体都给予了大篇幅的彩图报道。此次活动得到了P&G、媒体、消费者的高度评价。P&G对外事务部高级经理刘岚表示：“在为期4个月的‘绿动中国’活动过程中，我们共同收获了环保意识的提升、收获了消费者和重要商业合作伙伴的支持、收获了美誉度和销量。”

资料来源　北京福莱希乐国际咨询传播有限公司.宝洁绿色宣言［J］. 国际公关，2010（34）.

（2）防御型公关

防御型公关是社会组织为防止自身的公共关系失调而采取的公共关系工作类型，适用于组织出现潜在的公共关系危机的情形。其特点是以防为主，防患于未然，避免矛盾尖锐化，同时防御与引导相结合。防御型公关采用调查与预测等手段，通过调查与预测，及时发现组织发展中存在的问题和潜伏的危机，为组织的决策者和有关部门提供改进方案，使组织形象朝着有利的方向发展。

3）根据传播媒介的不同分类

根据传播媒介的不同分为宣传型公关（物媒）与交际型公关（人媒）。

（1）宣传型公关

宣传型公关是运用大众传播媒介和内部沟通方式，树立组织形象的公关活动模式。现代社会，公关人员必须非常了解新闻传播，善于运用大众传播手段。企业（组织）对外宣传的有力手段之一就是引入CIS。

CIS（Corporate Identity System）即组织识别系统，是一种视觉形象传播系统，是对组织机构的一切可视事物进行统筹设计、管理和传播，使组织机构的形象识别要素个性化和统一化，以达到强化整体视觉形象传播的目的。完整的CIS包括三个层次——MI

(Mind Identity，理念识别)、BI (Behavior Identity，行为识别)、VI (Visual Identity，视觉识别)，即组织内在个性与外在包装的统一。它可以使企业具有形象个性化、专有化、统一化和系列化的作用和特点。CIS的传播功能有：①识别功能。通过实施CIS，使组织形象鲜明易记，从而能帮助公众准确识别该组织。②渗透功能。通过实施CIS，从不同角度和渠道给予公众连续的、潜移默化的信息刺激，使组织的形象具有更强的渗透力。

(2) 交际型公关

交际型公关是在人际交往中开展公共关系工作，目的是通过人际关系与公众交往，进行感情的沟通，为社会组织广结良缘，建立广泛的社会联系网络，形成有利于组织发展的人际环境。其特点是直接、灵活、感情色彩浓厚、易于被人接受，是运用最多、最广泛的公关类型。交际型公关的具体方式包括团体交往和个人交往。团体交往包括各种招待会、座谈会、宴会、茶话会、舞会等。个人交往包括交谈、拜访、个人信件等。

4) 根据公关方式的不同分类

根据公关方式的不同分为服务型公关、征询型公关和社会型公关。

(1) 服务型公关

服务型公关是一种以提供优质服务为手段的公共关系工作类型，目的是以实际行动来获得社会的了解和好评，树立组织的良好形象，密切组织与公众的关系。其最显著的特点在于实际行动，组织以特殊的媒介——服务，来密切组织与公众的关系。优质的服务不但要靠公共关系部门的工作，而且要靠组织的所有成员和部门共同努力来实现，它最能显示“人人都是公共关系”的思想。服务型公共关系中服务是广义的，不仅指工业企业的消费教育、消费指导、良好的售后服务，还包括第三产业商品买卖服务、公共事业单位服务等。这一公关类型的关键是要获得公众的信任、支持，让顾客对组织产生安全感、信任感。这就要求公关人员高度重视向消费者提供优质服务。

(2) 征询型公关

征询型公关是以采集社会信息为主的公共关系工作类型，目的是通过信息采集、舆论调查、民意测验等工作，了解社会舆论，为组织的经营管理决策提供咨询。其特点是时间长、情况复杂、任务艰巨，要求公关人员具有耐心和诚意，靠持之以恒、日积月累取得公众的信任与支持。征询型公共关系的主要形式包括市场调查、民意测验、访问用户、建立信访制度、设立监督电话、处理举报和投诉等。

(3) 社会型公关

社会型公关是社会组织利用举办各种社会性、公益性、赞助性活动实现树立良好组织形象目标的工作类型，目的是通过这些活动，塑造组织的文化形象，提高社会声誉，提高组织的知名度和美誉度。其特点是公益性、文化性强，但耗资较大，应量力而行。社会型公关工作类型的具体形式有三种：一是以社会组织的重要活动为中心开展的活动，如利用开业剪彩或周年纪念的机会，邀请各界人士光临，渲染气氛，促进联系。二是以赞助社会福利事业为中心开展的活动，如赞助社会福利、慈善事业，赞助公共设施建设等，它可以树立组织具有社会责任感的形象。三是与新闻媒体共同举办活动，提高组织的知名度，如举办冠以组织或产品名称的大奖赛、文艺演出、智力竞赛等，既活跃了文化生活，又宣传了组织形象。

值得注意的是，社会型公关活动不能急功近利，不能拘泥于眼前的得失。从眼前看，它不一定能马上给社会组织带来大的经济效益，但从长远来看，可以为组织树立良好形象，创造良好的社会环境。

5）根据公关活动的载体的不同分类

根据公关活动的载体的不同，分为文化型公关和网络型公关。

（1）文化型公关

文化型公关是指组织在公关活动中有意识地进行文化定位，展现文化主题，借助文化载体，进行文化包装，提高文化品位的公关活动模式。这种模式的特点是找出企业文化与公众文化的结合点，使公关活动能够与企业文化和公众文化有机结合，通过活动，让公众认可公关活动中所包含的文化内容，从而产生对组织有利的行为。

职场链接7-2　　“我爱我家”的企业文化

10月18日，人民网主办的“2019幸福企业论坛”在人民日报社新媒体大厦报告厅成功举办。论坛以“打造幸福企业，创造美好生活”为主题，汇聚政府、机构及企业代表400余人参会，就“如何建设幸福企业”展开研讨，同时发布“2019建设幸福企业优秀案例”及“2019幸福企业报告”。我爱我家控股集团荣获企业文化实践优秀案例奖，其党委书记、副总裁卢俊出席论坛并发表了主旨演讲。

卢俊指出，我爱我家坚持以人为本，用爱心温暖员工的心，激发潜能，培育素养，实现价值，润物无声地让员工感受到家的温暖，多层面、全方位地持续提升员工的幸福感，增强团队的凝聚力和归属感。

卢俊强调，打造幸福企业是一份双赢的事业，不仅有利于提升员工的幸福感，而且有利于提升员工对客户的服务质量。企业珍惜每个员工、客户、投资者，珍惜每一位同行者，固本培元，为员工谋求幸福，为客户创造价值，为股东提供回报，实现各参与方的合作共赢，努力打造成为客户信赖、员工拥护、股东认可、市场欢迎、监管安心的“城市居家综合服务提供商”。

“家是最小国，国是最大家。”卢俊介绍，为了更好地履行企业社会责任，我爱我家控股集团秉承“构建和谐幸福社区生活”的宗旨，致力于将社区建设与公益慈善事业深度融合，开展助老、助学、助残、环保等公益活动。在集团内部营造企业“小家”的幸福感的同时，在集团外部不断营造爱家人是“大家”的一分子的幸福感。2019年国庆节期间，8名爱家人作为房地产经纪行业代表参加国庆70周年庆典，亮相长安街，接受党和人民的检阅。与此同时，作为行业首家企业，爱家以“家·国”为主题的巨幅广告登陆纽约时代广场，为祖国70华诞献上一份祝福。

卢俊强调，房地产经纪行业在保障房地产交易安全、改善人们居住条件、优化资源配置等方面都发挥了不可或缺的作用。爱家人将继续坚持守法经营、诚信服务，切实提升交易服务品质，为消费者提供更真实的房源信息、更高效的交易服务、更规范的作业流程，履行时代赋予的“安家”使命，努力打造幸福企业，践行社会责任，为国家承担更多的企业责任。

资料来源　佚名.我爱我家控股集团荣获人民网“2019幸福企业论坛”企业文化实践优秀案例奖［EB/OL］.［2019-10-22］. http：//finance.sina.com.cn/stock/relnews/cn/2019-10-22/doc-iicezzrr3922216.shtml.有删减。

（2）网络型公关

网络型公关是指社会组织借助互联网络、计算机通信和数字交互式媒体，在网络环境下实现组织与内外公众双向信息沟通，与网上公众协调关系的公关活动模式。这种模式的特点是通过网上调查与网上推广等形式，拓宽传播渠道，建立良好的公众关系，扩大企业知名度，塑造组织形象。

7.2.4　公共关系策划方案的构成要素与基本格式

公关策划方案并无定式，策划者一般根据实际需要和自己的文笔风格来撰写。但无论方案形式、内容有何差别，理应包含的基本要素不可或缺。一份完整的策划方案应当具备5W、2H、1E，即What（什么）——策划的目的、内容；Who（谁）——策划组织者、策划者、策划所涉及的公众；Where（何处）——策划实施的地点；When（何时）——策划实施的时机；Why（为什么）——策划的缘由；How（如何）——策划的方法和实施形式；How much（多少）——策划的预算；Effect（效果）——策划结果的预测。上述八个要素即一份完整的公共关系策划方案应当具备的基本要素。针对不同组织、不同内容与形式的公共关系策划方案，应当围绕这八个要素，根据自己的需要去进行丰富完善和组合搭配，公关策划方案的创意与个性风格，就存在于对要素的丰富完善和组合搭配的差异之中。

公关策划方案的基本格式，大致包括下列五项：

1）封面

策划方案的封面不必如书籍装帧那样去考虑其设计的精美，但文字书写及排列应大小协调、布局合理，纸张只要略比正文厚些即可。封面内容一般包括：①题目。题目必须具体清楚，让人一目了然。②策划者单位或个人名称。方案如系群体或组织完成，可署名“××公共关系公司”、“××专家策划团”或“××公司公共关系部”，对其中起主要作用的个人也可在单位名称之后署名，如“总策划××”“策划总监××”等。方案如系个人完成则直接署名“策划人××”。③策划文案完成日期。写明年月日甚至具体时间。④编号。比如根据策划方案顺序编号，根据方案的重要性或保密程度编号或根据方案管理的分类编号等。⑤在需要的情况下，可考虑在封面上简洁地加上说明文字或内容提要。⑥如策划方案尚属草稿或初稿，还应在标题下用括号注明，写上“草案”“讨论稿”“征求意见稿”等字样。如果前有“草稿”，决策拍板后的策划方案就应注明“修订稿”“实施稿”“执行稿”等字样。

2）序文

微课7-2

公关策划方案的格式与内容

并非所有策划方案都需加序，除非方案内容较多、较复杂，才有必要以简洁的文字作为一个引导或提纲。

3）目录

这也如序一样，除非方案头绪较多、较复杂，才有设计目录的必要。目录是标题的细化和明确化，要做到让读者通过看完目录后，便知整个方案的概貌。

4）正文

正文是对前述八个要素的表述和演绎。其主要内容有：①活动背景分析；②活动主题；③活动宗旨与目标；④基本活动程序；⑤传播与沟通方案；⑥经费预算；⑦效果预测。正文的写作需要全面，但应以纲目式为好，不必过分详尽地描述渲染，也不要给人以头绪繁多杂乱或干涩枯燥的感觉。

5）附件

重要的附件通常有：①活动筹备工作日程推进表；②有关人员职责分配表；③经费开支明细预算表；④活动所需物品一览表；⑤场地使用安排表；⑥相关资料，它主要是提供决策者参考的辅助性材料，不一定每份方案都需要，如完整的或专项的调查报告、新闻文稿范本、演讲词草稿、相关法规文件、平面广告设计草图、电视片脚本、纪念品设计图等；⑦注意事项，即将策划方案实施过程中应当注意的事项做一重点集中的提示，比如完成活动需事前促成的其他条件、活动实施指挥者应当拥有的临时特殊权限、需决策者出面与各部门协调的事宜、遇到特殊情况时采取的应变措施等。

7.3 公共关系专题活动的策划

公关专题活动是指服务于组织整体公关目标的各项专题活动的总称，是公关实务工作的重要内容之一。相对于公关危机事件的突发性而言，公关专题活动是组织有目的、有计划开展的，具有主动性、积极性、进攻性和开拓性的特点，能最大限度地发挥公关人员的主观能动性，体现公关人员的智慧，因此，无论是从理论上还是从实践上，公关专题活动的策划、计划、安排、设计都具有非常重要的作用。如果说公关专题活动是一棵希望之树，那么公关专题活动的策划就是使希望之树结出硕果的最重要的劳动。

7.3.1 公关专题活动策划的内容

如同新闻报道有“5W”一样，公关人员在策划公关专题活动时，也必须考虑这五个方面。

1）策划的主要内容

策划的主要内容是指5W中的何事（What）。公关专题活动的主要目的是通过这些活动，使广大公众潜移默化地接受举办者的各种信息，增加对举办者的亲近感，引起新闻界的注意，提高举办者的知名度和美誉度，为组织创造一个良好的社会关系环境。能达到这个目的的手段有很多，大到一个组织的开业典礼，小到组织领导人到医院去探望生病的员工，都可以列入专题活动的范围。但公关讲究目的性原则和有效性原则，亦即花最少的钱收到最明显的公关效果，因此，公关策划人员应抓住那些具有较大影响的活动作为策划的内容。一般而言，下列事项可以作为公关专题活动策划的内容。

（1）典礼仪式

利用各种较为隆重的典礼仪式为组织提高知名度，如奠基典礼、落成典礼、开幕典礼、剪彩典礼、就职仪式等。

（2）周年志庆

利用社会生活中的各种盛大节日，以及各种有意义的周年纪念日，开展公关活动。如本组织或社会上任何有重大意义的事件，或其一周年庆、十周年庆、一百周年庆等都值得纪念。

（3）专题喜庆活动

如员工联欢会、大龄青年联欢会、消费者联欢会、军民共建联欢会、招待会、舞会、大型文艺演出活动等，均可借以与某一类公众或某几类公众密切联系。

（4）专题竞赛活动

如各种以企业名称命名的体育比赛、歌唱比赛、摄影比赛、演讲比赛、征文比赛、绘画比赛、智力比赛等，为其提供资金和奖品，以扩大组织的社会影响。

（5）学术研讨会

赞助和承办全国性、地区性的专题学术研讨会，与专家名流加强交流，进而通过理论界的传播，扩大对全社会的影响。

（6）社会公益、慈善活动

发动和倡导有意义的社会募捐活动，为社会做善事。

（7）参加社会公共活动

组织除了自身组织活动以外，还应积极策划参与其他组织或团体组织的社会活动。如企业自建专业或业余的体育队、文艺演出队，参加各种体育比赛，参加国家、民族节日的庆祝活动，都会给社会大众以良好、亲切、可依赖的印象。

（8）展览会

这是公共关系专题活动中经常采用的方式。展览会的最大优势就是通过实物展示和示范表演来配合宣传企业的形象和产品。展览会在企业创立之初或新产品上市时，尤其有用武之地，是新企业或新产品塑造形象的最佳公共关系媒介之一。

2）策划的时机

策划的时机是指5W中的何时（When）。我们平时分析一件事的得与失时，多从天时、地利、人和三方面来考察，天时、地利、人和，则事情必成。策划公关专题活动时，自然要选择好“天时”，公关人员应善于分析，“准时”“准点”地掌握好专题活动开展的时机。

公关人员应善于利用下列时机：

(1) 重大事件发生的自然时间

重大事件发生的自然时间是指组织重大事件发生的时间，如某工程奠基之时、落成之时；组织创办、开业之际；企业推出新产品或新服务之时；企业销售额达到一个大的整数之时等。

(2) 组织的纪念日和社会生活中的节日

例如：组织的周年纪念日，五年、十年的纪念日；国家规定的节日；地方的庙会、集日等公众公认的节日和宗教、民族节日等。

(3) 组织营运过程中所蕴含的时机

这类时机一般具有隐蔽性，需要公关人员借助分析来开展工作，如组织在营运过程中可能会出现差错而造成形象受损，或者由于信息阻塞和失真而引起公众误解，或者由于被人中伤诽谤，引起公共关系恶化。此时，组织一定要运用各种媒介予以说明或澄清事实，也可以举办各种形式不同的公关专题活动，为媒介的说明和澄清事实的报道提供帮助，以事实、实物说话，从而取得事半功倍的效果。

3) 策划的地点

策划的地点是指5W中的地点（Where），这里指公关专题活动举办的地点。

公关专题活动举办的地点要考虑的因素很多，一般以事件发生地、目标公众所在地为最佳，如展览会可选择在交通要道、流动人口和参观顾客较多的地点举办（比如在全运会、亚运会以及其他全国性大型活动的发生地）。此外，若能与新闻媒介联系起来，则效果会更好。

4) 策划的人员和规模

策划的人员和规模是指5W中的何人（Who），这里指参加公关专题活动的人员及规模大小。

策划公关专题活动是以扩大影响为最终目的的，有些活动有人员和规模的限制，有些活动没有人员的限制，人越多越好。但专题活动规模大，所需经费也多，在一定的经费范围内，应使尽量多的公众加入。在人员的结构上，除了一般邀请对象外，要特别邀请媒体人员加入，因为可以通过其报道，影响到更广泛的公众。

5) 策划的缘由

策划的缘由是指5W中的为什么（Why）。要使公关专题活动取得最佳的效果，公关人员在活动开展之前，应当策划一个使公关专题活动效果最佳的缘由，以增强公关专题活动策划氛围。可围绕专题活动开展一系列辅助性的公关，为专题活动的到来提升“温度”，形成“小气候”。其方式可多种多样，但以公关宣传为最佳，如围绕公关专题活动进行报道，在新闻媒体上做广告，围绕专题举行各种奖励活动，以增加社会公众事前对专题活动的了解、期望和等待，从而为公关专题活动的到来做好铺垫、渲染，使公关专题活动取得最佳的效果。

7.3.2 公关专题活动策划的特点

公关专题活动在国外常常被称为公共关系的特殊事件，因此，公关专题活动策划便具有其自己的特点，一般来说，它具有以下特点：

1）目的性强

公关专题活动，就总体目标而言，是为组织或企业的整个公关目标服务的，也即通过公关专题活动，使公众潜移默化地接受举办者的各种信息，增加对举办者的亲近感，从而使举办者的知名度提高，影响力扩大。就每一个具体专题而言，其目的性也是很强的，每一个具体的专题活动，都有具体的分目标。如举办员工联欢会，是组织内部的公关服务，让员工更加热爱企业，树立主人翁意识；如举办奠基典礼，把奠基工程的有关信息告知公众等。

2）主题明确

公关专题活动每次都要有一个明确的主题，公关专题活动就是围绕这个主题的特殊活动方式，在每次活动中往往只能将某个组织的某一方面展现在公众面前，与公众进行这方面的重点沟通。如大龄青年联欢会，就是为大龄青年牵线搭桥，这个主题就要求策划者把联欢会策划得欢快、和谐，增加彼此接触和沟通的机会。而展览会则多是围绕让消费者或中间商了解组织的形象、熟悉企业的产品这个主题展开的。

3）积极主动

由于公关专题活动主题明确，目的性强，公关策划人员不是消极被动的，因而公关专题活动策划具有主动性、积极性、进攻性和开拓性的特点，同时也能最大限度地发挥公关人员的主观能动性，体现公关人员的智慧。

4）计划性强

公关专题活动成功与否以及成功的程度是与事前计划呈正相关关系的，计划越周密，成功的概率就越高；反之，则概率越低。因此，公关专题活动策划要求事前做好周详的计划和安排，计划的内容要全面。对诸如活动的时间、天气、地点、参加人员的数量和结构、方式等都要作出周密的计划；专题活动所需设备、工具事前都要筹备齐全；谁主持，哪些人负责联络，哪些人提供服务，要安排专人负责，每个人的分工要明确；活动过程中将可能发生哪些异常情况（如突然停电），发生后有何相应的措施等，都要事前设计、计划好，以保证公关专题活动的成功。

7.3.3 公关专题活动策划的要求和注意事项

1）公关专题活动策划的要求

组织举办各项专题活动，有利于协调与内在公众和外在公众的关系，增进相互了解，树立良好的组织形象和产品形象。但要策划好各项公关专题活动并非易事，必须符合以下要求：

（1）以诚相待

实事求是、诚实可靠、值得信任，是开展公关活动的基础，也是策划公关专题活动的起码要求。如果组织与其公众之间相互不信任、猜忌甚至欺诈，那么策划专题活动的动机就值得怀疑。隐瞒事实真相，引人误入歧途，是策划公关专题活动的大忌，一旦真相败露，只会招来公众的抱怨、厌恶，并进而形成心理定式，最终不仅达不到策划者的目的，还会给公关工作“帮倒忙”。因此，要求公关人员在策划主题活动时本着实事求是的精神，一是一，二是二。

（2）引人注意

组织举办专题活动，其目的是让更多的公众认识组织及其产品，扩大组织及其产品的社会影响，因此，策划的专题活动必须抓住大众的心理，具有趣味性，以便引人注意。

（3）富有特色

每一次专题活动，都应力求策划得新颖别致、富有特色，力戒平淡化、雷同化；否则，就达不到举办专题活动的目的。专题活动的特色主要体现为形式上的多样化和手法上的奇特化。在形式上，可以是晚会、游戏、比赛、有奖问答，也可以是参观、旅游、展览会等。在手法上，如不同的晚会可以办得各有特色。可以是音乐晚会，也可以是相声晚会；可以是舞会，也可以是茶话会，形式可以多种多样。除了特色以外，还应做到雅俗共赏，调动所有参加者的注意力，使每个人都能进入角色。

（4）产生影响

耗费组织精力、资金举办的专题活动，必须在社会公众中产生一定的影响。影响越大，说明其专题活动办得越成功；如果没有什么影响，则说明专题活动是失败的，组织应及时总结教训，加以改进，提高专题活动的效果。

（5）切实可行

举办专题活动一般要耗费较多的资金，因而策划者要充分考虑其可行性。策划者在活动开展前，应当进行可行性分析与论证。切忌搞“花架子”，盲目攀比。

2）策划公关专题活动的注意事项

（1）明确目的，制订周详的计划

策划公关专题活动首先要把专题活动策划的内容事前进行周详的计划并明确主题。对于时间、地点、规模、活动方式、交通、气候、设备等各方面因素都要纳入计划之列。总之，应把专题活动作为一个整体和系统工程来设计规划。

（2）对计划进行可行性研究

计划的制订要采取民主集中制，并要反复推敲，进行切实的可行性研究。预计要达到什么目的、取得什么样的成效，对照目标对计划进行详细的、科学的可行性研究。

（3）设计一个醒目的标题或口号

公关专题活动应根据主题设计一个既令人耳目一新又有利于传播的标题或口号。

（4）组织精明能干的班子

班子成员应由那些热情、大方，知识面广，熟悉活动内容，具有公关知识和公关能力的有开创精神的人员组成，在班子内部要有分工与协作。

（5）编制预算

因为公关专题活动要有一定的财力作为后盾和支撑，因此要编制好预算。活动的开展必须筹措到必要的经费；否则，一切将无从谈起。

（6）注意好时间的安排

在时间安排上应特别谨慎，注意不要与其他单位相冲突。

（7）制订传播计划

要事先联系好新闻界，为记者采访和报道提供一切便利条件，以扩大战果，更好地取得专题活动的效果。

（8）活动前的宣传

专题活动开展前，要把有关专题活动的消息传播出去，事前要渲染气氛，创造一个良好的氛围，以利于公关专题活动的出台。

7.3.4 几种典型的公关专题策划

1）展览会

通过实物、文字和图表来展现成果或者普及知识的宣传形式叫展览会。展览会的传播范围虽然局限在一个地区，影响的仅仅是到场的观众，但它的说服力和感染力却往往是其他大众传播媒介所不及的。如何筹划和举办展览会呢？下面是举办展览会应该考虑和注意的问题。

（1）主题构思

一个展览会的内容是多样的，只有主题明确才能把实物、图表、照片等资料有机地组织起来，达到展览的目的。主题明确后，应指定一名展览主编构思整个展览的布局。主编还要负责设计会标、主题画，撰写前言及结束语，向各分部的编辑交代总体的布局及各部分之间的衔接。要确定参展单位和参展项目，通常用广告或发邀请函的形式来吸引可能参加展出的单位。广告或邀请函应包括展览的宗旨、展出的项目、参观者的类型及人数、展览会的要求以及费用预算等。

（2）选择类型

根据举办展览会的主题需要及客观条件来选择合适的展览会类型也是十分重要的。展览会的类型可分为如下几种：

一是从举办的地点看，有室内展览会和露天展览会。大多数展览会都在室内举行，但是室内展览会的布置较为复杂，所需的费用也较多。而露天展览会最大的特点是布置工作较为简单，所花的费用大大减少，接待观众人数较多。当然，对那些较为精致、价值高的展品，则适宜在室内举办展览。

二是从所展出的商品种类来看，有单一商品展览会和混合商品展览会。单一商品展览会也称纵向展览会，是指展出的商品品种单一。这种展览会展出的商品由于品种单一，其型号和品牌必须琳琅满目，商品来自各个不同的厂家。因此，这种展览会往往竞争非常激烈。混合商品展览会也叫横向展览会，展出的商品种类非常多。

三是从展览会的性质看，有贸易展览会和宣传展览会。贸易展览会的目的是做实物广告，促进商品的销售，这种展览会展出的展品主要是实物产品。而宣传展览会的目的是宣传某一成果、思想和知识，或者是让人们了解某一段史实。例如，交通安全展览会和中国近代史展览会就是宣传展览会。这种展览会通常通过展出照片资料、图表和有关的实物来达到宣传效果。

四是从展览会的规模看，有大型综合展览会、小型展览会和袖珍展览。大型综合展览会一般由专门的单位举办，有产品参展的企业则通过报名参加。这种展览会往往规模很大，参展的项目很多，需要有较强的举办展览会的技术才能搞好这种展览会。例如，世界贸易展览会就属于这种类型。小型展览会的地点常常选择在车站的候车室、图书馆门厅、酒店的大厅和机场的进口处等。而袖珍展览一般指商品窗橱展览和展览车流动展览等。

课堂讨论

中国进博会从2018年开始，已经成功举办了四届，从第一届进博会开始，“永不落幕的进博会”的口号就已经响亮喊出。4年来，上海打造的“6天+365天”交易服务平台已经深入人心。请讨论：举办进博会有哪些意义？未来，如何让“永不落幕的进博会”在线上、线下的对接上进一步优化？

（3）准备资料及设备

根据主编的构思及展览类型，各部分编辑要到各参展单位采集实物和有关资料，撰写展览脚本，然后提交设计师，由设计师画出小样及展品排列方式，交美术师。美术师按照小样要求，绘制或放大。版面上文字、图表的制作，图片的裱贴和版面的加工美化，要组织专门小组负责，展览会也要准备辅助设备及相应的服务。例如，举办一个国际性展览会，应设有处理对外贸易业务的部门，附设产品订购、电话、电报、海陆空运输、预订饭店等服务。

展览会要成立一个专门对外发布新闻的机构，负责和新闻界进行联系，同时还要准备一些辅助宣传资料。例如，拍摄介绍企业的幻灯片和光盘、各种小册子以及展览会的目录等。

（4）内容编排

一个展览会犹如一篇文章，“文章”从前言开始，中间的版面和实物一直到结束语都要合理配置。开头说什么，中间说什么，最后说什么，一定要层次分明，条理清楚，以高超的文字表达能力，准确、鲜明而又生动地把展览会内容表现出来。

（5）经费预算

展览会的费用通常包括以下几项：场地费（如租金、电费等）、设计费和建造费、职员费（包括所有工作人员的薪金、伙食费、车费等）、联络费及交际费、宣传费（用于刊登广告、印刷宣传品、联络记者等）、保险费及运费等。

2）开幕典礼

开幕典礼是一个组织主办的某项活动首次面向社会公众的亮相。气氛热烈、庄重大方的开幕典礼，可以为主办单位树立良好的形象。

开幕典礼的形式虽然并不复杂，但是要办得丰富多彩，给人留下深刻的印象却并不容易。它要求公关人员既要有热情的举止，又要有冷静的头脑；既要有鼓动的艺术，又要有镇定的指挥。如果在接待或程序方面稍有不周，容易造成接待事故，甚至不欢而散，这样的开幕典礼就不可能达到预期目的。要搞好开幕典礼，公关部门应注意做好如下几项工作：

（1）拟定出席典礼的宾客名单

这些人中包括政府有关部门的负责人、社区负责人、社团代表、新闻记者、员工代表及公众代表，并将请柬在典礼开始72小时前送到宾客手中。

（2）拟定典礼程序和接待事项

签到、接待、剪彩以及摄影、录像等有关服务人员，应及时到达指定岗位，按照典礼程序有条不紊地进行工作。

（3）确定剪彩人员

参加剪彩的除主办方负责人以外，还应在宾客中邀请地位较高、有一定声望的知名人士参加。

（4）安排致辞

事先确定好致辞的宾客名单，并为本单位负责人拟定发言稿，尽量做到言简意赅，起到沟通感情、增进友谊的作用。

（5）安排一些必要的助兴节目

如安排一些锣鼓、舞狮、歌舞表演等，以营造热烈欢快的气氛。助兴节目最好由本企业员工担任，这样可以培养员工当家做主的精神和职业自豪感。如果本企业没有这方面人才，也可以邀请外单位的人前来助兴。

（6）组织参观

仪式结束后可以组织与会代表参观本企业的生产设施和服务设施、产品或商品陈列室。这是请上级、同行和社会公众了解自己的好机会，也是宣传产品或服务的好机会。

（7）整理意见或建议

通过座谈会或留言簿的形式广泛征求意见，并把这些意见或建议及时整理出来，以达到总结经验、鼓舞士气的目的。

3）安排开放参观活动

组织为了使公众更好地了解自己，经常要安排一些开放参观活动。参观者可以是这个组织的家属，也可以是新闻工作者、学校的师生及相关公众。组织者可以利用这些机会向公众进行宣传，以得到公众的认可、理解和支持。安排开放参观活动要有明确的目的，围绕这一目的，还要确立一个主题，这样才能使开放参观活动收到良好的效果。

安排开放参观活动，应注意以下几个方面：首先，备有一份简单且容易看懂的说明书，或者在参观之前先放映电影或幻灯片介绍，以此帮助参观者了解企业的主要概况，由向导陪着客人沿着一定线路做进一步解说并回答问题；其次，开放参观的时间最好安排在一个特殊的日子里，如周年纪念日、工厂开工日、节假日等；最后，最好成立一个筹备委员会，委员包括公共关系代表、员工代表及人事主管代表等。

4）赞助活动

赞助活动是赞助者搞好社区关系最为有效的方式之一。组织可以通过赞助活动树立其关心社会公益事业的良好形象，培养同各个组织或某类公众的良好感情。组织还可以通过赞助来做广告，增强广告的说服力和影响力。常见的赞助类型有体育活动赞助、文化活动赞助、社会福利赞助、展览和竞赛活动赞助、学术活动赞助、某一职业奖励基金赞助、宣传品制作的赞助等。

为获得最佳的赞助效果，组织应做好如下工作：

第一，赞助研究。组织应调查外部需要赞助的公益事业情况，制定赞助方向和政策，并据此考核外来要求赞助的项目。为了搞好赞助工作，组织应成立一个赞助委员会。由赞助委员会负责调查研究，进行赞助成果和效果的分析，以保证投资获得最佳的效果。

第二，筹划安排。赞助的项目确定后，组织还要考虑赞助的具体方式和赞助的数额，以及赞助的时机，以便制订出各项赞助的具体计划。

第三，在实施赞助计划过程中，应充分运用各种有效的公共关系技巧，尽可能扩大赞助活动对社会的影响。

第四，一项赞助活动完成后，应该对其产生的效果进行评价测定，以一定的格式写成报告，归档储存，为以后的赞助工作提供参考资料。

7.4 公共关系新闻策划

公关新闻的巨大影响力是其他任何公关传播手段都无法比拟的。公关新闻策划对赢得公众、广泛地宣传本组织、在同行业竞争中率先产生对社会的吸引力无疑是重要的工具。一般来讲，组织进行新闻策划，通常使用三种方式：撰写新闻资料或新闻稿，送交新闻媒介单位进行发表；策划具有新闻价值的事件，吸引新闻单位作报道；召开新闻发布会，向新闻界公布有关情况。

7.4.1 撰写新闻资料和新闻稿

新闻资料是提供给新闻媒体编写新闻消息的文字材料，它不直接同公众见面，需要经过记者的加工。因此，新闻资料的撰写要求不高，只要把新闻五要素（5W）表达完整即可。把这五个方面的材料提供给新闻媒体，新闻媒体就可依此编写新闻，把信息发布出去。

新闻稿是直接提供新闻媒体对外发布的文字材料，它的基本写作要求是：主题突出、简明扼要、生动活泼。新闻稿的主题一定要鲜明突出，让人一目了然。新闻稿不是小说，小说表达曲折含蓄，回味无穷，让读者从人物、事件的纠葛中体会作品主题。新闻稿应该直截了当，三言两语就让人明白说的是什么，切忌冗长。新闻是要把事实告诉人们，如果文字啰嗦，反而掩盖了最本质的东西，使人不知所云。若是供电台、电视台用稿，更应简洁，否则会使人昏昏欲睡，难以领略要点。新闻不但要让人一看就明白，而且要吸引人，在众多新闻中引人注意，留下深刻印象。要做到这一点，新闻稿还应该具有生动活泼的特点，有较强的可读性。

要写好新闻稿，应掌握以下三个要点：

1）新闻稿的结构

常见的新闻稿的结构有三种：倒金字塔结构、并列结构、顺时结构。其中最常见的是倒金字塔结构。倒金字塔结构由导语和事实两大部分组成，导语是新闻稿的灵魂，最新、最重要的内容包含在其中。导语之后是一般的新闻事实，按最重要在前、次重要在后的原则排列。

新闻稿采用倒金字塔结构有两个优点：其一，便于读者迅速获得最新、最重要的信息。读者限于时间，常常不能把新闻报道从头到尾读一遍，如果导语在前，那么读者只看导语部分，也能获得新闻最重要的信息。其二，便于编辑由下而上删改，而不会删掉最重要的信息。由于版面限制等因素，新闻稿难免会被编辑删改。采用倒金字塔结构，便于编辑由下而上逐段删改，即使只剩下导语，最重要的信息依旧保留着。

有时候公关人员发现各新闻事实具有同等重要的作用，无轻重主次之分，那么倒金字塔结构便不适宜，可采用并列结构或顺时结构。并列结构是以概括性导语为主体，让新闻事实排列其中，成为一个有机整体；顺时结构是按新闻事实发生的时间先后顺序排列，发生在前的事实排列在前，发生在后的事实排列在后。新闻导语可以是概括性的，也可以是最近发生的新闻事实。

新闻稿的结构并不难以掌握，无论哪一种结构，都有导语和新闻事实这两部分内容，而导语是整篇新闻的灵魂，是抓住读者注意力的精华所在。导语写好了，新闻稿也就基本成功了。

2）导语的写作

导语在新闻稿中的地位十分重要，虽然只有几句话，却要概括一篇新闻中最新、最重要的信息，使人只看导语便可了解新闻的基本要点。由此可见，导语的写作是新闻写作中极为关键的方面。

人们常把5W作为新闻五要素，缺一不可，因此，早期的导语写作中5个“W”俱全，但不免文字多，句子长，重点难以突出。为了突出重点，让人过目不忘，现在人们在写导语时只突出一两个“W”，其余部分放到新闻事实写作中逐一交代。这样一来，导语就简洁明了地展现出来了。除了以突出重点作为导语的写法以外，导语还可以用叙述法、提问法、对比法的写作技巧增强对读者的吸引力。导语写作究竟要突出什么，主要取决于写作者对所写新闻的理解和对公众心理的把握。因此，写好导语不仅是技巧问题，还有作者的新闻敏感问题。

一个公关人员要写好新闻稿，平时应该多留心报纸新闻导语的写作特点，学习写作技巧。同时，更应该对组织与社会环境及公众的关系状态了然于胸。

3）新闻背景材料的运用

新闻背景材料是对新闻人物和新闻事件起衬托、补充、说明等辅助性作用的材料。从新闻人物看，总有其经历和社会关系；从新闻事件看，总有它的历史条件、自然环境、前因后果和来龙去脉。有的新闻事实本身简洁明了，一清二楚，就不必再加背景材料；而有的新闻事实较为复杂，必须讲清人物关系和事物关系，就一定要用背景材料。新闻背景材料运用得当，可以使新闻人物的形象更加丰满，使新闻事件更加吸引人。组织的公关人员应该保持新闻的敏感性，经常发掘本组织有新闻价值的材料，写成新闻资料或新闻稿，主动投送新闻单位。无论新闻单位采用与否，这种与新闻界的信息联络都应该长期、主动、积极地保持下去。

7.4.2 策划具有新闻价值的事件

策划具有新闻价值的事件也叫“制造新闻”或“策划新闻”，是组织争取新闻宣传机会的一种技巧，即在真实的、不损害公众利益的前提下，策划、举办具有新闻价值的事件或活动，吸引新闻界和公众的注意力，制造新闻热点，争取被报道的机会，使本组织成为新闻的主角，以达到提高知名度、扩大社会影响的目的。这需要公关人员具备“新闻脑”，富于创造性和想象力。

1）制造新闻的特点

组织有计划、有目的地制造新闻具有以下特点：

首先，它不是自发的、偶然产生的，而是经过公关人员精心策划安排的。一般新闻是在事物发展变化中自然而然发生的，而制造新闻则是经过公关人员精心策划、推动挖掘出来的。一般新闻传播的主动权在新闻界人士手中；而制造新闻的主动权则在公关人员手中，因为奇特，所以具有较高的新闻价值。

其次，制造新闻比一般新闻更富有戏剧性，更能迎合新闻界及公众的兴趣。要成功地制造新闻事件，吸引新闻界人士的注意和兴趣，就要使新闻事件更富有戏剧性，更具有新、奇、特的特点，这要求公关人员独具匠心，富于创造。

最后，制造新闻能明显提高组织的社会知名度。一般新闻不是人为可以控制的，而经过公关人员精心、周密策划的新闻活动、事件，带有很强的目的性，是围绕提高组织知名度而展开的，因此，成功地策划一个新闻事件，能大大提高组织的知名度。

2）制造新闻应注意的有关问题

第一，应该就公众在这段时期内最关注的话题制造新闻。公众在不同时期关注的话题不同。例如，奥运会召开前后的一段时期内，公众最关注的当然是有关奥运会的话题。这段时期是所经营业务与体育有关的企业制造新闻的最好时机。生产运动鞋的企业可以通过赞助奥运健儿各类运动鞋而获得宣传的机会。但是在很多情况下，企业可能很难找到与这段时期公众最关注的内容密切相关的东西，这时就需要公关人员从不同的角度和层次去挖掘。例如，奥运会表面上与手表行业没有什么联系，但深入地分析，就会发现：运动员在比赛期间时间观念很强，必须掌握准确的时间，争分夺秒，因此，运动员确实需要一个走时非常准确的手表。有些生产手表的厂商正是基于这一点，在奥运会上给运动员赞助手表，制造了一个又一个宣传其手表的新闻机会。

第二，应该抓住“新、奇、特”这三点去制造新闻。从新闻价值的五个要素可知，事件的新闻价值正是在于它的新、奇、特上。在激烈的企业形象竞争中，要成功地制造新闻，公关人员必须独出心裁，使公关活动具备新、奇、特的特性。

第三，要事先制造一些热烈气氛，使公众有心理准备，以强化制造新闻的效果。

第四，制造新闻时，要有意识地把企业和某些权威人士或社会名流联系在一起。例如，一家企业在举行周年庆典时邀请到几位知名人士为企业的周年纪念剪彩，同时举办记者招待会，发布企业自创立以来所取得的成就和为社会所做的贡献，那么这个周年庆典就有可能成为新闻。

第五，制造新闻要与传统的盛大节日或纪念日联系在一起。

第六，注意与报社、电台和电视台等新闻机构联合举办各种活动，这样能增加企业在新闻媒体中出现的机会。例如，一家企业和某家电视台联合举办一次青年辩论赛，那么这家企业在整个辩论比赛和颁奖过程中将有更多机会在电视上露面。

公共关系既是一门科学，也是一门艺术。特别是在公共关系实务方面，艺术性的东西体现得更加明显。公关工作很难找到一套固定不变的原则和方法，只有靠公关人员广博的知识和丰富的想象力以及实际经验去进行公关活动。制造新闻的技巧多种多样，有很多诀窍，公关人员要成功地制造新闻，必须通过大量的实践去总结经验，使自己的技巧日趋完善。

职场链接7-3 **利用搬迁制造新闻**

美国有一家银行新建了一栋办公大楼，总部要从原来的旧楼向新楼搬迁。这家银行在搬迁时，既没有在电视、报刊上大做广告，也没有图轻松让搬家公司包办了事，而是精心设计、策划了一场搬迁大游行。

搬迁那天，全体员工身穿行服，打着搬迁的横幅，举着该银行创业以来辉煌成就的标语牌，列队从旧楼走向新楼。队伍前面彩旗飘扬，鼓乐喧天，还伴有各种杂技表演，浩浩荡荡地在大街上行进，热闹非凡，像是举办一场嘉年华狂欢活动。

这不仅吸引众多行人驻足观看，广为传播，还引来了不少媒体关注。有的还拍下了这一盛大场面，当晚在电视新闻中播出；有的写成了通讯报道，发表在第二天报纸显著的位置上。因此，该行及其搬迁几乎家喻户晓，人人皆知。

资料来源 佚名.利用搬迁制造新闻［EB/OL］.［2014-07-15］. http：//www.zhlzw.com/aaaire/ggcx/8.html.

7.4.3 常规的新闻报道策划

1）记者招待会的策划和召开

记者招待会是组织与社会联系、传播信息的绝佳方式。召开记者招待会，一般要有新闻价值重大的事件发布，如一个单位受到了公开批评，要想使社会公众理解；或公司有一项不一般的发明，想让公众了解，在这些情况下可以召开记者招待会。

记者招待会与新闻发布会不同，会上不仅有举办单位负责人向到会记者发布信息，记者们还可以当场发问，进行双方沟通，有时会场上还可以展示图表、实物模型或进行示范表演。因此，公关人员要善于创造并抓住这个好机会，在有重要新闻值得报道时，策划记者招待会，保证记者招待会有条不紊地进行。开好记者招待会一般要做好下列几方面的策划。

（1）确定记者招待会的主题

主题即目的，就好像是一种目标管理方法，即为了某种目标而选择方法和策略。要达到何种目的？是发布一项重大新闻，还是就一桩事件进行解释，还是解答产品问题等。

（2）确定邀请记者的范围

这主要依照事件涉及的范围而定，如事件发生的范围及影响仅限于县城，那么就应邀请县级媒体的记者；若涉及全省乃至全国，那么就邀请省级或中央一级的媒体记者到会。

（3）选择恰当的时机

记者招待会一般都是为公布与解释组织的重大新闻而举办的，通常只有在十分必要的情况下才能召开，也就是说举办记者招待会对于组织来说是重大事件。为此，必须选择最恰当的时机。

（4）做好请柬的发放工作

请柬的发放以在新闻发布会的前三四天送到邀请对象手中为宜。发放太早，被邀请对象有可能忘记；发放太迟，一怕所邀请对象在这段时间里已安排其他活动，二也不利于记者在会前做好准备。请柬上应将举行记者招待会的目的写清楚，并注明举行招待会的日期、地点、单位名称及联系电话。

（5）确定会议主持人

会议主持人一定要具备很高的修养，最好是一个有幽默感的、能随机应变的、责任心极强的人。还要确定有关发言人，若主题是有关工程技术方面的，应当安排工程技术方面的最高负责人发言；若是有关组织全局的，应当请组织最高负责人发言；若发言人就是主持人，则更好。

（6）准备充分的发言和报道提纲

公关撰稿人要全面收集资料，写出通俗、准确、生动的书面发言稿，并应将宣传要点和背景，整理成详细的资料，即报道提纲，事先打印或复印，以便在会议开始时及时发给与会的有关人士和新闻记者。

（7）精选会议工作人员

记者招待会是组织向外界敞开的窗口，它反映组织的精神面貌及各方面的形象，因此，对与会的工作人员要严格挑选，并注意“异性效应”的选择，从外表到自身的修养均要合格。

（8）布置会场

选择一个良好的环境，既气派又节俭，关键是会场的布置、温度、灯光、噪声等问题要考虑周全，整体要富于时代感，使会场既体现企业精神，又使客人们产生宾至如归的感觉。

（9）准备好通信设施

准备好录音辅助器材，如电话、电传、电源及其他设备，以备记者使用。

（10）安排好会议的程序

会议程序要周密、紧凑，避免出现冷场或忙乱局面，并要安排记者提问和对举办方的重要人物进行采访，最后可安排招待会、鸡尾酒会或茶会，以达到增进友谊、树立良好形象的目的。

2）新闻发布会的策划和召开

策划和召开新闻发布会时，公关人员要准备回答记者的深入提问。除了在新闻材料中已公布的内容之外，要明确是否有权透露关于财务及其他方面的更多细节，要尽可能地为媒体准备生动形象的视觉素材。同时，还要注意以下要点：

（1）新闻发布会的邀请，必须发给同议题有关的媒体

如果是突发性重要新闻事件，要尽快地邀请有关人员到会，以把突发事件的损失降到最低限度。

（2）选择好发布会的场地

无论是在室内举办还是在室外举办，都应准备必要的新闻通信设施。

（3）控制好发布会时间

除非迫不得已，新闻发布会的时间不要同其他重要新闻事件冲突，并适应大多数新闻媒体的截稿时间要求，使记者们有时间来写报道。

（4）注意引导、咨询

发布会开始时，务必使每一位来宾在入口处登记，并由一名形象得体、灵活机智的公关人员向到来的媒体人士打招呼，引导他们就座并回答初步的问询。

（5）准备新闻材料

记者到会后，应发给每人一份事先准备好的新闻文件包，其中包括如下材料：新闻发布稿、技术性说明（必要时）、主持会议者的材料和照片，以及会上要展示的产品或设施模型的照片。

（6）会议时间控制

会议的时间（包括答记者问）宜控制在1小时以内。应以一位主持者为主回答记者的提问，必要时由其他人辅助；对无关或过长的提问应有礼貌地制止。

（7）安排深入采访

会前及会后，设法请求记者来做进一步的深入采访。

（8）会场布置

为新闻媒体记者提供方便，在新闻发布会现场必须连接电源线，设置照明灯光，甚至提供上网设备以供现场录音、摄像，以及实时新闻发布之用。

（9）对媒体一视同仁

对前来参加新闻发布会的媒体，要一视同仁，不能对一家媒体公开某些情况，对另一家媒体保密；同样，从某一媒体处获得的消息，不应转告给另一媒体。

（10）友好结束

新闻发布会应有正式的结尾，由会议主持者宣布新闻发布会结束并礼貌地致辞，对与会者表示感激。

7.5 公共关系广告策划

公关广告是组织推销自身形象的一种特殊手段。它不同于一般的商品广告，因为它

不以推销产品为目的。它也不同于常见的其他公关活动形式。它是花钱购买大众传播媒介的版面（时间），向公众广而告之，主动推销组织的形象。公关广告是一种特殊形态的广告，亦是一种特别的公关活动方式。

7.5.1 公关广告的定义及类型

1）公关广告的定义

所谓公关广告，就是通过购买专业传播媒介的使用权，利用专业传播媒介在社会公众中为自己的企业单位或组织树立良好的形象，以提高社会知名度。

公关广告与一般商品广告不同。一般说来，商品广告是向公众提供商品或服务信息，以推销商品和提供有偿劳动为目的的传播活动。它的主要作用是推销商品或服务，传播方式通常是单向的。公关广告虽然也是一种传播活动，但它不以推销商品为直接目的，而是“推销”整个组织的形象，让公众知道自己，信任自己，喜欢自己，而且其传播方式是双向的。公关广告不仅向公众传播自己的信息，还要密切关注公众的好恶，根据公众的意愿调整自身的行为。商品广告一般与营利性的工商企业组织有关，而公关广告却是任何一个组织都离不开的谋求生存发展所需要的手段。

公关工作不可带上过分明显的商业色彩，这容易失去公众的信任和好感。但商品广告不同，它可以充分运用公关的技巧和方法，增加商品的吸引力，并使广告带上感情色彩，易于为公众接受。由此可见，公关不是广告，但却能使广告增添魅力。商品广告只适用于商业活动范围，而公关广告则适用于一切领域内的活动。

职场链接 7-4　　广告公司正式进入网络公关领域

相比过去含蓄地进行网络公关领域的尝试，广告公司将正式入驻网络公关，凭借它们多年来积累的丰富的客户资源和出色的创意策划能力，广告公司入驻网络公关领域将毫不含糊，这一点尤其表现在网络广告代理公司身上，如华扬联众、腾信互动以及好耶、新意互动等国内知名的广告公司。而传统的广告公司也纷纷通过并购或者成立新的公司加快拓展这方面的业务，同时，国外知名的互动营销公司也进入国内市场，未来这块蛋糕的分配竞争将会更加激烈。

2）公关广告的形式

公关广告是社会组织为引起公众对自身的注意和兴趣，进而产生好感和信任，最终获得公众的支持和合作的传播活动。说它带有某些广告特征，则是指它通常也通过购买大众媒介作为传播手段向公众“广而告之”。并且，公关广告是持久的，是着眼于建立并维系与公众之间的情感联系的传播行为，它不直接为组织赢得经济利益，但它所产生的效益是不可低估的。公关广告的具体形式在不断发展，其最基本的形式有四种，即形象广告、公益广告、观念广告和响应广告。

（1）形象广告

形象广告是以提高组织知名度、树立组织整体形象为目标的公关广告。形象广告的内容大致上可以包括：组织的名称、标志设计；反映组织文化的特定口号或典型歌曲；组织的范围和特色；组织的实力和业绩；组织的历史和传统；有关组织活动或事件的主题；与组织的人物、环境、日常活动有关的图片；组织对公众的关怀和诚意等。形象广告设计应注意组织整体形象，不表现某个具体产品，广告文稿和图像尽量避免商业化气息。

（2）公益广告

公益广告是指组织为社会公益活动提供服务的广告传播形式。它包括完全以公益性为主题制作的广告（如保护环境、社区安全等），以及配合组织直接参与某项公益事业而做的广告（如修建公益设施、资助慈善机构、援助受灾的灾民等）。这种广告不仅完全不以商业利益为目的，而且直接投资于公益事业，将公益事业本身作为传播的主题。当然，公益广告在为社会公众服务的同时，也为本组织扬了名，为组织赢得了好评。

（3）观念广告

观念广告是通过提倡或灌输某种观念和意见，试图引导或转变公众的看法，影响公众的态度与行为的一种公关广告。其内容可以是宣传组织的宗旨、信念、文化或某项政策，也可以是传播社会潮流的某个倾向或热点。这类广告不仅不直接宣传商品，甚至不直接宣传组织本身，有时仅仅用来对某个问题表明看法和陈述意见，因此也称为意见广告。这种广告常用暗示的方法去触发公众的联想，在潜移默化中影响公众的观念和态度。

（4）响应广告

响应广告是用来表示组织与社会各界具有关联性和共同性的一种公关广告。其内容可以是联络感情性质的，如表达对其他组织的祝贺、支持和赞许，也可以是社会性的，如响应和支持公众生活中的某一重大主题。一方面，它表明了组织关心、参与公众生活，向公众或其他组织表达善意和好感；另一方面，它借助社会主题的影响或借助对方的传播机会来扩大本组织的影响。

7.5.2　公关广告策划

1）公关广告策划的定义及构成

所谓公关广告策划，就是对公关广告的整体战略和策略的运筹和规划。它不是具体的广告业务，而是广告决策的形成过程。公关广告策划是个系统工程，包含一系列具体内容：公关广告目标策划、公关广告策略策划、公关广告方式策划、公关广告时机策划、公关广告区域策划、公关广告效果测定。为了扩大产品销路，树立形象，企业往往需要开展系统性的广告活动，通过系统性的公关广告策划，达到花钱少、效益高、影响深远的广告目的。尽管公关广告活动每次的侧重点各有不同，但是一般公关广告策划都包含以下六个重要组成部分：产品分析、市场调查、广告定位、创意构思、公关广告媒体选择和效果测定安排。

2）公关广告策划的内容和程序

公关广告策划的工作内容包括哪些呢？这是我们在开展公关广告策划工作时首先要

考虑的问题。只有明确了公关广告策划所要考虑的因素，策划工作才有可能全面展开。公关广告策划的具体内容一般包括对公关广告的对象、媒体、主题、策略、方式、时机、空间、效果、预算等要素的策划，以及对以上各要素的组合策划，下面我们予以简单介绍。

（1）公关广告对象策划

公关广告对象不单是指顾客和客户，它面对的对象还包括上级主管部门、政府机构、企业机构以及业务往来单位、新闻媒介等。对公关广告对象的策划必须建立在摸清消费者层次、找准对象的关心点、摆正企业与市场及公关广告对象的关系等的基础之上。公关广告对象的策划直接关系到公关广告主题、广告内容、广告形式、表现手法以及公关广告文稿的取舍，因而在公关广告策划过程中，必须注意与公关广告对象在心理上、情感上达到相互沟通的效果；否则，不顾广告对象需求，不对广告对象进行深层次的调查分析与研究，即使公关广告做得再精彩，也只能是白费功夫，很难达到公关广告活动的预期目标。

（2）公关广告主题策划

公关广告主题是公关广告的灵魂，它像一根红线贯穿于公关广告之中，因而策划公关广告主题，就是确定公关广告的基本思路，拟定公关广告的中心思想。公关广告主题由公关广告目标、信息个性和大众接受心理三个要素构成。它是这三个要素的有机组合。确定公关广告主题不是一件容易的事情，必须在公关广告活动之前，列举出一系列的公关广告宣传主题，然后从中筛选出最有效的也就是最能突出公关广告目标的主题。公关广告主题的确定要尽量避免类同化、多元化和共有化，尽量使组织公关广告主题达到鲜明、通俗、专一、刺激、独特的要求。

职场链接7-5　　偷走班克斯

2011年，费瑞尔为艺术系列酒店策划的“偷走班克斯”品牌推广活动成了行业内的一则佳话。该活动有个“不像话”的规定，只要顾客能够在严密的摄像监控和工作人员眼皮底下将挂在酒店墙上的班克斯名画成功偷走，即可顺理成章将“赃品”据为己有。

在“偷走班克斯”活动中，供顾客盗窃的宝贝是价值高达15 000澳元的《没有球赛》。不过，你得先找到它才行——它被轮流安放于三家艺术系列酒店中。

这幅名画最后被偷走了，活动也令澳大利亚艺术系列酒店声名大噪。“偷走班克斯”活动斩获了两项艾菲金奖和一项当年的戛纳公关金奖。

资料来源　佚名.全球经典新公关案例［EB/OL］.（2014-05-07）. http：//www.ad-cn.net/content.php？id=1486.

（3）公关广告时空策划

为了提高公关活动的有效性，必须掌握公关广告活动的时机。公关广告活动的开展就在于发现、感化潜在公众，使他们转化为知晓公众。当发生不利于企业的突发事件时，要降低有害因素的影响程度，或在已经面临行动公众的不利情况下，变被动为主动，变大害为小害，变小害为无害，甚至变害为利。这样，把握公关广告时机就显得至关重要。策划公关时机应从广告时限、广告时序、广告时点、广告频率四个方面着手，具体情况具体分析，制订不同的公关广告时机策划方案。

不同的公关广告需要传播的范围不同，存在着公关广告空间范围大小的区别。对公关广告空间的策划制约着公关广告媒体的选择、主题的确定及公关策略的实施。由于在不同的公关广告空间里，公众的文化程度、生活水平、风俗习惯不同，因而企业在做公关广告时为了使自己的企业形象，以及自己所宣传的消费观念进入或巩固新的市场，必须因地制宜采用不同的公关广告策略开展公关广告的策划工作。

（4）公关广告策略策划

公关广告只是企业或组织将有关自己的信息用引人注意、诱发情感的声音、色彩、图像、文字来影响公众产生好感，进而顺从组织的一种传播形式。这是不管公众是否愿意的一厢情愿式输入期望，即单向性传播，因而，在策划公关广告活动的过程中，要讲究方式方法，进行公关广告策略策划也就十分必要了。

（5）编制公关广告计划书

广告计划书是企业进入市场前的一份作战计划。广告计划书贯穿广告策划过程中，把公关广告的分步行动联为一体。公关广告计划书一般包括四个部分，即公关广告计划提纲、环境分析、计划建议和计划评价。由于公关广告具有丰富性、广泛性、长期性以及通过树立良好的组织形象来实现组织利益目标的间接性等特性，公关广告计划书中必须明确五个“M”，即“Money”（应该花多少广告费用）、“Message”（应该用什么文稿）、“Media”（应该用哪种媒体）、“Motion”（在一年中应该如何安排公关广告活动）以及“Measurement”（什么是衡量公关广告效果的最好方法）。

针对以上公关广告策划的内容，其活动就不能无计划地展开，也不能无目的地进行，而要按照一定的程序，有计划、有步骤地进行。在一般情况下，一则成功的公关广告在策划过程中应按照以下程序全面展开：

首先，对公关广告环境作全面、深入的了解与分析。这里所说的公关广告环境包含各个层次和范畴，有产业环境、企业环境、公关环境和广告环境等。由于各种环境对公关广告活动的影响力不一样，这就需要分清环境影响的主次，以摆正企业在公关活动中的位置。

其次，要对企业公关广告策划活动的条件进行摸底，搞清企业的形象定位，找到消费者对企业的关注点。然后针对以上情况，去提炼、归纳，赋予企业精神，确定企业应树立怎样的形象才较为恰当，这就是说一定要找准公关广告的定位。

再次，确定公关广告的目标。广告的具体目标和可控目标主要有：促进销售、传播某种信息、让消费者了解产品或观念、树立企业形象。公关广告的目标不在于促销，而在于加强或改变公众的观念，引导公众的行为。同时要对公关广告效果进行测定。广告收益一般取决于公关广告对公众的影响程度。另外，公关广告策划还肩负着协调公关广告环境、公关广告目标和公关广告效果的责任，在此基础上确定公关广告主题及创意。

最后，对选择公关广告媒体、表现方式、空间、时机的各种策略进行全面分析与研究，统筹兼顾、择优选用，确定适当的公关广告策略作为实现公关广告目标的手段。

以上这些工作的完成，并不标志着公关广告策划工作的结束。因为每一则公关广告的策划工作都不可能一次完成，而必须通过对公关广告效果的分析，实现信息反馈，然后适当地修正公关广告形象，充实和调整公关广告策划工作。

从以上介绍中我们可以看到，公关广告策划并不是一种单向运动，而是一种双向运动，既有公关广告环境分析、公关主题分析、公关广告目标、创意确定这种正向进行的活动，又有公关广告效果检验、信息反馈、策略修正这种反向进行的活动。正是这种双向活动提高了公关广告策划的水平。

公关实训

公关专题活动策划与组织

【实训目的】

通过实训，掌握公关策划的基本程序，并能熟练运用公关策划技巧开展赞助活动、展览会、新闻发布会、庆典等公关专题活动。

【实训内容】

各类比赛、推销展览会、开业庆典活动的策划与组织。

【实训方法】

实地调查法、小组讨论法、情景模拟法。

实训任务一：各种比赛活动的策划与组织

【实训目的】

策划一次比赛，可以是职业技能大赛、演讲比赛、辩论赛等。通过训练，锻炼学生策划和组织各种比赛的能力，培养学生的团队精神和合作意识。

【实训地点】

教室。

【实训要求】

策划书内容包括公关活动目标、公关活动目标公众、公关活动主题、公关活动传播渠道、公关活动具体实施安排（时间、地点、人物、事件、设备等）、公关活动经费预算、公关活动评估。

【实训步骤】

1.全班同学分工合作。

2.选好比赛主题。

3.制订比赛方案，做好资金预算。

4.解决资金来源（可以集资，也可以拉赞助）。

5.组织比赛训练，做好比赛和颁奖准备。

6.实施比赛。

7.颁奖。

实训任务二：推销展览会的策划与组织

【实训目的】

通过训练，锻炼学生的推销口才，培养学生的推销技能，展示商务礼仪形象。

【实训地点】

教室。

【实训要求】

参加的人必须推销一种产品、服务、观念或人才；参加展览会的每位同学要注意个人形象；可邀请其他学生配合，增加难度；评选最佳推销员、最受欢迎的产品或服务或观念；总结经验、教训。

【实训步骤】

1.准备推销的物品。

2.要求回答简练、机智、幽默、真实，讲究方法。

3.邀请领导、嘉宾。

4.邀请新闻记者，发记者证。

5.准备展览资料、展板。

6.准备音响、摄像机、话筒、纪念品。

7.布置环境。

8.宣传。

实训任务三：开业庆典活动的策划与组织

【实训目的】

通过训练，使学生能够掌握各种庆典活动的类型及注意事项，并能够熟练地组织和协调各种类型的庆典活动，锻炼学生的实践操作能力。

【实训地点】

教室。

【实训要求】

前期准备，宣传，环境布置，活动总结评估。

【实训步骤】

1.宣布开业庆典开始：介绍来宾，欢迎光临指导。

2.总经理致辞。

3.客户代表致贺词。

4.剪彩仪式开始：嘉宾上场，礼仪小姐上场，剪彩开始。

5.参观办公环境。

6.西餐厅就餐。

7.招待舞会。

【实训报告要求】

1.格式要规范。

2.分析要有理有据。

3. 语言表达要准确、清晰。

4. 可以以小组形式提交报告，也可以独立提交报告。

【实训注意事项】

1. 工作程序的熟练程度和学生的训练态度。

2. 公关方案项目齐全、结构清晰，具有可实施性。

3. 策划方案新颖，具有创意性。

4. 比赛方案、资金预算合理。

5. 能很好地解决资金问题。

6. 比赛节目精彩，没有出现安全问题。

7. 场景布置得当，比赛准备充分。

8. 颁奖正确。

9. 全班同学合作愉快。

本章小结

公关策划是公关人员根据组织形象的现状和目标要求，分析现有条件，设计最佳行动方案的过程。公关策划包括策划者、策划目标、策划对象、策划内容、策划结果五个要素。

公关策划有利于加强组织公关工作的整体性、提高公关工作的可控性、增强公关工作的可预见性、促进公关工作的成熟性。

公共关系策划具有综合性、思想性、创造性、目的性、弹性等特征，在进行公关策划时，应遵循创新性、公益性、公众性、严密性原则。

公共关系策划分为两大阶段七个步骤，即准备阶段和策划阶段。准备阶段又包括公关现状分析、目标确立两个步骤；策划阶段包括设计方案主题、分析公众状况、选择沟通手段、经费预算、评估方案等五个步骤。公关活动的模式包括建设型公关、强化型公关、矫正型公关、进攻型公关、防御型公关、宣传型公关、交际型公关、服务型公关、征询型公关、社会型公关、文化型公关和网络型公关等模式。

公关策划方案包括5W、2H、1E等八个要素，其格式包括封面、序言、目录、正文、附录五个部分。正文部分是对八个要素的表述和演绎。

公关专题活动的特点是目的性强、主题明确、积极主动、计划性强。公关专题活动主要包括展览会、开幕典礼、开放参观、赞助活动等策划。

公关新闻策划包括撰写新闻资料或新闻稿、策划具有新闻价值的事件、召开新闻发布会等三种形式。

公关广告包括形象广告、公益广告、观念广告、响应广告等形式，策划内容包括公关广告对象的策划、公关广告主题的策划、公关广告时空的策划、公关广告策略的策划、公关广告计划书的编制等，其策划流程包括环境分析、条件摸底、目标确定、策略研究等。

同步测试

一、单项选择题

随堂测7

1.民航代理实行“里程卡”活动，积累一定航程，便可获得一张“免票”，不花钱飞一程。这种做法属于（　　）。

A.宣传性公关　　B.建设性公关

C.防御性公关　　D.维护性公关

2.把重点事实和主要结论放在文章的最前边，然后按照事实的重要性排列事件，这种结构称为（　　）。

A.倒金字塔结构　　B.并列结构

C.顺时结构　　D.金字塔结构

二、多项选择题

1.宣传型公关的具体形式有（　　）。

A.发新闻稿　　B.公共关系广告

C.印刷内部刊物和资料　　D.演讲和表演

2.公关新闻策划包括（　　）。

A.撰写新闻稿　　B.策划具有新闻价值的事件

C.召开新闻发布会　　D.举办展览会

三、简答题

1.简述公关策划的程序和步骤。

2.公关策划方案的要素及格式是什么？

3.什么是公关新闻策划？组织为什么要进行新闻策划？

4.公关广告策划的程序有哪些？

四、情景题

1.由于甲公司的产品出现质量问题，消费者进行投诉。公司决定召开一个新闻发布会，安排小王做新闻发布会的前期工作。小王该做哪些工作？

2.某商场为进一步加强企业的社区公共关系，扩大企业的社会影响，决定在商场门前的广场上举办一次由群众参与的大型露天音乐会。在活动的整个过程中，公关部除了要对这次大型活动进行主题设计、内容编排、实施操作设计、预算计划等有关策划和实施的全面规划外，还有一个重要的工作程序必不可少，你知道是什么吗？请说明理由。

3.为下面的新闻消息提炼标题（不超过10个字）。

自1月2日以来，德国电视、广播、报纸等各种媒体纷纷报道，德国从美国耐克公司生产的运动服中发现了一种缩写为TBT的剧毒化学物质。从1月6日起，德国卡尔斯塔特、考夫霍夫、赫尔蒂等百货公司将耐克运动服全部清出货架，停止销售，并对已售出的耐克运动服实施退换。美国耐克公司也宣布对此进行全面调查。纺织品中含有TBT，是德国电视一台在最近组织的一次市场调查中偶然发现的。

五、案例题

世界杯营销复盘：法国队夺冠，华帝已经不慌了

2018年7月16日凌晨，在第21届世界杯足球赛上，法国队以4：2战胜克罗地亚队登顶夺冠，时隔20年再次捧起大力神杯。随后，作为法国队官方赞助商的华帝宣布“法国队夺冠华帝退全款”活动正式启动退款流程，历时一个多月的营销活动终于进入收尾阶段。

据悉，活动期间“夺冠退全款”指定产品的线下渠道销售额为5 000万元，由经销商负责免单退款；线上销售额为2 900万元，由华帝总部承担。据统计，华帝活动期间销售额约为10亿元，营业利润约为4.3亿元，通过营销获得的利润增长为0.99亿元，足以覆盖“夺冠退全款”营销活动的支出，并且小有结余。

毫无疑问，华帝这一次世界杯营销之战大获全胜，品牌、销售双丰收。从“法国队夺冠、华帝赔全款”的口号开始打响，到经销商“跑路”风波，到启动退全款，华帝这个厨电界新晋网红可谓风头一时无两。

目标：品牌营销

2018年3月，华帝与法国足球队签约，成为法国队的官方赞助商。华帝在宣传造势中称“这是华帝走向国际化的一小步，更是引领中国高端智造登上更高的世界舞台的一大步”。

换言之，华帝赞助法国队的目的是打造品牌、走向国际化，从而促进线上线下的销售，此次“法国队夺冠、华帝赔全款”的借势营销就是最好的例证。

结果：销售、品牌价值双增长

在此次营销活动中，华帝的收获如下：

1.活动期间，华帝线下销售量同比增长20%左右，线上同比增长30%以上。天猫“6·18”当天，华帝转化率在大家电行业前20个品牌里排名第一，单日最大增幅高达525%。

2.周一A股早盘，华帝股份开盘大涨7.19%。

3.“夺冠退全款”活动结束后，华帝预计结余2 000多万元。

4.从搜索指数来看，只花了7 900万元的华帝，远超投入数亿元的海信、蒙牛等的效果。

5.活动期间，受“经销商跑路”的影响，华帝遭受赔不起全款的质疑。

总结：风险与收益并存，借势营销容易暴露问题

总的来说，华帝在此次世界杯期间的营销活动可谓是大获全胜，同时收获了口碑和销量，但从细节上来说还有很多处理不当的地方。

首先，找准了法国队这个夺冠热门，诚意十足。与美菱的“比利时进入决赛，指定型号打5折，夺冠退全款”，万和的“阿根廷晋级返现，金靴享5折，夺冠全免单”相比，华帝的营销简单直白、更有诚意。

其次，风险可控。作为业绩优秀的上市公司，华帝完全有能力兑现承诺。在法国队夺冠之前，华帝品牌公关对退款总额的预估在1.2亿元左右，且表示实际成本完全可

控，最后不到7 900万元的退款总额更不在话下。

再次，言出必行。7月16日凌晨法国队夺冠后，华帝即刻启动退全款，给出了详细的退款方案，并提供退款咨询服务。

最后，危机公关能力不足。6月29日，华帝第二大经销商失联，谣言四起。受此影响，华帝股价连跌，16个交易日股价跌幅高达32.77%，市值蒸发57.6亿元。

分析：营销大战一触即发，家电企业应做好准备

对传统家电企业来说，华帝此次世界杯营销活动树立了借势营销的良好榜样，表明传统企业也能玩转新媒体营销，但传统企业面对突发事件的处理能力也有待提高，此次华帝“经销商跑路”事件也给依赖线下经销商的传统家电企业敲响了警钟。

资料来源　张含.世界杯营销复盘：法国队夺冠，华帝已经不慌了［EB/OL］.［2018-07-16］. https：//www.iyiou.com/p/76988.html.有删减。

请思考：

（1）企业在赞助各种类型活动时要注意什么？

（2）策划活动中如何抓住体育精神与企业文化的同质性？

（3）如何以企业行为带动社会行为，使品牌得到更大范围的传播和认同？

第8章

公共关系活动的实施

情景导入

宾馆该怎么办

某企业自备饮料于重阳节在某宾馆的餐厅宴请敬老院的孤寡老人。半小时后，用过饮料的20多人都不同程度地出现恶心、呕吐等中毒症状，其中4人情况比较严重。一名闻讯赶到的电台记者拟好一条简讯，准备在半小时后的新闻节目中播报。见此状，有人建议：为了不影响宾馆的声誉，餐厅应立即阻止记者发稿；同时暂停营业，在餐厅后门组织抢救工作，并于一小时内处理完毕，以便餐厅恢复正常营业。

【思考与讨论】

（1）从公共关系的角度看，你认为该建议合适吗？为什么？

（2）如果你是该宾馆的公关人员，你将如何通过这件事的处理来扩大该宾馆的影响，提高该宾馆的声誉？

学习目标

通过学习，了解公关活动实施的意义、特点、原则以及实施的过程；熟悉公关实施方案的设计和公关实施的管理方法；重点掌握危机公关的实施与管理，并能熟练地处理各种危机事件。

8.1 公共关系活动实施概述

公关活动能否取得更好的效果，关键取决于计划实施的效果。

8.1.1 公共关系活动实施的意义

公关活动的实施，就是在公共关系计划被采纳以后，将计划所确定的内容变为公关实践的过程。从一项公共关系计划制订到计划目标的完成之间，还存在着一段相当长的距离，存在着一个复杂的过程。这个过程是“公共关系四步工作法”中的第三个环节，而且也是最为复杂、最为多变的一个公关计划实施环节。一项公关计划的实施，其重要性足以和制订计划本身相比，从某种意义上讲，甚至比计划的制订更为重要。这是因为：

1）公关活动的实施是实现公关目标的保障

公共关系的终极目的不是研究问题而是解决问题。公共关系调查研究、制订计划是发现问题、研究问题的过程，而计划的实施才是具体地解决问题达到目标的过程。一个完美无缺的公共关系计划，如果不付诸实施，而是束之高阁，那么无论是对社会组织还是对公众，都是毫无意义的纸上谈兵。

2）公关活动的实施决定了计划能否实现及实现程度和范围

成功的公关活动实施，可以圆满地完成计划中确定的任务，实现计划目标，甚至还可以以实施人员创造性的努力来弥补计划的不足。这种实施活动的成功之处就在于实施人员能够选择最有效的途径和手段，采用多种方法和技巧，在公众中树立本组织的良好形象。公关活动实施的失败，不仅不能实现计划目标，有时还可能使计划中想要解决的问题更加恶化，甚至完全与计划目标背道而驰。从这个意义上说，实施这一环节不仅决定了计划能否实现，而且决定了计划实现的效果。

3）公关活动实施的结果是制订后续方案的重要依据

一项公关计划的实施不论成功与否，都会在社会上造成一定的影响和后果。因此，可以说，我们面临的社会现状，就是过去社会组织开展公关工作所形成的结果。制订公共关系计划必须以社会组织所面临的现状为依据，特别是要注意将前一项公共关系计划实施后由各种渠道反馈回来的信息作为依据。以前一项公关计划实施的结果为基础，针对新出现的问题制订新的计划，可以说是公关计划制订过程中必须遵循的一个原则。因此，前一项公关计划实施的情况，对后续方案的制订具有重要的意义。

总之，公关活动的实施是整个公共关系工作中的一个极其重要的环节。同时，它的作用和影响又贯穿公共关系工作的整个过程。重视研究公关活动的实施对提高公共关系工作的效率和效益有着重大的现实意义。

8.1.2　公共关系活动实施的特点

公关活动实施过程包括以下环节：首先是实施的准备阶段，它包括设计实施方案，制订针对各类公众的行动、沟通计划，确定实施的措施和程序，建立或组成实施机构，训练实施人员；其次是实施的执行阶段，实施机关按照已经设计好的实施计划的程序，落实各项措施；最后是实施的结束阶段，同时为下一阶段的效果评估做好相应的准备。公关活动实施具体而言有以下特点：

1）动态性

公关活动的实施是由一系列连续活动构成的过程，是一个思想和行为需要不断变化、不断调整的过程。这是由于：一方面，一项公共关系计划无论制订得多么周密、具体和细致，与实际情况总会存在或多或少的差异；另一方面，随着时间的推移、实施的进展、环境的变化，实施过程中仍会遇到一些新情况和新问题。因此，不断地改变、修正或调整原定的实施方案、程序、方法、策略等是实施活动中不可避免的正常现象。这种现象的出现说明计划实施顺利，并非计划实施随意。如果不考虑社会环境的变化而引起的条件变迁，只按一个固定的模式去机械地执行计划，那就不仅不能实现计划目标，反而会给组织招致新的麻烦。实施过程的动态性调整，并不意味着实施人员可以随意地以一些无关大局的变化为借口而不按原计划去实施。公共关系计划实施的动态性调整与实施人员的主观随意性实施不可混为一谈。

2）创造性

由于计划的实施是一个不断变化和需要调整的动态过程，实施者需要依据整个实施方案中的原则针对自己所处的环境和面临的条件确定自己的实施策略。如准确地选择传播渠道、媒介与方法，合理地选择时机，正确地分配任务，灵活地调整步骤等。公共关系计划实施的过程绝不是一个简单的照章办事的过程，而是一个由一系列不同层次的实施者发挥主观能动性的过程。实施者应该充分地发挥自己的积极性、主动性和创造性。从这个意义上说，公共关系计划实施的过程不仅是一个对原计划进行艺术再创造的过程，也是不断丰富公共关系实务经验的过程。

3）影响的广泛性

一项公共关系计划涉及众多的因素和变量，它会对各类公众产生广泛的影响。然而，公共关系计划所产生的影响在方案策划阶段还只是纸上谈兵，只有在计划实施后这种影响才能真正地体现出来。公共关系计划实施所产生的广泛影响主要表现在以下两个方面：

首先，计划的实施会对众多的目标公众产生深刻的影响。一项公共关系计划成功实施后，常常会使该社会组织的异己力量变为自己的合作者和支持者。即使有时不能让目标公众从立场上进行彻底的转变，也能使其在观点、态度等方面产生不同程度的变化，至少可以令目标公众从对社会组织的负态度方向（敌视、偏见、漠然、无知）向正态度方向（了解、理解、感兴趣、支持）转化。

其次，公共关系计划的实施有时还会对整个社会的文化、习俗产生深刻影响。例如，看似平平常常、简简单单的快餐业，已然形成一种快餐文化，正在悄悄改变年轻人的生活方式。

8.1.3 公共关系活动实施过程中的障碍

影响公共关系计划实施的因素较多且复杂。一般来说，它主要来自三个方面，即方案本身的目标障碍、实施过程中的沟通障碍及突发事件的干扰。

1）公共关系计划实施中的目标障碍

所谓目标障碍，就是指在公共关系计划实施中由于所拟定的公关目标不正确或不明确、不具体而给实施带来障碍。在公关计划实施过程中，无论实施的动态性多么突出，实施的过程基本上要根据计划方案所规定的内容进行，否则，它就不是公关计划的实施了。因此，公关计划的实施必然要受到计划方案的多方面影响。如果计划目标不正确，或不明确、不具体，那么，尽管实施人员尽心竭力，也不会达到预期效果。

排除目标障碍的根本途径是要求计划目标尽量正确、明确和具体。实施人员在开展工作之前应该从以下五个方面检查一下公共关系计划的目标是否正确、明确和具体：①检查计划目标是否切合实际并可以达到；②检查计划目标是否可以进行比较和衡量；③检查计划目标是否指出了所期望的结果；④检查计划目标是否是计划实施者在职权范围内所能完成的；⑤检查计划目标是否规定了完成的期限。

如果这五个方面有疏漏，实施人员应主动与计划制订者取得联系并敦促其重新修订。计划目标不明确或用宣传口号式的语言来表达计划目标，都会使实施工作无法有效地开展。实施人员可能因不明确计划目标的具体要求，或得到的指令笼统含糊，从而引起误解，产生错误的行动。这就是实施人员排除目标障碍的意义所在。正确的、明确的、具体的计划目标是实施人员行动的依据，也是对计划实施进行控制监督和评估的基础。

2）公共关系计划实施中的沟通障碍

公共关系计划的实施过程实际上主要是进行传播沟通的过程。实施过程中的传播沟通并不是一帆风顺的，它常常会因传播沟通工具运用不当、方式方法不妥、渠道不畅等使实施工作不能如愿以偿。在实施过程中，常见的沟通障碍大致有以下几种：

（1）语言障碍

语言是以语音为物质外壳、以词汇为建筑材料、以语法为结构条理而构成的符号体系。语言与思维不可分离，为人类所独有，是一种特殊的社会现象。人们只有借助语言才能表达情感、交流思想、协调关系，因此，语言是人类最重要的沟通工具。但是，语言又是一种极复杂的工具，掌握运用语言的技能绝不是一件轻而易举的事。由于语言方面的原因而引起的沟通麻烦随处可见。不同国度、不同民族之间的沟通会遇到语言上的障碍，这是显而易见的，而在同一国度里的同一民族因地域的不同造成语音的不同也往往会使人们饱受语言障碍之苦：问路走错路，乘车乘过站，购物听不懂话，甚至因语音误会而引起纠纷等。语义不明同样也会使沟通出现障碍。

（2）习俗障碍

习俗即风俗习惯，是在一定文化历史背景下形成的具有固定特点的调整人际关系的社会因素，比如道德习惯、礼节、审美传统等。习俗世代相传，是经过长期重复出现而约定俗成的习惯。虽然习俗不具有法律强制力，但通过家族、邻里、亲朋的舆论监督，往往迫使人们入乡随俗，即使圣贤也概莫能外。

（3）观念障碍

观念属于思想范畴，由一定的经验和知识积淀而成，是一定社会条件下人们接受、信奉并用以指导自己行动的理论和观点。观念本身是沟通的内容之一，同时又对沟通有巨大的影响。有的观念是促进沟通的强大动力，有的观念则会阻塞沟通。因此，在消除语言和习俗障碍的同时，有必要认真地对待观念障碍。

（4）心理障碍

心理障碍是指人的认知、情感、态度等心理因素对沟通造成的障碍。例如，在谈判中，常常由于一方误解了另一方的意图或没弄清事实真相而浪费大量时间。曲解的原因，就在于一方或双方钻进了隐蔽假设的牛角尖而不能自拔，并且毫无觉察，陷入困境的谈判有时就是这样造成的。日常生活中的意见冲突也往往是由于不同的隐蔽假设在作怪，而调解者的有效作用往往就在于准确无误地使双方了解事实真相，消除偏见。在沟通过程中，时时注意检查自己的各种假设的真假并对对方的假设作出正确预测是十分必要的。除了认知方面的障碍之外，情感的失控也会导致沟通受阻，因此感情冲动时往往听不进不同意见，对一些人或事处处有厌恶感。另外，态度欠妥也不能取得理想的沟通效果。

（5）组织障碍

“组织”这一概念在这里是指由若干“系统”所组成的、开放的社会技术系统。合理的组织结构能够有效地进行内外沟通；反之，不合理的组织结构则会成为束缚沟通的绳索。沟通过程中的组织障碍主要表现在以下四个方面：第一，传递层次过多造成信息失真；第二，机构臃肿造成沟通缓慢；第三，条块分割造成沟通“短路”；第四，沟通渠道单一造成信息量不足。

职场链接 8-1　星巴克陷入“种族歧视门”

2018年4月12日，美国咖啡零售连锁企业星巴克，因为拒绝两名黑人用卫生间而陷入“种族歧视门”。事件发生在美国费城的一家星巴克门店中，两名黑人在等朋友时想借用门店洗手间遭拒，该门店经理发现二人未在店内消费又不肯离开便向当地警方报警，警察赶到后将二人逮捕。该事件引发美国民众的强烈抗议，并呼吁抵制星巴克。

随后，星巴克CEO凯文·约翰逊就此事件公开发表道歉信，称星巴克员工报警的做法是错误的，但这不代表星巴克的理念和价值观，他本人愿意亲自到费城向两名黑人道歉，并在5月29日下午关闭全美约8 000家直营店面，对17万名员工进行“反种族歧视”的相关培训。

虽然事情发生在美国，但也引发不少其他国家相关人士的关注。有一种危机公关叫星巴克，这次事件可以说又给公关人上了一课。

总结：大企业就要有担当。种族歧视、宗教偏见一直备受人们关注。当企业因为不当操作引发大众反感陷入危机时，应当采取坚决的措施，从根本上消除影响。星巴克这次因此关闭8 000家门店，在一定程度上凸显大企业的担当。

资料来源　佚名．星巴克种族歧视门［EB/OL］．［2018-07-12］．http：//www.sohu.com/a/240832320_651050.

3）突发事件的干扰

公关活动的实施是在变化的环境中进行的，在活动实施过程中，难免会发生各种各样的突发事件，使公关活动无法正常实施。这是很多活动的主办方最容易忽略的地方，一方面是因为活动过程中出现的突发事件不太容易把握；另一方面也在于大多数活动组织者对活动的风险管理没有一个清晰的认识，在意识里还没有风险管理的概念。在这个过程中难以保证每个人都不出问题、每件事情都进展顺利。所以，在实施方案过程中，为做到有备无患，就应当有良好的应急方案以便能及时化解危机。一般来说，应急计划有下列几项：

（1）保安措施

保安措施包括在活动期间所有人员的行为秩序，人员和车辆的导流路线，设备安全等，如舞台等行人坐立行走设施、高空架设物、用电设备、机械设备，或者如气球一类易燃易爆物品的安全使用措施。每一项都不能掉以轻心，要有一个周详的安全使用计划。

（2）保护措施

假如参加活动人员多，各人身体条件情况复杂，尤其是有老人或小孩参加的活动，保护措施就要考虑周全，如常见的户外活动中常有被晒晕的事件发生，所以要求活动配备医护人员及急救的措施。

（3）意外情况人员疏散计划

策划时对意外事故的发生要进行充分预测，并制定出相应的应急措施。对于较大型的活动，一定要制订一套意外情况人员疏散计划，以防万一。

（4）防火措施

尤其是有易燃易爆物品时，必须事先采取防火措施。

（5）户外雨天工作程序

假如是户外活动，预防下雨几乎成了必然的议题。活动开展前，需要通过气象台了解天气状况，采取相应的措施。但即使有气象报告也不能掉以轻心，尤其在天气不稳定的情况下，必须准备好雨天工作程序。

8.1.4　公共关系活动实施的原则

公共关系计划实施的特点决定了公关人员在实施计划的过程中，一定要按科学规律办事，遵循以下几项原则：

1）准备充分原则

在正式实施公共关系策划方案之前，必须做好各种实施准备。实施准备是公关实施成功的基础和前提条件。准备越充分，公关实施就越顺利，失误就越少。绝对不能打无准备之仗。在正式实施策划方案之前，要用足够的时间做好各种准备工作。公关实施的管理者、操作者要严格、准确地检查每一项准备工作，要建立“准备工作责任制”，把各项准备工作落实到具体的人，负责到底。

2）策划导向原则

所谓策划导向原则，即公关人员必须严格按照既定的策划方案开展实施工作的原则。策划导向包括目标导向、策略导向和实施方案导向。目标导向要求公关人员在公关方案实施过程中，不断将实施结果与目标要求相对照，发现差距，及时调整，务必实现目标。策略导向要求公关人员必须按既定策略思路去执行实施方案。策略指导实施行为，是实施行为的主导思想。实施方案导向要求公关人员严格按照实施方案开展实施工作。各项具体工作内容的实施方法是公关策略和公关目标的实现手段，应当熟练掌握与应用，并在应用中创造更有效的实施方法。

3）控制进度原则

执行目标导向的原则实际上是加强控制的一种手段。从广义上说，控制就是掌握事物的发展进程，不使其任意活动或超出范围。控制也被看作管理的一个职能，而且多与实施活动联系在一起，比如管理科学中的五要素说（计划、组织、指挥、协调、控制）和三种有机职能说（计划、组织和控制）。实际上，公共关系计划的实施过程也离不开控制。控制过程就是实施人员利用目标对整个实施活动进行引导、制约和促进，以把握实施活动的进程和方向，使各项工作内容按计划协调、平衡地发展，并确保按时完成。控制进度原则要求做好预测，及时发现各种可能影响实施工作进度的因素，针对关键原因采取有效的预防和应对措施。

4）整体协调原则

所谓整体协调原则，就是在计划实施过程中使工作所涉及的方方面面达到和谐、合理、配合、互补和统一的状态。协调强调实施过程中的各个环节之间、部门之间及实施主体与其公众之间相互配合，不发生矛盾或少发生矛盾，当矛盾产生时，也能及时加以调解。

总之，协调的目的是使全体实施人员在认识和行动上取得一致，保证实施活动的同步与和谐，提高工作效率，减少或杜绝人力、财力和物力的浪费。

5）反馈调整原则

反馈是控制论中的一个重要概念，也是公共关系计划实施中的一个重要概念。所谓反馈，就是指把施控系统的信息作用于受控系统（对象）后产生的结果再输送回来，并对信息的输出产生影响的过程。由于人们通常要用这种反馈后所获得的认识来调整公共关系计划的实施活动，所以又称反馈调整。它的特点是：根据过去实施的情况去调整未来的行为。

反馈调整的过程是：公共关系计划的制订者确定公关目标，根据公共关系计划的目标制订具体的实施方案，实施方案制订好后，组织有关部门和人员对方案进行评估，然后，把评估结果与原定的公关目标进行比较，发现问题后再修订整个公共关系计划，这是第一步。第一步工作完成之后，则开始将经过修订的公共关系方案付诸实施。实施后再将实施结果与原定目标进行比较，以影响、调整下一步公共关系计划的制订与实施。

由于公共关系计划实施的环境和目标公众的情况复杂多变，因而，在实施过程中，必须不断地把公共关系计划在客观环境中实施的结果与公关目标相对照，如有偏差，应及时对计划、行动或目标作出相应的调整。要依靠各种形式的信息反馈渠道，把方案实施的各种信息及时、准确地收集汇总上来，经过研究分析，作为采取调整行动的依据。这里应该说明：一项公共关系计划的制订与实施，并非做一次反馈调整便可解决一切问题。它需要经过循环往复地反馈、调整，使实施过程不断完善，直至完成公共关系计划，实现战略目标。

8.2　公共关系活动实施与管理

8.2.1　公关活动组织机构的建立

公关活动的管理一般不是由一个固定的组织机构来进行的，而是根据活动的需要临时组织起管理团队，有时还有志愿者参与进来，所以管理有其独特性。因此管理的组织机构应尽量扁平化，以提高工作效率。

公关活动的管理人员组成，根据不同形式、不同内容，可能有很大的不同，因此，组织机构设置方面，也不必千篇一律，但人员结构基本组成大体如下：

其一，项目经理。负责整个活动项目的管理。

其二，项目管理人员。可以划分为若干个管理团队，各自负责某一方面的工作，如议程管理、场地布置、保安工作等。

其三，专业技术人员。例如，电脑设备维护和管理人员，舞美、灯光音响等专业性较强的技术人员。

其四，工程人员，如舞台安装工人等。

其五，保安人员，包括安全保卫、保健、防火等工作人员。

其六，清洁人员。大型活动的参与人员较多，现场的保洁工作十分重要。

8.2.2　公关活动的方案培训

在公关活动的执行过程中，执行人员是最重要的管理因素。一般而言，公关活动的执行人员大多是临时组合的新团队成员，为了全面理解活动的整体构想，离不开对全体执行人员的培训，通常把这一工作称作“方案培训”。

第一，方案培训的意义在于共享信息，即通过培训让公关活动的执行人员理解和掌握公关活动的目标、主题和总体的策略以及各个部分的执行计划。所谓知情出力，首先要知情，然后才能出力。

第二，方案培训在于明确责权。进行方案培训也是一个工作分工安排的过程。一项公关活动，就是一项管理的系统工程。分工、协调、整合，有赖于一个严密的工作体系，培训的目的就是建立这样一个工作体系。

第三，方案培训是对实施操作的研讨过程。面对工作任务，执行人员会对实施操作过程深入分析和规划，因此，实施工作研讨会有利于进一步完善公关活动方案。培训之所以成为实施工作的第一步，是因为培训是全面实施的动员会，也是优质高效工作的前提。

方案培训的方式是多种多样的：

（1）课程式培训

可以由策划者或者策划方案实施领导人将策划方案变成一个培训课程，有计划、有步骤地把策划方案的目的、主要内容、实施方法和技巧、工作分工、工作协调等，逐一向操作人员讲清楚，然后再听取与会者的意见，直到与会者弄清楚为止。

（2）导演式培训

导演式培训，即指挥者像导演拍电影一样，分别安排布景、道具人员的工作，又像给演员说戏一样分别给各个岗位的工作人员讲述工作任务、要求，使参与者明确自己在其中扮演的角色，并做好工作。

（3）以会代训

在以会议方式下达执行工作的指令、布置工作任务的同时，讲清目的、方式和方法，使与会者明确自己的工作责权，分头实施。

8.2.3 公关活动场地的选择与确定

场地是公关活动重要的依托，几乎所有活动都是在一个三维空间内进行的。活动场地是在公关活动总体目标确定后首先要考虑的要素。场地管理实际是公关活动的环境管理，决定了对公众的吸引力，也直接影响活动的质量。场地的选择与确定应把握以下几方面：

第一，场地与活动的适应性。不同的活动，对场地有不同的要求，如场地是否适合活动主题、内容，活动同周围环境是否相适应等。

第二，场地的特点。例如，该场地有没有历史背景、特殊的意义等。

第三，场地是否有利于营造一种让公众可以亲身体验的生动活泼的氛围。

第四，场地所在地的物流供应情况，活动所需设备安装的可行性。例如，大型活动一般对多媒体设施及一些硬件设备要求较高。

第五，分析该场地交通的方便程度。例如，往返机场的距离、停车设施、步行的方便性等。

第六，防火和应对突发事件发生的应急措施等。

与场地相关性较大的因素则是天气条件，尤其是户外活动，一定要有天气条件作保证。因此，户外活动必须以天气预报为依据进行安排。

活动场地考察与选择必须与策划同时进行，场地的因素往往决定活动的成效。在没有调查场地的情况下，大多数公关活动的策划者或管理者是不敢贸然确定场地的。

8.2.4 公关活动的人员管理

人员管理的首要原则是安全性，如管理不善将导致公关活动发生人员安全事故。

1）预留足够的行动空间

在场地划分的时候，就应充分考虑到安全问题，预留足够的通道和行走空间，避免人员拥挤。

2）设计合理、通畅的行走路线

尤其是在大型活动中，设计合理、通畅的行走路线极为重要。行走路线尽量以单向行走为佳，路线尽量不要重复、交叉，以避免人流双向冲突。

3）标示明确的活动指引

应充分利用活动的印刷品，比如门票、说明书、海报等展示活动场地的划分和行走路线。在活动现场，应该多安置指示牌，让人们清楚地了解活动场所的行走方向。安置指示牌的地方应该是明显可见的。

4）制订活动现场人员控制计划

每一项活动都应充分考虑场地的承受能力，设计额定人数。一旦活动现场人员骤然增多，应该马上控制活动场地内人数的增长。必要的时候，活动场地内可以配置引导人员，为参加活动的人员提供引导服务。

5）人群疏散的管理

活动结束后，人群疏散是公关活动人员管理的重点和难点。这时候人们集中撤离活动现场，即使再宽阔的通道，都会显得拥挤，因而更需要精心安排。一般的方法是尽量在活动场地四周迅速开放放射性的通道，让人们可以尽快撤离。若场地条件不允许，活动指挥机构则应该分期分批让人们离场，以确保安全。必要时，还应与公共交通部门联系，组织公共交通车辆配合人们的返程。

6）出席嘉宾活动的指引

出席活动的嘉宾一般是活动的核心人物，更需要活动指引。在实际活动中，如果因为嘉宾得不到有效的指引，轻则可能引起嘉宾的不满，重则可能打乱活动原定的程序。

8.2.5　公关活动工作项目的分解与管理

分解工作就是将整个项目工作按照可以控制和可以交付执行的原则进行不断分解，直至达到可以充分控制项目进度、成本、质量的程度。合理的工作分解对项目成功至关重要，能够减轻管理上的负担。

很多公关项目是非常复杂和庞大的，例如一个营销传播项目，可能要耗时数个月，牵涉若干个城市，使用多种公关工具，提供多种公关活动的策划和执行服务。只有将任务分解，才可能厘清各项工作，以便于管理。

项目工作分解，就是把项目按照一定的要求分解成特定的工作任务，或者特定的“工作包”。项目工作分解结构图如图8-1所示。

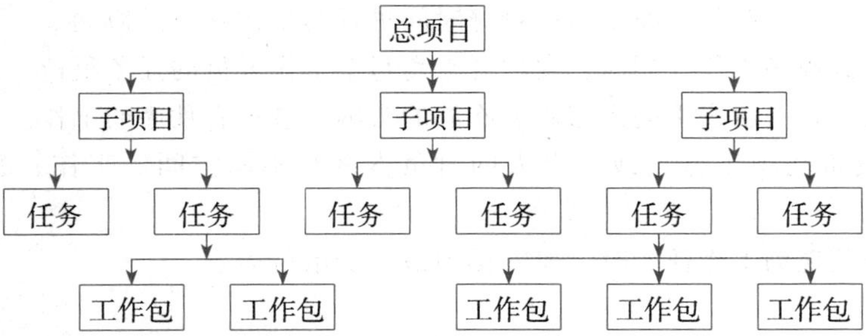

图8-1　项目工作分解结构图

分解工作应注意的问题如下：

第一，分解后的工作任务是可交付执行的工作任务或工作项目。

第二，对工作任务的描述应是清晰、易于理解的。例如，不能把某“工作包”笼统称为“前期筹备”这样不易掌握任务内容的抽象概念。

第三，工作任务应尽量与工作机构的职能部门设置相对应，如场地管理、会务管理、设计等。

第四，不要任意将工作分解至最低程度，过细的分解反而会造成不必要的混乱。

第五，工作任务应清晰定义其开始时间和结束时间。

8.2.6 公关活动的过程控制与管理

进行了工作分解，接下来就是工作过程控制与管理。工作过程控制与管理的目的一样，都是为了更好地规划工作，以确保按时、保质、保量地完成工作任务。

1）实施和操作设计

公关活动的实施和操作的复杂程度绝不亚于一项工程的管理，或者说，它本身就是一项复杂的系统工程。综观公关活动的一般性工作，从人员邀请到现场人员活动组织，从道具的准备、设施的安装到现场布置，从拟定新闻稿到召开记者会，从器材的搬运到嘉宾的接待，从程序落实到安保措施，工作纷繁复杂，而且公关活动的实施还有其特殊性：一是时间高度集中，事件纵横交错，活动一展开，所有程序项目就一个接一个，没有人为停顿的机会，现场工作人员往往像现场直播一样紧张，要在奔跑中工作才能适应进度要求。二是公关活动带来的成功与失败的机会只有一次，不像生产管理，出了废品可以重做。面对如此严格的工作要求，在实施和操作过程中，稍有疏忽，就可能酿成大错，必须对整个操作过程的先后顺序、人力安排、物品管理和使用作出周密的安排。这就是操作设计。

操作设计必须在活动正式实施前就完成，而且正式付诸实施前要经过再三审核论证，谨防挂一漏万。操作设计要把握好下面五个原则：

第一，各项工作要全面纳入计划管理，不要出现管理死角，真正保证每件事有人负责。

第二，各项工作要分门别类进行管理。

第三，做计划的时候，要全面衡量好时间进程与工作任务的协调。

第四，制订现场工作计划时，要注意平衡每个工作人员的任务负荷。要知道，处于极度忙碌或极度紧张状态下的人很难有冷静的头脑并进行有秩序的工作。注意不要安排一个人同时负责两项工作，或一个人同时负责两个不同空间的工作，否则，会顾此失彼。

第五，分配现场工作任务时，要安排到最小的单位为止。

2）甘特图

甘特图（如图8-2所示）可以简单、明确地描绘工作任务和必须完成的时间。甘特图的原理是：以“工作包”（工作任务）作为纵坐标，以工作任务开始执行到完成的过程时间计划作为横坐标，展示时间进程与工作的进展状况。

序号	工作任务	进程时间										负责人
		1	2	3	4	5	6	7	8	9	10	
1	选定场地、时间											
2	拟定新闻发布会的主题											
3	拟定邀请名单											
4	发布邀请函											
5	新闻稿定稿											
6	制作新闻包											
7	布置场地											
8	举行新闻发布会											

图8-2　甘特图

3）关键路径法

公关活动管理必须能够分清工作任务的轻重缓急，有的工作任务必须按时完成，有的工作任务时间则可以有所浮动。关键路径法能够帮助我们找出工作任务的关键路径，以便更有效地管理工作。路径就是指一系列顺序相互关联的工作运行路线。关键路径，就是指决定项目运行周期的路径。如果关键路径上的工作任务有一项被延误，整个项目的完成时间就会被延误。因此，主要任务是关键路径上的任务。

在关键路径图上，箭线是工作任务，圆圈是工作任务的节点，粗箭线是关键路径，关键路径上的关键任务有着严格的顺序关联。

关键路径法如图8-3所示。制作新闻包的任务必须在新闻稿准备完毕后才可以展开，布置场地必须等场地落实后才可以开始。不在关键路径上的任务，其在时间和顺序上的宽容度就比较高。

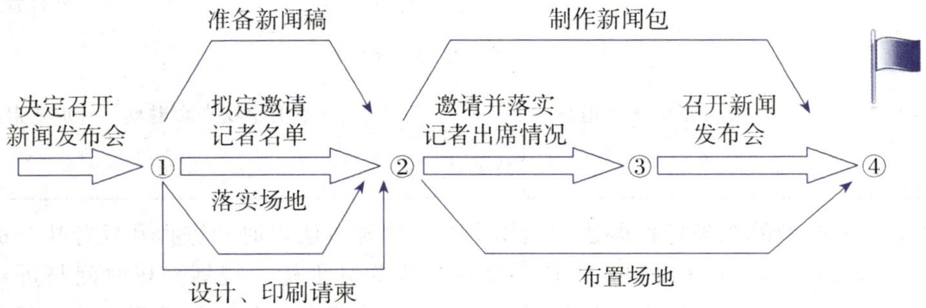

图8-3　关键路径法示意图

4）双坐标推展法

在公关活动的执行管理中，需要处理的问题纷繁复杂，但是万变不离其宗，无论是筹备工作还是现场工作，关键的问题是时间进程与工作任务的划分、协调、整合、统一，即在实施工作过程中如何合理安排时间和工作任务的协调推进是核心问题。

如何能够真正做到时间进程与工作任务的划分、协调、整合、统一？实践经验证明，双坐标推展法是一个比较科学的方法。双坐标推展法是以时间进程与活动程序两项元素作为纵坐标，以工作任务划分作为横坐标，根据时间进程及工作任务的进展，设计具体的工作划分计划。双坐标推展法最大的优点是以时间和程序两个元素确定工作分类计划，有利于工作的现场管理，有效管理事件发展的轻重缓急、先后顺序，使现场工作管理有条不紊。

（1）双坐标推展法的应用

下面以一个开幕典礼的案例来说明双坐标推展法的应用，见表8-1。

表8-1 **双坐标推展法在开幕典礼中的应用**

序号	时间进程	工作任务	工作任务执行分解			
			会务组	礼仪组	程序组	道具组
1	10：00	迎宾	（1）统计出席嘉宾名单 （2）分别接待嘉宾和来宾	（1）组织迎宾队伍 （2）乐队进入工作场地 （3）礼仪进入工作岗位	（1）安排主持人进入岗位 （2）检查各演讲人出席状况及讲稿准备情况	（1）音响启动 （2）准备剪彩用具
2	10：15	典礼开始：介绍嘉宾	介绍名单交主持人	（1）指挥礼仪引领嘉宾 （2）指挥乐队配合程序	（1）指引主持人 （2）跟进所有程序执行落实	
		嘉宾演讲	照应回应现场来宾的要求	分别引领嘉宾	提前提醒演讲嘉宾	跟进程序、配置道具
		剪彩	调动会场气氛	（1）引领嘉宾 （2）剪彩时奏乐	提前提醒剪彩嘉宾	剪彩道具的配合管理
3	10：45	典礼结束	指引嘉宾退场	（1）礼仪小姐欢送嘉宾 （2）乐队奏乐欢送来宾	指引全场来宾退场	道具退场

这是一个典型的双坐标推展法的应用实例。这种方法以时间进程和任务执行的协调为基本管理要素，时间进程和工作任务分两列作为纵坐标，规划现场时间与进程的管理。纵坐标与横坐标的交汇点，是各工作小组的工作任务，是时间进程与工作任务管理的节点。这时候，应把工作任务按一定的逻辑思维划分为不同工作小组作为横坐标，具体列出经过精心策划的现场执行的工作任务。

（2）横坐标的编排技巧

以时间和议程两项为主线，确定各小组在该时间和议程范畴内执行的具体工作任务。例如，在10：00时迎宾的议程区间内，各小组有各自的任务，这些任务组成了开幕典礼的整个工作系统。

以专业因素作为分组标准。表中会务组、礼仪组、程序组、道具组就是按现场工作的专业划分的。

从表格中可以看到，同一时间段内，每一小组的工作不能过于集中，应均衡分配力量。同一工作小组，工作空间不应过大，过大则难以执行工作。每一项工作任务，都应前呼后应。“呼”是准备，“应”是具体的执行。

应用双坐标推展法，对于活动现场管理十分有效，可以说使用了这一张计划表，能起到事半功倍的效果。要编制双坐标推展法的工作表，需要策划者熟悉各个工作任务的内在关系，具有全面组织工作的经验，以及全面驾驭整个活动的能力。

8.2.7　公关活动的宣传品制作

公关活动宣传品包括海报、宣传画册、横额、背景画、电脑投影及影音资料等。一般可以划分为四类。

1）平面印刷资料

平面印刷资料的制作，一般需要经过以下几个步骤：①收集图片和文字资料；②图文资料编辑；③版面设计；④电脑排版；⑤分色及彩色打样校对；⑥印刷、装订。

2）背景画

背景画包括会场全场背景画、活动现场大型宣传画等，现在一般使用电脑喷绘工艺，而一些传统的工艺，例如电脑切割和装裱等方式已经很少使用。

电脑喷绘的制作程序如下：选择设计使用的图片和文字、版面设计、电脑排版、喷绘及安装。

3）电脑投影

电脑投影一般使用PowerPoint或Flash制成文件，在现场通过电脑连接投影仪，投影到屏幕即可。

4）电视专题片

电视专题片的制作过程：①收集电视专题的素材；②编写文字剧本；③编写分镜头剧本，分镜头剧本编写一般由导演执行；④拍摄准备，包括场景、演员、化妆师；⑤拍摄；⑥后期制作，包括编辑、效果制作、配音配乐，最后合成为一条完整的专题片。

8.3　危机公关的实施与管理

事物总有两面性，在我们努力进行公共关系工作的同时，我们付出劳动后可能会出现两种结局：一种是事遂人愿的成就；另一种是意想不到的失误。有时失败甚至是突如其来的，或者是灾难性的。英国公关专家弗兰克·杰弗金斯曾经谈道：“当灾难发生时人们应该怎么办？今天我们生活在化学、核能、电气外加恐怖的危机中，危险的出现还往往不止这些，必须承认，如不采取措施防止最大可能的危机，任何事情都可能发生。现代公关管理者必须认真考虑不太可能的因素——要像消防站那样，电话铃一响立即组织起来，投入战斗。这就是说要讲现实主义而不是唯心主义。这是公关的一个特殊的领域，它要求具备阻止、准备及预防方面的管理技能，而不只是召集记者招待会的才能。”杰弗金斯先生还提出：“做事后诸葛亮是容易的，说什么如果我们怎么怎么办，这种事便不会发生。由于管理不善发生事故太平常了。在日常公关生活中，事故每日每时都在发生。”从杰弗金斯先生的告诫中，我们可以看出，隐患随时存在，危机经常可能发生，为此要做好应对危机的准备。他提倡在任何一个社会组织中，都要有一个应对危机的基本机构。既然危机有可能发生，那么树立危机的意识、确立防范危机的理念、掌握处理危机的理论就是至关重要的事情。要想从根本上把握危机出现的规律和处理危机的方法，就得真正了解公共关系工作中的危机公关理论，其中首先就要认识什么是危机公关。

8.3.1　危机公关的含义

在日常的公关工作中，我们具备了追求公关最大成效的能力，但还必须有防止失败的意识和能力。由于困难的出现是在一些因素作用下产生的，而这些因素总是我们在平常的公关工作中不容易发现的。假如危机的因素很明确，很容易被人发现，那么也就不会存在什么危机了，因为人不会对预知的灾难视而不见。由此看来，处理危机事件是颇有难度的。它不仅要求公关人员具有较强的观察能力，能敏锐地发现问题，还必须具有较强的创新能力，能随机应变地处理问题。在公共关系实务活动中，一系列的追求完善的公关技能很重要，但是防止困难出现的危机意识和处理危机事件的危机公关同样重要。事物相互联系的各因素之间的相互作用和转化既有必然性，又有偶然性，因此发生危机的可能随时存在，认识危机公关成为公关工作者的必修课。

要了解危机公关的概念，首先得认识危机的概念。危机包括以下几层含义：一是指决定事物走向灾难的因素；二是指事物处在失败之际的紧要关头；三是指事物陷入极其困苦、危险的境地。事实上，危机的这三层含义是事物陷于困境的三个阶段，第一个阶段可以扭转，第二个阶段可以挽救，第三个阶段则须面对现实，从头再来。

从危机的这三层含义中我们可以看出，危机对于人的生活，包括公关工作在内，都是一种十分有害、极其危险的状态。当出现危机时，无论处在哪一种状态，我们都不能等闲视之，都要积极行动，使损失降到最低的程度。具体到公关工作中，如果出现了公关危机状态，我们就要积极地应对，在力所能及的范围内进行最大可能的挽救。

由此可以看出，危机公关就是指组织面对危机状态的公关处理过程，也可以理解为处理危机事件过程中的公共关系。其具体内涵就是指任何社会组织，为了解决组织自身陷入的危机，挽回不良事件给公众造成的不良影响和带来的损失，而采取的一系列具有预防、扭转、挽救作用的策略和措施。

当危机事件发生时，公关工作人员要从不同的方面予以调整、处理和解决。公共关系只是处理危机问题的一个关键因素，当然处理危机事件还需要其他一系列手段，诸如财务、技术等手段。但是公共关系却是危机管理中一个非常重要的组成部分，因为它是处于决策层次的因素，起着左右其他因素的决定性作用。它担负着预防、扭转和挽救三项重任。

8.3.2　危机产生的原因

任何危机的出现，都是事物在复杂的发展运动中，组成事物的各种因素之间综合作用的结果。每一种事物都和其他事物存在着这样或那样的相互联系，而这些联系又随时随地发生着不同形式的变化，任何一个环节和因素的改变，都会导致事物结果的变化。因此，在考虑公关工作的发展趋势和事物可能出现的结果时，就不得不考虑组成事物各因素之间的联系和发展。既要分析公关危机出现的原因，也要分析构成公关的各个组织要素，考察它们的构成和变化，这是认识公关危机产生原因的本质所在。

危机事件和其他任何事件一样，都是由主观和客观两项因素构成的。影响组织危机产生的因素绝不是某一项因素存在的结果，而是各项因素综合作用的结果。主观因素中有人的思想和能力因素；客观因素中有物质因素、自然因素和社会因素。

1）思想因素

思想因素包括人的认识、观念、思维和这些方面综合形成的个人素质。具体到一个公关组织，也就是指一个组织内部所有公关人员，特别是公关决策人员的思想素质问题。一个组织的人员思想水平决定着这个组织思想素质的高低。如果一个组织的人员思想认识偏激、狭隘，思想观念即经营的理念僵化，在公关工作中思维死板，并且没有为社会公众服务的意识和服务于社会的组织公关能力，这样的组织就要从根本认识和人员的思想方面解决问题；否则隐患膨胀，迟早要发生危机。

2）能力因素

能力因素在组织中体现为决策能力、管理能力和实施能力。一个公关组织内部人员的决策水平、管理水平和实施运筹能力，是依靠公关实践锻炼出来的。组织内部的人员素质再好，道德水平再高，知识积累再多，也得经过公共关系实践的教育。同时每一个个体能力的高低，并不决定公关组织能力水平的高低，还要依赖内部人员之间行动的协调和有机的配合。整体的行动能力大于部分之和。例如，一个组织内部人员的能力素质低下，只善空谈不善行动，或者是只强调个人英雄主义，不讲究团结协作、共同发展，这些都是产生危机的隐患，必须提高警惕，防患于未然。

3）物质因素

物质不仅仅决定意识，也决定一切因素的存在。在一个公共关系组织中，物质是前提和保障。它包括组织拥有的资金和各种组织依托的条件，诸如地点、交通工具、办公设备和通信手段等。假如一个物质严重匮乏的组织，在不顾及自己能力的前提下，好高骛远，贪大求多，迟早会负债累累，陷入债台高筑的境地而不能自拔。

4）自然因素

自然因素是不以人的意志为转移的，也是公关危机出现的主要因素之一。例如，自然灾害、不良的地理环境、恶劣的气候条件、困难的交通条件等都会制约公关工作的开展。如果处在一个自然条件恶劣、传播交流不发达的地区，则开展公关工作是困难的，要面临的问题也会很多。在这种情况下，更要有充分的思想准备和较强的危机防范意识。即使是自然条件较好的地区，也存在着自然环境的突然变化，因此，自然危机的警惕要常抓不懈，否则就会导致“千里之堤，溃于蚁穴”。

5）社会因素

公关危机的社会因素是指公关组织所处的社会环境对组织正常工作的影响。这种社会因素包括组织所处地区的人口素质、市场需求、政府管理水平、经济发展水平、治安面貌、通信条件等。当然，社会环境相对较差的地区开展公共关系工作所面对的危机因素会更多，阻力会更大，有些社会环境因素是组织不能左右的。公关人员应当正确认识这些隐患的存在，积极预防它对整个组织发展的影响；否则，一些恶劣的社会因素会使组织的公关工作时时危机四伏，阻力重重，让人防不胜防，最后导致公关工作的失败。

8.3.3 危机的特性

凡是危机事件都有共同的特点，即重大损失的突发性，导致困难的难以预测性，影响甚大、危害严重的灾难性，以及涉及面广、引起不良后果的严重性。危机事件既有重大的财产损失，也有严重的人员伤亡，还包括利润的急剧下滑，甚至严重亏损，也可能是以上几方面的全面爆发。无论是哪种情况，都会使组织在社会公众心目中的形象受到严重的影响，诸如重大伤亡事故、严重的意外灾难、大规模的事件纠纷、组织由于某些因素造成的信誉危机等。

由以上的公关危机的特点，我们可以大致了解危机的特性。

1）危机是不良因素发作的结果

“冰冻三尺，非一日之寒。”一个组织突然爆发了危机，不会没有任何潜在的因素，无论是来自主观原因还是客观原因，或是两者都有的原因，都是公关人员平时疏于警觉的结果。即使是非常偶然的人为因素和意外的自然灾害，也有其暗含的内在规律，而这种规律不论周期多长，都具有反复出现的特性。对于这些难以预测的在暗中起作用的因素，任何社会组织都要有专门的研究、清醒的认识和严密的防范措施。美国公关专家菲克对《财富》排名前500强的大公司进行的危机调查显示，现代企业面临危机是必然的事情，因此更要加倍地重视这方面的研究。

2）危机具有极强的危害性

如果危害程度不大，也就称不上是危机。凡是对社会组织造成重大影响的危机事件，其伤害程度都很严重。而且这种危机解决越不及时、越不果断，危害就越深，损失就越大，造成的社会影响就越恶劣。这种影响如不及时挽救和消除，甚至会产生很长时间的不良作用，给组织带来灭顶之灾。

3）危机从表面上看具有突如其来的偶然性

一个危机的出现，事实上是不良因素由量变到质变作用的结果。因为我们平时疏于注意，它是在我们不经意的情况下突然出现的，所以让我们感到偶然。事实上，一次偶然的毒气泄漏，往往是管理或器具性能的漏洞造成的；一次偶然的食物中毒，往往是平时不注意严格把握细节造成的；一次突然出现的恶意中伤，即对组织形象、信誉的伤害是组织平时在人际关系方面疏于努力造成的。由于危机有我们猝不及防的突发性，因此，我们在平日的公关工作中必须对细节加以重视。

4）危机的出现总有一定的层次性

就如同任何事物都有程度一样，公关危机事件的出现也表现出不同程度的危害性。有时危机呈现出的危害只处在初始阶段，如果及时阻止，防止危机恶化，就能把损失降到最低。有的危机一爆发就危害很大，这就需要我们投入很大的精力和财力，全力以赴，控制事态，以免带来灭顶之灾。有的危机事件在出现时已成定局，没有继续变化的势头，这时就只能尽量消除影响，处理善后，使危机不要波及其他领域以致影响其他方面的工作。

5）危机都具有可变性

无论什么程度的危机事件，都不存在不可收拾的情况。哪怕是影响极大、后果严重的灾难性事件，也要根据危机不同的危害程度，制定相应的处理措施。任何一种危机事件的发生都是事物运动、发展、变化的结果，我们发现它后，就可以让它在我们能力所及的范围内得到遏制、扭转和向好的方向发展。我们对危机情况的认识和判断是很关键的。如果我们对危机的形势判断不准确，就不会制定出相应的、有效的措施。如果措施不得力、方法不正确，就不能有效地进行危机公关，从而使危机加深。

8.3.4 危机的类型

按照不同的分类标准，可以将危机分为多种类型。但是在公关工作中，关于危机的根本分类标准就是按危机的内容和形式两个方面去划分的。因为任何事物的基本组成部分都是内容和形式两个方面。

1）从内容方面来看，公关危机可以分为信誉危机、效益危机和综合危机

（1）信誉危机

它是指公关组织由于在经营理念、组织形象、管理手段、服务态度、组织宗旨、传播方式等方面出现失误而造成的社会公众对组织的不信任，甚至怨愤的情绪。信誉危机也称形象危机，这种危机尽管看上去是软性的，但是它直接影响组织的经济效益和可以量化的其他收益。因此，信誉危机是真正意义上的公关危机，它是公众心目中的组织形象的倒塌，是公关工作的重大失误，如不及时想办法挽救，很快就会波及组织的其他领域，带来灾难性的损失。

（2）效益危机

它是指组织在直接的经济收益方面面临的困境。例如，出现了同行业产品价格下调、原材料价格上涨、行业的恶性竞争；或者该产品市场疲软，产能过剩；或者组织的投资出现了偏差等。这方面的危机出现后，也是很棘手的，因为效益是一个组织的生命，所以面临直接的、单纯的经济效益灾难时，要想办法、想策略及时补救，做到统筹全局，使亏损降到最低。

（3）综合危机

它是指兼有信誉危机和效益危机在内的整体危机。这种危机的爆发往往是出现了影响重大的突发性事件，而且情况总是由信誉危机引起，由于处理不及时，或者事态发展太快而造成了经济利润的全面下降，导致了连锁损失。在这种情况下，就需要公关组织

刻不容缓，竭尽全力找到问题的突破口，迅速、果断地控制事态发展，有效地解决面临的问题，使组织尽快走出困境。

2）从形式方面来看，公关危机包括点式危机、线性危机、周期性危机和综合性危机

（1）点式危机

这种公关危机事件的出现是独立的、短暂的，和其他方面联系不大，产生的影响比较有限，它往往是一定范围内的局部性危机，也是一种程度较轻的危机状况。在实际的公关工作中，这种危机常属于一般性危机的范畴，大部分情况下，处于隐性危机状态。它可能是组织内部局部和一些具体因素由于控制不严造成的具体方面的失控和混乱。但是这种危机往往是大危机到来的征兆，如不及时将问题消灭在萌芽状态，就会酿成大祸。

（2）线性危机

它是指由某一项危机的影响而造成的事物沿着一定发展方向出现的一系列接二连三的危机连锁现象。这种状况往往造成的是一个危机流，如不阻止事态发展的势头，就会造成大的灾难。线性危机产生的根本原因在于事物之间的联系。当组织在公关的某一方面工作中出了问题，面临危机时，一定要采取得当措施，力度适当。如果某一环节出现偏差未及时处理，造成失控，那么困难的局面就会像多米诺骨牌一样发生连锁反应，最终由一次危机演变成一系列危机。

（3）周期性危机

这是一种按规律出现的危机现象，也就是由于事物的性质和发展规律造成了某些公关工作在经过一段时期后，有规律地出现困难现象的危机状态。例如某些产品的销售有旺季，也有淡季。当进入淡季后，就要有相应的处理措施，以应对不利的局面。这种周期性困难是一种可以预测、能够预防的危机。也就是说，公关人员经过几次危机的锻炼后，就会找到危机出现的规律。当积累了一定经验后，就能够把握规律，控制这种危机的出现，避免危害的发生。

（4）综合性危机

这种危机是指在一个社会组织中，突然出现了兼有以上几种危机汇成的爆炸性危机。它是一种迅速蔓延、向多方面发展的危机状态，也是一种最严重的危机状况。它一般是先由点式危机处理不得力造成了线性危机，再加上其他因素的作用，使危机的事态急剧恶化，短期内迅速发展成一种一败涂地的重度危机局面。这种危机的程度最深，挽救和扭转相当困难。一般而言，必须组织内部成员群策群力，上下同心去面对。必要时聘请相关方面的专家，提供专业的意见和建议，或者汇集公关专业人士协同组织的管理者和决策者对危机事态进行紧急商议，及时找到解决问题的突破口，不然就会有彻底葬送事业的危险。

除了以上几类危机情况外，我们在公关中经常遇到的还有根据公关危机危害程度的不同分成的一般性公关危机和重大公关危机。前者程度较轻，是局部性的，危害小；后者情况严重，是整体性的，危机深重。另外，根据公关危机事件呈现的状态，还可以分

为隐性公关危机（某些局部要素上的隐患）和显性公关危机（已经形成事实的整体性危机事件）。

危机事件的危害性十分明显，它一方面损害了组织的形象和利益；另一方面危害了公众的利益，伤害了公众的感情。有时，公关危机会引起某些社会问题。一起公关危机，可能涉及社会的许多领域和相关的众多部门，影响到许许多多的人，以至于引起大范围的社会关注，所以危机事件有时造成的社会影响是很大的，很多事件的恶性影响在很长时间内难以消除。因此，公关组织要特别重视公关危机的防范和危机纠纷后的处理。

拓展阅读

网络舆情处置的五个步骤

1.舆情发生期

这个时期舆情正处在萌芽阶段，多表现为网友个人在社交媒体、短视频、论坛、贴吧等平台上自行传播转载。

处置策略：这个阶段由于没有形成集聚，可以使用一些专业的大数据舆情监测平台，展开全网舆情监测，以便准确且及时地发现其中的部分舆情信息可能形成关注效应，这样就可以从源头上加以干预。一方面，既可以主动引导舆论，促使舆论朝健康积极的方向发展；另一方面，也可以采取联系删除、举报投诉、法律维权等方式防止危机爆发。

2.舆情发展期

这个时期舆情正处于发酵阶段，多表现为引发了部分群体的转发和跟帖，但是尚未引发全民或媒体的关注，没有形成网络舆情事件。

处置策略：发展期与发生期的应对处置策略类似，都需要提前介入，防止网络舆情发展成为网络公关危机，在此不作过多介绍。

3.舆情高潮期

这个时期舆情正处于爆发阶段，多表现为引发了官方、权威媒体、KOL等的关注与转发，甚至吸引了全民的关注，形成了舆论大爆发。

处置策略：在这一阶段，由于引发了广泛关注，公共舆论的压力骤增，关键是要借助大数据舆情监测平台对舆论的关注焦点、网络情感、发展演变趋势等进行分析，以解决舆论核心诉求为主，并根据网民的情感采取相应的安抚措施。与此同时，也需要现实处置层面和媒体传播层面的共同执行，充分做到公开透明，防止谣言及传闻满天飞，致使舆情恶化。

4.舆情震荡期

这个时期舆情正处于发展阶段，多表现为舆情进一步发展演变，在网上衍生出了大量的相关话题，相关媒体进行了详细和深入的报道，网络情感倾向也因媒体的报道而波动。

处置策略：同理，在这个阶段亦可参照高潮期的处置策略，分析舆论、引导舆论，给舆论降温。

5.舆情回落期

这个时期舆情正处于降温阶段，多表现为危机事件得到了较好的解决，网友和媒体已经逐渐忘却，开始追逐新的社会热点。

处置策略：尽管在这一阶段网友和媒体已经逐渐忘却，但是为了防患于未然，也为了总结经验、吸取教训，还要借助大数据舆情监测平台对舆情进行持续的跟踪，防止危机的“死灰复燃”以及其他衍生危机的发生。此外，亦可借助舆情分析结果可视化的图表、报告等，进行决策参考。

资料来源　佚名．网络舆情处置的五个步骤［EB/OL］.［2021-11-09］. https：//36kr.com/p/1477122849960711.

8.3.5　危机公关的管理

1）建立危机预警系统

危机管理机制包括预防、处理、善后三个方面。俗话说，“人无远虑，必有近忧”，“凡事预则立，不预则废”，在危机管理机制中，建立健全危机预警系统是首要问题。那么，企业该如何建立危机预警系统呢？关键是做好以下几个方面的工作：

（1）建立危机管理小组

从学科上来看，危机管理属于公共关系的内容，但危机管理的实践不能只是企业公共关系部门的问题。联系到我国目前很多企业公关部门形同虚设的现实和公关部门权限上往往只限于一个普通职能部门的事实，如果只是将危机管理交由公关部门来做的话，解决问题的能力可能就要大打折扣。由于危机发生时涉及企业全局，甚至可能直接关系到企业的生存，因此危机管理不能只是一个部门的事，而是所有职能部门和员工共同的事。同时，危机处理对参与人员的素质要求很高，如果不提前进行人员储备，就很难在危机发生时找到合适的人员，从而延误时机并导致处理失败，所以有必要建立危机管理小组。

危机管理小组的领导者不一定是企业的最高领导，但必须是高层管理者中的权威人物。小组成员，应尽可能选择熟知本企业和行业内外部环境、有较高职位的管理人员和一线的技术人员以及公关专业人员参加，才能纵览全局，敏感地发现问题，在问题发生时才能有权力、有能力及时调动可用资源，妥善协调关系、处理危机。

危机管理小组是企业的常设机构，其工作主要在于收集相关资料，制定本企业的危机管理制度、发现潜在的危机；通过日常危机教育，提高全体员工的危机意识；进行危机模拟实验，提高企业应对危机能力；与企业内外部相关部门，特别是新闻媒体进行信息沟通，为危机的发生做好必要的信息沟通准备等。

（2）强化员工危机意识，进行危机模拟训练

企业危机往往关系到整个企业的生存发展，事关每个员工的利益。综观多起企业危机，当危机发生的时候由于企业的宣传口径不一致造成谣言满天飞，引起公众的疑虑和产生不信任感，从而增加危机处理的难度；对于服务行业，几乎每个员工都直接面对消费者，有些危机可能就是由于员工的服务缺陷造成的。所以，企业更有必要加强员工的

危机意识教育，并适当进行危机模拟训练，提高员工应对危机的整体能力，在危机发生时发挥集体的力量，共克时艰。

首先，强调“居安思危”，让企业所有员工都明白危机管理的重要性和必要性，强化其危机意识，强调许多大的、灾难性的危机可能仅仅源于小的疏漏，提高警惕性。其次，培训员工的应对能力。在危机发生时作为员工该做些什么，应该如何与公众、合作伙伴、媒体、政府等群体进行及时有效的沟通；熟悉危机发生时企业内部的沟通系统和应急反应计划，知道如何协调工作，共同解决危机；特别强调作为非发言人的一般员工要做到不随便发表“内部小道消息”，统一口径，先声夺人对企业危机的处理至关重要。再次，培训员工的服务技能，保证服务的质量，减少企业自身出错和错失的机会。最后，培养员工合作与奉献的精神。

（3）制订企业危机应变计划

在法律法规和企业政策允许的范围内，危机管理小组应制订灵活、具体、周密的危机处理对策计划，形成书面方案，使之制度化、规范化。为保证危机处理计划的全面性和客观性，可聘请专业公关公司来主持或协同编撰。制订危机应对计划时，要尽可能全面，考虑到企业可能会发生的危机类型，每一种危机都应有一个可能的应对方案。另外，每一个应对方案都至少包括以下方面：危机可能造成的最坏影响；每一种可能所采取的具体应对方法；人、财、物的调配方案；主要发言人和后备发言人的姓名、地址、联系方式；发言人的讲话稿；需要联系的相关部门，比如媒体、行政部门、医院、交通部门、公安部门、景点等的联系方式、联系人等。

这些具体的危机管理系统平常就放在企业的网站上，在危机发生时，相关管理者输入密码就可以打开，按部就班地组织实施，做到处乱不惊、迅速应对、井然有序，提高危机处理的成功率。

（4）观察发现危机前兆，分析预计危机情境

有了管理小组，有了危机管理系统，有了内部员工的“群众的力量”，还需要有一双“慧眼”及时发现危机，做到“防患于未然”、尽可能将危机消灭于萌芽状态。任何事件的发生都不是无中生有，多数危机在爆发前或多或少都有预警信号，只是在危机真正爆发之前，这些蛛丝马迹的预警信号往往没有引起人们的注意和足够的重视而已。这就要求危机管理小组十分关注与企业经营相关的宏观及微观因素的变化趋势，及时发现危机前兆，超前决策、争取主动，尽可能将危机消灭在潜伏期。

及时发现危机先兆，依靠的是全体员工的危机意识，依靠的是危机处理小组的工作能力。只有危机处理小组以高度的危机意识和高度的工作责任感在日常收集的相关资料中敏锐地发现问题，意识到问题的重要程度，并及时与相关领导沟通信息，才能够及时启动危机预警系统，抢占先机、减少损失。

微课8-1

危机管理计划的制订

2）制订危机管理计划

危机管理计划是特定企业或社会组织为了预防危机的发生或在危机发生时尽可能减少损失而制订的较为全面具体的关于危机事件预防、处理和控制的书面计划。它是制定

危机管理手册、开展危机管理教育的基本依据。

依据内容或工作的侧重点的不同，危机管理计划分为危机应急计划和危机传播计划。危机应急计划是企业或社会组织在全面分析预测的基础上，针对出现概率较大的危机事件而制订的有关工作程序、措施方法、应对策略等的书面计划。危机应急计划的侧重点在于：具体危机出现后如何施救处理。危机传播计划是针对企业或社会组织出现声誉受损、形象受挫以及伤亡事故等制订的旨在维护声誉、消除误解、告知大众的书面计划。危机传播计划的侧重点是危机事故发生后的新闻传播、信息控制。

3）危机管理过程的沟通协调

任何企业或社会组织都生活在一个不断变化的环境当中。企业或社会组织适应不断变化的环境就是在不断地调整和适应方方面面的关系。从这种意义上讲，企业或社会组织开展危机管理，其实质就是与自己面对的各种公众进行沟通协调。专业的公关人员以及危机管理小组成员必须具备娴熟的沟通协调技巧，在危机管理过程中积极地与外界建立联系、不断地传递信息、善于协调关系，并根据反馈的信息调整管理策略。

危机管理工作分为危机来临前、危机处理中和危机后期三个阶段。在不同的阶段，沟通协调管理工作的要点不同，技巧有别。

（1）危机来临前的沟通协调

危机来临前的沟通协调要点包括以下几点：

①注重平时

危机来临之前的沟通协调工作要遵循重在平时的原则。目的是为危机发生后的沟通协调作准备。国外危机管理专家指出，在危机发生时，你要与各种政府部门和顾客打交道。如果你不认识政府有关部门中的任何人，或者你从来也没有与顾客组织进行过交流的话，你就会有困难了。你必须与那些将来在危机时需要进行沟通的关键集团、组织、政府部门事先建立沟通网络或桥梁。

②为“战时”做好相应准备

比如，各相关单位的地址、电话、传真、电子邮件地址、重要人物的联系方式等信息要准备好。要进一步确认在特殊情况下与谁联络。

③切忌仅仅与个别人联系

平时的沟通协调要以组织为重点，切忌只与个别人保持联系。在多数情况下，发生危机的组织希望得到组织而不仅仅是个人的帮助。通常，组织的力量大于个人的力量。

（2）危机处理中的沟通协调

国外危机管理专家曾总结出5项适用于各种危机的沟通原则。这些原则适合我国企业或社会组织开展危机处理以及沟通协调工作。危机中沟通的5项原则及包含的有关技巧如下：①控制事态。危机发生时，必须尽早在物质上和舆论上阻止事态的进一步扩大。物质上控制通常是头等重要的事情。②开诚布公。要做到坦率、忠实，要告诉人们事实真相。③勇于承担责任。在危机处理过程中要勇于承担责任，不要企图回避问题、推卸责任或者闪烁其词。④表示同情与关心。要利用简短而有效的、态度积极的声明来对受害人表示出真诚的关心和同情。⑤采取积极行动。公司对发生危机应作出的反应是采取一系列积极的补救行动。

我国公关专家游昌乔先生也总结出危机处理的5项原则，称为5S原则：①承担责任原则（Shoulder the Matter）；②真诚沟通原则（Sincerity）；③速度第一原则（Speed）；④系统运行原则（System）；⑤权威证实原则（Standard）。

职场链接8-2

“拼多多”事件

2018年7月26日，拼多多成功在纳斯达克上市并且首日大涨近40%。然而自上市第二天开始，网上相继曝出拼多多平台上卖山寨货、假货的新闻，其中包括7.5元奶粉、郑渊洁举报拼多多上售卖盗版皮皮鲁图书和创维声讨拼多多售假等。

公关失误：拼多多在应对事件的记者沟通会中，表述不得体，例如“山寨货不等于假货”“假货，淘宝京东上也有”“假货问题是社会问题，让3岁的拼多多承担是不公平的”等招黑语句被媒体抓住痛处大肆传播，最终留给公众一个甩锅、推卸责任的印象。

后续：2018年12月，拼多多在品牌升级、供应链改造方面的创新，一定程度上扭转了舆论印象。在“双12”当天，拼多多宣布启动“新品牌计划”，为处于“食物链底端制造业”的“国外知名品牌代工厂”提供资助，依托中国品牌满足用户高质量产品需求。12月26日，极光大数据发布的《2018年电商行业研究报告》显示，拼多多已跻身电商第一阵营，用户占比已经达到了33.2%，仅次于淘宝的41.8%，超过了天猫、京东、苏宁。

资料来源　李旭．2018年十大危机公关事件［EB/OL］．［2019-01-08］．https：//www.meihua.info/a/73109.

（3）危机后期的沟通协调

当把采取的一系列行动告诉公众之后，人们关注的往往是效果怎么样。因此，在危机后期，要注意：①迅速通过适当的方式和渠道传递采取行动之后的效果，尤其是好的效果。②通过具体的行动，继续表达对受害人及其亲属的关心、同情、安慰、帮助。③危机管理小组成员总结、交流对危机的处理情况。④与专业人员、专家交流，评估危机处理的得失。⑤收集所有反馈信息，为调整协调和沟通措施提供依据。

作为公关专业人员，在危机的沟通协调工作中，应该尽可能借助现代化的通信工具来达到自己的目的。为此，危机管理小组的成员或公共关系专业人员，应当随时带着或很容易找到一些必要的配备。这些配备包括移动电话、同事的通信录、新闻媒介记者的名单、手提电脑、录像机等。

4）危机对策与基本技巧

微课8-2

危机对策与基本技巧

不同的危机有不同的危机处理对策。公关危机处理没有固定的模式。这里所谓的对策，从某种意义上来说，仍然是一种原则性的提示、一种理论上的思路。

（1）组织内部的对策

迅速成立处理危机事件的专门机构。假如企业已成立危机管理小组，可在该小组的基础上增加部分人员。如果事先没有设置与危机管理小组相似的专门机构，需要立即组织成立。这个专门小组的领导应由企业负责人担任。公关部的成员必须参加这一机构，并会同各有关职能部门的人员组成一个权威性、有效率的工作班子。

第一，了解情况，进行诊断。应成立专门机构，迅速而准确地把握事态的发展，判明情况。确定危机事件的类型、特点，确认有关的公众对象。

第二，制定处理危机事件的基本原则、方针、具体的程序与对策。

第三，急速告知需提供援助的部门，共同参与危机处理。

第四，将制定的处理危机事件的基本原则、方针、程序和对策，通告全体职工，以统一口径，统一思想认识，协同行动。

第五，向传媒人士、社区意见领袖等公布危机事件的真相，通报企业对该事件的态度和将要采取的措施。

第六，危机事件若造成伤亡，一方面应立即进行救护工作或进行善后处理，另一方面应立即通知其家属，并尽可能提供一切条件，满足其家属的探视要求。

第七，如果是由不合格产品引起的危机事件，应不惜代价立即收回不合格产品，或立即组织检修队伍，对不合格产品逐个检查。通知有关部门立即停止出售这类产品。

第八，调查引发危机事件的原因，并对处理工作进行评估。

第九，奖励处理危机事件的有功人士；处罚事件的责任者，并通告有关各方。

（2）受害者对策

第一，认真了解受害者情况后，诚恳地向他们及其亲属道歉，并实事求是地承担相应的责任。

第二，耐心而冷静地听取受害者的意见，包括他们要求赔偿损失的意见。

第三，了解、确认有关赔偿损失的规定，制定处理原则。

第四，避免与受害者及其家属发生争辩与纠纷。即使受害者有一定责任，也不要在现场追究。

第五，企业应避免发表为自己辩护的言辞。

第六，向受害者及其家属公布补偿方法与标准，并尽快实施。

第七，应由专人负责与受害者及其家属接触。

第八，给受害者安慰与同情，并尽可能提供其所需的服务，尽最大努力做好善后处理工作。

第九，在处理危机事件的过程中，如果没有特殊情况，不可随便更换负责处理工作的人员。

（3）新闻界对策

第一，如何向新闻界公布危机事故，公布时如何措辞，采用何种形式，有关信息怎样有计划地披露等，应事先达成共识，统一口径。

第二，成立临时记者接待机构，由专人负责发布消息，集中处理与事件有关的新闻采访，向记者提供权威的资料。

第三，为了避免报道失实，向记者提供的资料应尽可能采用书面形式。介绍危机事件的资料应简明扼要，避免使用技术术语或难懂的词汇。

第四，主动向新闻界提供真实、准确的消息，公开表明企业的立场和态度，以减少新闻界的猜测，帮助新闻界作出正确的报道。

第五，必须谨慎传播。在事情未完全明了之前，不要通过媒体对事故的原因、损失以及其他方面的任何可能性进行推测性的报道，不轻易表示赞成或反对的态度。

第六，对新闻界表示出合作、主动和自信的态度，不可采取隐瞒、搪塞、对抗的态度。对确实不便发表的消息，亦不要简单地“无可奉告”，而应说明理由，求得记者的同情和理解。

第七，不要一边向记者发表敏感言论，一边又强调不要记录。

第八，注意以公众的立场和观点来发布消息，不断向公众提供他们所关心的内容，如补偿方法、善后措施等。

第九，除新闻报道外，可在刊登有关事件消息的媒体上发表致歉信息，向公众说明事实真相，并向公众表示道歉及承担责任。

第十，当记者发表了不符合事实真相的报道时，应尽快向该媒体提出更正要求，并指明失实的地方。向该媒体提供全部与事实有关的资料，派重要发言人接受采访，表明立场，要求公平处理，特别应注意避免产生敌意。

（4）上级领导部门对策

第一，危机事件发生后，应以最快的速度向企业的上级主管部门实事求是地报告，争取其援助、支持与关注。

第二，在危机事件的处理过程中，应定期汇报事态发展的状况，求得上级主管部门的指导。

第三，危机事件处理完毕后，应向上级主管部门详细地报告处理的经过、解决方法、事件发生的原因等情况，并提出今后的预防计划和措施。

（5）有业务往来单位的对策

第一，危机事件发生后，应尽快如实地向有业务往来的单位传达事件发生的消息，并表明企业对该事件的坦诚态度。

第二，以书面形式通报正在或将要采取的各种对策和措施。

第三，如有必要，还可派人直接到各个单位去面对面地沟通、解释。

第四，在事件处理的过程中，定期向各界公众传达处理经过。

第五，事件处理完毕，应用书面形式表示歉意，并向理解和援助的单位表示诚挚的谢意。

（6）消费者对策

第一，迅速查明和判断消费者的类型、特征、数量、分布等。

第二，通过不同的传播渠道向消费者散发说明材料。

第三，听取受到不同程度影响的消费者对事故处理的意见和愿望。

第四，通过不同的渠道公布事故的经过、处理方法和今后的预防措施。

（7）消费者团体对策

第一，所有的对策、措施，都应以尊重消费者权益为前提。

第二，热情地接待消费者团体的代表，回答他们的询问、质询。

第三，不隐瞒事件的真相。

第四，及时与消费者团体中的领导以及意见领袖进行沟通、磋商。

第五，通过新闻媒介向外界公布与消费者团体达成的一致意见或处理办法。

（8）社区居民对策

第一，社区是企业生存和发展的基地，如果危机事件给社区居民带来了损失，企业应组织人员专门向其致歉。

第二，根据危机事件的性质，也可派人到每一户家中分别道歉。

第三，在全国性的和有影响的地方媒体上发致歉信，明确地表达企业敢于承担社会责任、知错必改的态度。

第四，必要时，应向社区居民赔偿经济损失或提供其他补偿。

除上述关系对象外，还应根据具体情况，分别对事件有关的交通、公安、市政、友邻单位等公众采取适当的传播对策，通报情况，回答咨询，调动各方面的力量，协助企业尽快度过危机，将企业形象受损控制在最低限度。

公关实训

危机公关方案的制订与实施

【实训目的】

通过实训，掌握公关危机预防分析并能制订相应的应急计划，掌握公关危机协调技巧；掌握公关危机中与媒体关系的处理方法。

【实训内容】

危机公关方案的制订，危机的处理。

【实训主要仪器设备及材料】

电脑、网络、桌椅或沙发。

【实训方法及步骤】

1.实训方法：小组讨论法、情景模拟法。

2.实训步骤：

（1）全班同学分为两组，轮流扮演组织和公众。

（2）电话铃响，有人投诉本公司产品含有危害人体健康的物质，并说已爆料给媒体。

（3）制定危机对策，采取措施，控制事态发展。

（4）对危机进行调查，提出危机公关管理方案。

（5）部署调查（事件产生的原因、涉及的公众对象、对企业的形象影响等）。

（6）落实危机公关工作步骤，全面开展危机公关工作。

（7）解决危机。

【实训报告要求】

1.危机处理态度诚恳、方法得当、措施得力，方案灵活。

2.格式要规范，分析要有理有据。

3.语言表达准确、清晰。

4.可以以小组形式提交报告，也可以独立提交报告。

【实训注意事项】

1.在老师的指导下分组，拟订活动方案并选好自己扮演的角色。

2.通过模拟实训，以当场表演的形式掌握危机公关程序，并注意技巧。

3.注意考查学生之间的沟通能力和合作精神。

本章小结

公关活动实施就是公关计划被采纳以后，将计划所确定的内容变为公关实践的过程。它是实施公关目标的保障，决定了计划能否实现及实现程度和范围，是制订后续方案的重要依据。公关活动具有动态性、创造性、影响的广泛性等特点。

公关活动实施过程中的障碍主要来自三个方面，即方案本身的目标障碍、实施过程中的沟通障碍及突发事件的干扰。

在公关活动实施中应坚持准确充分、策划导向、控制进度、整体协调等原则。在公关实施过程中，要优化传播效果、进行媒介整合、设计传播过程、排除沟通障碍，以保证公关活动的效果。

公关活动的执行管理包括公关活动场地的选择与确定、公关活动的人员管理、公关活动工作项目的分解与管理、公关活动的过程控制与管理、公关活动的宣传品制作。

危机管理是公关活动实施的难点，要了解危机事件的特性，分析危机产生的原因，区分危机的类型，了解危机预警系统和危机管理计划，加强危机过程中的沟通协调，掌握危机应对的方法与技巧。

同步测试

一、单项选择题

随堂测8

1.一个危机的出现是不良因素由量变到质变作用的结果，它说明危机具有（　　）。

A.危害性　　B.偶然性

C.层次性　　D.可变性

2.（　　）是控制潜在危机花费最少、操作最为简捷的方法。

A.制订应急计划　　B.认识公关危机

C.制订危机解决方案　　D.进行预警学习

二、多项选择题

1.公共关系实施中的障碍包括（　　）。

A.目标障碍　　B.沟通障碍

C.突发事件的干扰　　D.心理障碍

2.危机管理计划从内容或工作的侧重点来看，分为（　　）。

A.危机应急计划　　B.危机传播计划

C.危机预警系统　　　　　　　　D.危机计划书

三、简答题

1.影响公关活动实施的障碍有哪些？如何消除？

2.公关活动实施的管理包括哪些内容？

3.如何对危机进行防范和处理？

四、情景题

1.在某著名酒店中警察突袭抓获了几名聚众赌博人员，媒体记者闻讯而来，有记者问："你们酒店是否经常出现类似事件？这次事件是否说明你们酒店在管理上存在巨大漏洞？"如果你是该酒店公关部经理，该如何回答？

2.甲企业的刘总经理听了公共关系危机管理报告之后，于第二天组织企业高层领导开会。经过讨论，统一了全体与会领导的思想，决定开展危机管理。会后，将组建企业危机管理小组的任务交给了小李。你认为小李的组建工作应该考虑哪些因素？

五、案例题

案例分析一：西安奔驰事件

2019年2月，奔驰女车主在西安某奔驰4S店购买了一辆奔驰车，然而车子还没开出店就发现发动机存在漏油的问题，4S店表示不能退款也不能换车，只能更换发动机，女车主与其沟通无果，被迫开始维权，最终4S店被有关部门罚款100万元，并和女车主达成了和解协议。

在西安市场监管部门宣布介入事件后，奔驰公司才发布了官方声明，并没有及时、正确地处理企业危机公关，且处理危机的态度十分消极，最终让企业陷入了更糟糕的境地。如果在事件发生后奔驰公司能立即作出反应，引导正面舆论，或许能减少甚至消除漏油事件对企业的负面影响。

请思考：

(1) 出现危机时如何才能抓住第一时间立即采取有效措施，化解危机，减少损失？

(2) 奔驰4S店公关失败最根本的原因是什么？

案例分析二：雪乡"宰客"事件

2017年12月29日，有游客在微信平台发文《雪乡的雪再白也掩盖不掉纯黑的人心！别再去雪乡了！》。这名游客在文中表示，自己与家人2017年12月9日在雪乡赵家大院预订了一间三人火炕房，计划27日入住，并支付了2晚费用552元。

但当他们到达赵家大院时，店家却告知该三人火炕房只能住一晚，第二晚安排他们到很多人一起睡的大通铺，并表示："今晚住这房我没让你们补差价算不错了！现在这房八百一千轻松订出去，你们订得早才便宜。"

这名游客与家人商议后决定只住一晚，但对后续退款问题，店家又称3天之后才退钱，并要求游客在网上评论时不能"乱说"，看到评论后才能退钱。

游客还提到游客中心泡面卖60元一盒、炒肉卖288元一盘、红糖水卖15元一小杯，有大巴车乘务员忽悠游客购买的游玩项目其实是毫无经营权的民设景点等问题。

2018年1月3日，黑龙江大海林林业地区旅游局局长刘忠才表示，经查，文章中提到的赵家大院确实存在价格欺诈行为，按照规定已对其处罚5.9万余元，同时发现赵家大院在卫生及消防方面也存在问题，已责令其限期整改。

资料来源　作者根据相关资料整理。

请思考：

从赵家大院及当地旅游局两个角度对该事件进行分析。

第9章

公共关系活动效果的评估

情景导入

蒙牛“航天品质、健康中国”VR太空体验大型落地活动公关效果评估

蒙牛连续14年助力中国航天事业，为航天员提供营养支持，更以“航天品质”营养守护每一个国人的健康。自2017年起，蒙牛集团再次聚焦产品品质的传播与沟通，通过三方面动作逐步完善和建设其“航天品质”的品牌理念：打造终端形象，包括产品包装换新版、终端物料更换等；“牛到太空，跑动中国”百城百跑现象级活动；利用VR一体机等设备和内容，实现终端消费者互动体验。

（1）效果综述

活动落地130座城市，进驻800个销售网点，发售2 500套VR一体机，搭建100套VR PC机。现场体验参与者近1 000万人次。

（2）现场效果

在体验活动现场，可以看到蒙牛展台的客流量至少比之前增加了一倍，甚至出现了消费者排队体验VR的景象。蒙牛集团此次活动负责人表示，蒙牛集团常年为中国航天员和航天一线工作者提供营养支持，这次活动以VR的形式将“航天”这个有些抽象的概念用高科技呈现在普通消费者面前，让他们能够对蒙牛的品质有一个更加直观的认识，同时也更乐于接受品牌所想要传递的理念。现场刚刚带小孩体验过蒙牛定制的航天题材游戏的高女士说：“以前只知道航天员喝的是蒙牛牛奶，现在玩过VR游戏之后，连小孩子都知道3.2mg乳蛋白这样的专业术语了，感觉不光喝到了放心的牛奶，还让小孩子增长了见识，而且对于戴着VR头盔这种形式小孩子也感到很新鲜，一点都不排斥。”可以看出，蒙牛此次在卖场中加入VR体验元素的动作，成功打通了从B端商业合作模式到C端消费者获益的路径。

（3）受众反应

受众普遍反应积极，认为感受到了VR带来的乐趣，也更加喜爱和愿意购买蒙牛“航天品质”的牛奶产品。

（4）市场反应

活动期间，蒙牛牛奶全品销量增长83%。其中，佛山沃尔玛桂城店活动前纯奶销量为187件，活动期间销量达674件，销量增长260%；全品活动前销量为613件，活动期间销量达1 121件，销量增长83%。

资料来源 佚名. 蒙牛“航天品质、健康中国”VR太空体验大型落地活动［EB/OL］.［2017-10-26］. http://www.sohu.com/a/200576785_363248.

【思考与讨论】

（1）蒙牛“航天品质、健康中国”VR太空体验大型落地活动传播效果如何？

（2）本案例关于公关评估的内容是否科学？还应包括哪些内容？

学习目标

通过学习，认识公共关系评估的重要性，较全面地了解公共关系评估的概念、内容及公共关系评估的标准，以及公共关系评估的若干方法技巧。学会撰写公关评估报告。

公共关系评估是对公共关系工作进行全面深入的研究，是公共关系“四步工作法”中的最后一步。它在公共关系实践活动中起着不可低估的作用。公共关系评估是改进公共关系工作的重要环节，是开展后续公共关系工作的必要前提，同时，它可以使组织的领导人看到开展公共关系工作的明显效果，从而更加自觉地重视公共关系工作。公共关系评估涉及公共关系全过程的所有内容，复杂程度比较高，难度比较大，要取得成功，应该对以下问题进行较深入的研究：评估的意义、评估的内容、评估的程序、评估的方法和评估总结报告的撰写。美国公关学者切斯特·K. 罗索说过：“许多公关活动的唯一致命弱点，就是没有使最高决策者看到这一活动的明显效果。”由此可见，公关活动是很难精确测量的，其效果评价已成为公关人员面临的一大难题。

9.1 公共关系评估的意义与过程

9.1.1 公共关系评估的意义

公共关系评估，就是根据特定的标准，对公共关系计划、实施及效果进行衡量、检验、评价和估计，以判断其优劣。公共关系评估除用于考核评价效果外，它在公共关系实践活动中的三个阶段——调研阶段、制订计划阶段及实施阶段均发挥着不可低估的作用。公共关系评估的重要作用表现在以下七个方面。

1）公关评估是改进公共关系工作的重要环节

公关评估对一个社会组织的公共关系工作具有“效果导向”的作用。美国公共关系先驱者埃瓦茨·罗特扎恩早在1920年就曾经说过：当最后一次会议已经召开，最后一批宣传品已经散发，最后一项活动已经成为历史时，就是你在头脑中将自己和自己所采用的方法重新过滤一遍的时刻。这样你就会总结出经验和教训，供下一次借鉴。这位先驱者所说的“总结出经验和教训，供下一次借鉴”，恰恰说明了公关评估对改进公共关系工作的重要作用。

2）公关评估是开展后续公共关系工作的必要前提

从公共关系工作的连续性来看，任何一项新的公共关系工作计划的制订与实施，都不是孤立存在和凭空产生的，它总是以原来的公共关系工作及其效果为背景的。制订新的公共关系工作计划，要对前一项公共关系工作从计划的制订到实施、从效果到环境变化系统地进行评估分析，即使是前后两项公共关系工作所要解决的问题各不相同，也应该且必须这样做。例如前一项公共关系工作的目标是为新产品开拓市场，而后一项公共关系工作的目标是缓解不利舆论对组织的冲击、挽回组织的声誉，但这两项公共关系工作却不是截然分开的。因为你要缓解不利舆论对组织的冲击、挽回组织的声誉，必须了解这种不利舆论产生的原因、辐射的范围及产生的影响，这就不可避免地要涉及组织的产品市场、消费公众、组织形象等问题，对前一项为新产品开拓市场的公共关系工作的评估将为后一项公共关系工作提供决策的依据。这是公共关系工作连续性的一种表现。

3）公关评估是鼓舞士气、激励内部公众的重要形式

公共关系工作实施的效果本身往往体现为一个复杂的构成，既涉及公众利益的满足，也涉及公众利益的调整；既涉及组织形象的改善，也涉及组织策略、方针的改进和修正。一般来说，内部员工很难对它有全面、深刻的了解和认识。所以，当一项公共关系计划实施之后，由有关人员将该项公共关系计划的目标、措施，实施的过程和效果向内部员工解释和说明，可以使他们认清本组织的利益和实现的途径，自觉地将实现本组织的战略目标与自己的本职工作紧密地联系在一起，并转化为一种爱岗敬业的行动。

4）公关评估可以承上启下，为进一步开展公关活动提供依据

公关评估是公共关系工作的最后一个步骤，但又与新的公关活动的开拓相关，所以又可能是新的公关活动的调查与分析阶段。在评估过程中，评估人根据公关活动的目标要求，结合各层次、各环节的评估结果，以及实际投入、成本与收益进行比较，对本次活动成败的各种因素及制定目标依据与实际实施过程的偏差程度进行分析、评价，用于指导今后的公关活动，成为进一步开展公关活动的前车之鉴。

5）公关评估可以为企业管理提供决策参考

通过公关评估，可以评估出经过公关工作之后的企业形象的状况，评估出企业形象各因素（如员工素质、产品质量、服务方针等）与期望值的差距，为企业经营管理决策提供参考。公关评估还可以使组织领导人看到开展公共关系工作的明显效果，从而使他们能更加自觉地重视公共关系工作。

6）公关评估可以增强公共关系意识，提高公关人员的工作信心

就企业而言，公关活动重在平时，它对企业良好形象的树立起到潜移默化的作用。因为爱企业就会爱产品，成为产品爱好者。只有通过公关评估，才能很好地将公关活动的这些效能凸显出来，使全体员工看到公关活动的作用，体会到公关工作的重要性，加强企业全员公关意识。同时，公关人员从中能看到自己的工作为企业带来的效益，劳有所成，从而提高工作信心。

7）公关评估可以衡量公关活动的效益

公关评估可以衡量经费预算、人力、物力的配备与开展公关活动之间的平衡性，并衡量公关活动的效益。

公关评估是对整个公关活动全过程的评估，也是对公关活动的每一阶段、每一项目的考核评价。它可以伴随着公共关系工作的进展，根据要求随时评估。它与我们平常所说的总结或反思有些类似，只不过它不是一般性的总结，而是一种具有特定标准、方法和程序的专门研究活动。

职场链接 9-1　　某超市公关活动效果的评价标准

衡量公关活动效果的标准是社会效益、心理效益和经济效益。

（1）社会效益。公关活动的总体目标是树立社会组织的良好形象和信誉，创造和谐的公众环境，赢得公众的支持。因此，评价公关活动的效果，首先要衡量其社会效益。

（2）心理效益。从某种角度来看，公关活动又表现为影响公众心理的活动，强调取悦公众，使公众在赏心悦目中对社会组织产生好感与期盼，所以，评价公关活动的效果，还要衡量其心理效益。

（3）经济效益。超市公关活动的社会效益与心理效益最终要体现为经济效益，这样才能有价值。因此，测评公关活动的效果，在评估社会效益、心理效益的同时，还要评估其经济效益。

超市公关活动效果评估指标：

社会效益：弘扬社会正气；支持社会正义事业；支持公益、慈善事业；弘扬民族传统文化与民族精神；发扬社会人文精神；宣扬社会公德；推广科学的文化价值观念；培养文明的社会生活模式、工作模式、休闲模式。

心理效益：引起公众注目；留下深刻的印象；产生美好联想与期盼；产生愉快舒畅的心情；振奋人的精神，催人奋发向上。

经济效益：激发公众的需求欲望；培育新的消费市场；推广新的消费观念、消费模式；提高商品的认可度和知名度；增强商品的销售能力与竞争力。

9.1.2 公共关系评估的分类和内容

全面的公关效果评估工作，可以分解为诸多方面分别加以研究，然后具体分析各自的绩效，最终形成评估成果报告。

微课 9-1

超级红人节活动评估

1）公共关系工作程序评估

公共关系工作程序评估，就是要对公共关系工作的各个步骤的合理性作出客观评估。公共关系评估是一个连续不断的活动，一旦进入公共关系工作过程，评估活动也就开始了。程序评估研究的内容及要点如下：

（1）调查研究过程评估

评估要点包括：①公共关系调研的设计是否合理。②公共关系工作信息资料的收集是否充分、合理。③获得信息资料的手段是否合理。④公共关系调研对象的选择是否具有典型性、代表性。⑤公共关系调研工作组织实施的程度是否合理。⑥公共关系调研的结论分析是否科学。⑦信息的表现形式是否恰当。

例如，在政治活动中，公关活动的策划者要研究竞选者在电视辩论中的发言以及各种新闻媒介对他的讲话及其本人的评论，并通过选举过程中选民对这个竞选者的反应判断公关活动是否成功。评估这一活动时则要分析：公关活动中准备的信息资料是否与问题本身相符；目标及媒介的沟通活动是否在时间、地点、方式上符合目标公众的要求，有没有对沟通信息和活动产生对抗性行为，有没有制造事件或采取其他行动配合这次公关活动；相对任务而言，人员与预算资金是否充分等。这种评估分析的结果，可以作为进一步审定或调整计划与战略、改进方案实施过程的重要参考资料。

（2）计划制订过程评估

评估要点包括：①各项准备工作、沟通协调工作是否充分。②计划目标是否科学。③计划实施的总体安排、步骤是否可行。④日程安排如何。

（3）实施过程评估

评估要点包括：①信息内容准确度如何？信息表现形式如何？信息发送数量如何？②信息被传媒采用的数量如何？质量如何？③接收到信息的目标公众有多少？成分如何？和组织关系有多大？④注意到该信息的目标公众数量有多少？

公关评估的调查活动中，有时所得到的结果是令人吃惊的。一位调查人员调查一家医院时，发现医院的员工接收到院方的新闻公告资料不到50%，另外一些员工根本没有收到任何公告资料。这就是说，组织在传播信息时不能仅仅注意信息的内容，还必须在信息传递方式上加以改进。调查“注意到信息的公众数量”时，可以明确哪些人在阅读组织发出的信息资料，他们的数量是多少，他们读到了什么，读了多少内容。

（4）实施效果评估

评估要点包括：

第一，了解信息内容的公众数量，即对开展公关活动前后公众对组织的认识、了解和理解等变量进行比较。例如，在公关活动开展前后，对同一组公众进行重复测验；或者在一组公众中开展公关活动，而在另一组公众中不开展这项活动，然后将两组测验结果加以比较。这种方法也可用于所有实施效果评估的项目之中。另外，在沟通活动结束后，了解公众观点和态度的变化也可采用这种方法。

第二，改变观点、态度的公众数量。这是评估实施效果的一个更高层次的标准。因为“态度”所涉及的范围很广，内容丰富而复杂，而且不容易在很短时间内发生变化。例如，电力公司的节能宣传活动，可能使用户增加“使用隔热天花板可节省空调电费”的认识，但这并不意味着他们在态度上能成为能源保护者。评价一个人的态度，要根据一段时期内他在所有有关问题上的立场和观点，而不能仅凭一时一事判定一个人的态度发生变化与否。态度与知识、观点的关系大致是这样的：态度的变化可能随着知识与观点的变化而变化；在一个人的知识与观点未发生变化的情况下，也可能发生态度变化。

第三，发生期望行为与重复期望行为的公众数量。人们行为的改变受到多种因素的影响，如同态度与知识、观点的关系一样，行为与知识、观点之间也在一定条件下发生联系。这里有一点是可以肯定的：行为发生变化的人们在行为发生改变之前，肯定接受了某些信息或在某些方面被说服了。在掌握了发生期望行为的公众数量之后，还应该注意了解重复期望行为的公众数量。例如，对于戒烟运动，我们不能单纯计算在开展这一运动的第一天内戒烟者的总数，因为这并不能充分地说明这一运动的影响效果。一天或一下午有戒烟行为并不能表明这些人将永远戒掉吸烟的习惯。对这些运动的影响效果的评估要根据运动开展以后几个月甚至几年的持续观察数据进行。评估一项公关活动在改变人们长期行为方面取得的效果，需要较长时期的观察，并取得足以说明人们行为调整后不断重复与维持期望行为的有力证据。

第四，达到的目标与解决的问题。这个评估标准是公关活动效果评估的最高标准。公共关系计划目标的实现，可以表现为取得理想的选择结果、筹措资金的数额达到预期指标、立法方面取得胜利等。有时，公关活动产生的结果并非完全与计划目标相一致，但是这些结果同样是积极的，可以认为是达到计划目标的其他表现方式。在这种情况下，这些结果也应该作为评估公关活动效果的根据。例如，前面提到的节约能源宣传活动，其目标是减少总的能源消耗，但结果却表现为人们提高了对节约能源的兴趣，增长了这一方面的知识，甚至改变了使用煤气与电器设备的习惯。从表面上来，这次活动的结果与既定的目标不完全吻合，但是这些结果也可以说明这次宣传活动是成功的。当然，其中也包括结果与目标的部分吻合。

第五，对社会经济与文化发展的影响。这种影响要同其他因素一起共同发挥作用，并在较长时间里以复杂的、综合的形式表现出来。因此，对这种影响效果的评估并非是公关人员所能完成的。这是留给社会学家和心理学家的课题。我们这里涉及这个问题，主要是为使公关活动效果评估的理论体系完整化，并引起人们对这个问题的重视。对于那些通过自己的职业行为履行社会责任，并对社会经济及文化的发展产生积极作用的公关人员，其他从业者将给他们以公正的评价。

2）公关活动类型评估

按公关活动形式不同可以把公关活动划分为日常公关活动和专项公关活动。按公共关系计划制订时间的长短，可把公关活动划分为年度公关活动和长期（3~5年）公关活动。评估内容及要点如下：

（1）日常公关活动效果评估

评估内容要点包括：组织的全员公共关系运作；领导者内外部公关活动的开展情况；全体员工的公共关系意识和行为表现；组织的各部门在经营管理各环节上的公共关系投入；公共关系网络；内部公共关系协调状况；日常的组织沟通；人际协调；组织的外部公共关系；知名度、美誉度；公关人员的工作状况；公关人员与领导工作的配合和沟通等方面。

（2）专项公关活动效果评估

评估内容要点包括：项目的计划是否合适；其目标与组织总目标、公共关系战略目标是否一致；项目的目标是否已经实现；传播沟通策略、信息策略是否有效；公共关系协调状况如何；对公众产生哪些影响；组织的形象有何改变；项目预算是否合理；组织管理工作成效如何。

（3）年度公关活动效果评估

评估内容要点包括：年度公共关系计划目标是否实现；年度公共关系计划方案是否合理；实现状况如何；年度日常公共关系工作成效如何；年度专项公关活动的类型、数量及成效分析；年度公共关系经费预算使用情况及合理化研究；内外部公关活动的开展情况和成效；公共关系机构与公关人员的绩效；组织的公共关系应变能力等。

（4）长期公关活动效果评估

它包括某一长期公共关系项目及公共关系长期工作的成效分析，这是一个总结过程，需要将日常工作评估结果、专项活动评估结果、阶段性工作评估结果一并吸收进来，进行系统分析，从而获得一个总的结论。另外，它还包括对公关活动的经历进行客观评估。同时，应将前几种公关活动效果评估的内容要点加以归纳整理和分析研究。但是，要特别注重公共关系战略的得失问题、公共关系变动规律问题、公共关系与经营管理的关系问题等。

3）公共关系状态评估

对主要公共关系状态进行评估研究，旨在通过各类公共关系的变化来评估以往公共关系工作的成效。公共关系状态评估应分两步进行：内部公共关系评估与外部公共关系评估。

（1）内部公共关系评估

内部公共关系评估的内容要点包括：组织的政策在沟通中被全员接受的程度；员工的士气；组织的凝聚力；组织中的各种工作关系处理情况和趋势；双向沟通带来哪些生机和活力；影响员工关系的因素测评；沟通渠道需做哪些改进；传播策略及目标有何欠缺；公共关系贯通于经营管理活动的各个环节中有没有障碍等。

（2）外部公共关系评估

外部公共关系评估的内容要点包括：消费者关系评估，看清消费者的态度、行为变化特点，评估组织对消费者关系的传播沟通及人际协调方面的工作成效；媒介关系评估，看其态度是冷漠还是热情、积极支持与否、采取何种沟通策略及成效；社区关系评估，了解各类社区公众对组织及有关活动的看法；政府关系评估，了解政府的支持情况、组织与政府的沟通效果、政府关系的沟通协调策略等。

4）公关活动分项评估与公共关系机构工作绩效评估

对公关活动分项评估与对机构的工作绩效进行评估，便于了解公共关系机构人员的工作效率、实际能力、策略手段等。定期对此作出评估分析，对改进机构工作效率和提高水平很有帮助。

评估主要包括以下几个方面：市场营销分析、广告研究、新闻宣传、专题活动、管理绩效评估等。

上述公共关系评估类型，在内容上互有交叉，区别只是评估的角度不同。公共关系评估工作可视需要，选取其中一类或几类进行。

职场链接9-2 **某超市公关活动效果的评估内容**

1）总体效果的评估内容

超市公关活动效果可以由多种形式体现。一方面可以通过经济效益体现，如销售额和利润额的增长情况；另一方面可以通过社会效益体现，如对公益事业的支持、对民族文化的弘扬等。此外，还可以通过心理效应体现，比如给公众留下深刻印象、振奋精神及催人奋进等。总体效果评估的内容主要包括：

（1）本次公关活动的目标是什么？是否符合实际？活动的主题是否明确？号召力如何？

（2）超市内部各部门、各环节成员对这次公关活动了解和支持的状况如何？

（3）本次公关活动传播媒介的选用及其效果如何？信息被目标公众接受的程度如何？态度有何变化？是否收到了预期效果？

（4）本次公关活动计划方案是否周密？是否存在重大纰漏？

（5）本次公关活动预算执行情况的分析。

（6）本次公关活动的成果是什么？对今后的影响如何？提出对遗留问题及隐患的处理意见和建议。

2）日常公关效果的评估内容

（1）商品供应者是否愿意与本超市打交道并建立长期的供货关系？

（2）顾客对本超市所经营的商品是否放心？是否愿意购买？

（3）顾客数量是呈递增趋势还是递减趋势？原因何在？

（4）是否有一个良好的社区环境？

（5）企业凝聚力怎样？员工是否热爱本企业，工作是否安心？

（6）是否重视各类公众的意见与建议？

9.1.3 公共关系评估的程序

1）设立统一的评估目标

统一的评估目标是检验公共关系工作的参照物。有了参照物才能通过比较来检验公共关系计划与实施的结果。即使这一评估目标更多的是定性的而非定量的，仍需制定出一个统一的评估目标。这需要评估人员对有关问题，比如评估重点、提问要点等形成书面材料，以保证评估工作顺利进行。另外，还要详细规定如何运用调查结果。如果目标不统一，则会在调查中收集许多无用的材料，影响评估的效率与效果。

2）取得组织最高管理者的认可并将评估过程纳入公共关系计划之中

评估不是公共关系计划的附属品或计划实施后的事后思考和补救措施，而是整个公共关系计划的重要组成部分。因此，对评估应该给予足够的重视，对评估的方法、程序等方面予以充分的考虑和周密的筹划。

3）在公共关系部门内部取得对评估的一致意见

公关部门的负责人要认识到，即使是公关人员本身也不能一下子就把公关活动没有实物性结果和它的可测量效果联系起来。要给他们足够的时间认识效果评估的作用和现实性，并允许他们通过自己的亲身体验加深这一认识。

4）从可观察与测量的角度将目标具体化

在项目评估过程中，首先应该将项目目标具体化。例如，谁是目标公众，哪些预期效果将会发生以及何时发生等。没有这样的目标分解，项目评估就无法进行。同时，目标分解还可以使公共关系计划的实施过程更加明确化与准确化。

5）选择适当的评估标准

目标说明了组织期望的效果。如果一个组织将“让公众了解自己支持当地福利机构，以改善自己的形象”作为公关活动的目标，那么，评估这样的公关活动的标准就不应是了解公众是否知道当地报纸上哪一个专栏报道了这一消息或占用了多大篇幅，而应该了解公众对组织的认识情况以及观点、态度和行为的变化。

6）确定收集证据的最佳途径

调查并非总是了解公关活动影响的最佳途径，有时组织活动记录也能提供关于这一方面的大量材料。在有些情况下，小范围的试验也是十分有效的。在收集有关评估资料方面，没有绝对的唯一最佳途径，选择的方法取决于评估的目的、提问的方式以及前面已经确定的评估标准。

7）保持完整的计划实施记录

这些资料能够充分反映公关人员的工作方式和工作效果，尤其重要的是反映计划的可行性程度，哪些策略是有效的，哪些策略是无力的或者无效的；哪些环节衔接得比较紧密，哪些环节还有疏漏或欠缺。

8）及时、有效地使用评估结果

公关活动的每一个周期都要比前一个周期表现出更大的影响力，这是运用前一个周期评估的结果对后一个周期进行了调整的缘故。通过对评估结果的充分使用，问题确定及形势分析将会更加准确，公关目标将会更加符合组织发展的要求。

9）将评价结果向组织管理者报告

将评价结果向组织管理者报告，应该成为一项固定的制度。它的作用一方面可以保证组织管理者及时掌握情况，有利于进行全面的协调；另一方面也可以说明公关活动在持续地保持与组织目标相一致及其在实现组织目标过程中的重要作用。

10）提高对公共关系的理性认识

公关活动的科学组织与准备效果评估使人们对这一活动及其效果有更多的理解与认识，效果评估的成果又进一步丰富了公共关系专业知识的内容。通过具体项目效果评估所得到的资料，经过抽象化分析，可以得到对指导这一活动具有普遍意义的思想、方法与原则。

职场链接 9-3　　某超市公关活动效果的评估程序

1）确定评估目标及标准

评估目标是评估的项目应达到的指标。评估目标应从可测量的角度具体化，如谁是目标公众、哪些预期目标实现了等。评估标准要根据具体目标来制定。

2）统一对评估目标及标准的看法

为了确保评估目标及标准的全面性和准确性，公关人员应讨论评估目标及标准，以便补充修正，统一看法，更好地达到预期目标。同时，统一看法有助于更好地发挥他们的积极性。

3）全面评价公关活动效果

有了统一的评价目标及标准，就可以检查公关活动效果与公关活动计划之间是否存在差距。通常可从以下几个方面进行：一是媒介报道范围、数量与质量；二是员工关系变化情况，是否增强了凝聚力与归属感；三是社区关系状况；四是公关工作费用以及预期的经济效益、心理效益、社会效益等。

4）调整偏差

偏差是公关活动计划实施后的实际成果与预期效果之间的差距。调整偏差有两种办法：一是调整原有计划，这是针对计划与实际脱节而言的；二是调整原有目标，一轮公关活动产生的偏差往往是下一轮公关活动的目标。

5）编写效果评价报告

公关活动效果评价报告的内容包括：对整个活动过程的具体描述；取得的成果及不足之处；未能解决的问题及今后的发展趋势和对超市可能产生的影响，并提出可行的解决办法。编写效果评价报告，一方面可以保证超市管理者及时掌握情况，有利于进行全面协调；另一方面也可以说明公关活动始终与企业目标保持一致，并在实现企业目标过程中起着重要作用。

9.2　公共关系评估的标准与方法

评估必须有标准。如何确定标准，确定什么样的标准，决定了评估的结果是否科学，是否符合实际。一些专家、学者根据公关活动过程的不同阶段，提出了一些评估的标准与方法。

微课 9-2

危机公关评估的原则、标准与方法

9.2.1　准备过程的评估标准与方法

1）检查背景材料是否充分

在准备阶段，公关活动尚未正式开始，尤其是公关活动对环境的影响尚未产生，因此，公共关系效果很难确定。评估的主要任务实际上就是检验前几个程序中是否充分占有资料和分析判断的准确性，重点是及时发现在分析中被遗漏的、对项目有影响的因素。例如，在确定公关活动的目标公众时是否遗漏了关键公众，哪些关于公众方面的假设被证明是错误的，新闻界所需要的材料哪些没有充分准备，组织环境中的所有关键因素是否都已确定等，所有这些分析研究可看作公关活动的实施者在实施前的行为投入。这种行为的投入量是否充分是对准备过程进行评估的一个重要指标。

2）分析信息内容是否正确充实

如果说第一个问题谈的是材料的充分性，那么第二个问题强调的是信息的合理性。整个评估过程要紧紧围绕“公关活动是否适应形势要求”而展开。对信息内容的分析，可以利用剪报、宣传品以及广播讲话录音和原稿等形式。这种评估分析的结果，可以作为进一步审定或完善计划与战略、改进方案实施过程的重要参考资料。

3）检验信息的表现形式是否恰当

这一环节是准备过程评估的最后一个环节，其重点是信息表现形式是否合理、新颖，是否能达到引人注目、给人以深刻印象的要求。具体包括文字语言的运用、图表的设计、图片及展示方式的选择等。这是对公关活动组织者专业技能的检验。

9.2.2 实施过程的评估标准与方法

评估不仅仅是对公共关系工作效果进行评估，更主要的是要在公关活动的实施过程中发挥其监控、反馈的作用。例如，发现哪些决策是正确的、哪些决策是错误的，哪些决策不利于公众产生对组织的信任以及发现决策实施过程中出现的偏差等。在这个阶段有四个不同层次的评估标准：

1）检查发送信息的数量

这些数量作为数据直接反映组织在实施公关活动中所发表的电视、广播讲话次数，发出信件、其他宣传资料以及新闻的数量，通过它还能发现其他宣传性工作，如展览等的进行与否及其努力程度。换言之，这一评估过程需要了解所有信息资料的制作情况和其他宣传活动的进行情况。这项工作完成后，不理想的环节和计划实施过程中的一些缺点便会从这些数据中反馈出来。

2）信息被传播媒介所采用的数量

我们不能满足于制作信息的数量，还要特别注重这些信息被传播媒介所采用的数量。因为只有通过传播媒介，才能最有效地保证公众接触到这些信息，并受到它们的影响。报刊索引和广播记录一直被用来作为传播媒介采用信息资料数量的依据。同样，其他宣传活动，如展览、公开讲话的次数，也反映了组织为有效地利用各种可能渠道将信息传递给目标公众的努力程度；相反，如果制作的信息不能被采用，不仅达不到宣传效果，而且会造成人力、物力、财力的浪费。

3）检查接收到信息的目标公众有多少

这里，应对收到信息的各类公众进行分类统计，从中找出目标公众的数量。也就是说，对于评估来说，收到信息的公众的绝对数量并不重要，最重要的是这些公众的结构。例如，在一份权威性的杂志上发表文章，虽然能够博得上司的欢心，但是目标公众很少阅读这种杂志，所以对扩大组织影响的作用并不大。在评估时应当注意这种情况。

不能仅仅了解宣传材料被接触多少，还应了解宣传材料被多少目标公众所接触。通过评估，可以将这些在传播媒介上发表过的材料复制出来，亲自将它们递交到目标公众中那些关键人物的手中。

报纸和杂志的发行量可以作为评估组织信息传播效果的参考数据。事件的参与人数、会议的出席人数、展览的参观人数也可作为评估的参考数据。当然，这些数据不能真正体现组织传播信息的实际效果。实际的效果应体现为有多少人真正注意到这一信息。

4）注意到该信息的公众数量

调查传播信息的实际效果，有时所得到的结果是令人吃惊的。调查“注意到信息的公众数量”，可以明确哪些人在阅读组织发出的信息材料，他们的数量是多少，他们读到了什么，读了多少内容。

实施过程的评估方式可分为三种：

第一，评估人员的直接观察。这种直接观察，可以由评估人员直接参与实施过程，进行实地考察，记录各个环节实施的状况和顺序以及进展情况。

第二，对实施者与实施对象进行调查。调查和访问实施者是收集各种评估资料的重要途径。与此同时，将有关资料与调查访问实施对象得到的资料进行对比分析也是一种不可忽视的评估形式。调查实施对象可以从另一个角度考察公共关系计划实施的情况，它可以了解实施对象对公关活动的重视以及对这一活动感到满意的程度，从而有助于确定调整实施的方向。

第三，分析各种汇总资料。从不同渠道汇总上来的各种资料，例如数据、图表、报告是评估的重要依据。通过研究分析这些资料，比较实施人员、实施对象、实施方法、社会环境等方面的特点，了解实施过程中易出现的障碍，从而建立标准化的实施程序，确立实施人员与实施对象的结合点。

以上这三种方式一般被综合运用，通过几种方式相互比较、相互印证，得出一个全面的、综合的评估结论。

在实施过程的评估中一般采用以下三种方法来检测信息发送的数量、被采用的数量及接收与注意到信息的公众数量。

第一，日记法。这种方法要求被测验者在测验期间每天将自己收听广播、收看电视的次数、时间以及其他有关事项记录下来，以供分析和研究。这种方法比较简单易行，但是测验效果受被测验者态度及责任意识的影响较为明显。被测验者若缺乏真诚合作的态度，这种方法往往不能收到预期效果。

第二，表录法。这种方法是将一种电子记录器的指针调到与被测电台、电视台的频率、频道相一致的程度，以测定电子媒介对有关信息的发布情况，然后将测定的资料传给中心电子计算机系统进行处理。这种方法的最大缺陷是无法确定哪些人在收听、收看，同时，它对组织的设备条件要求较高。

第三，电话访问回忆法。这种方法是节目播出期间或刚刚播放完毕，由调查者进行电话访问，了解公众对节目的收听、收看情况。这种方法的优点是迅速及时，费用较低，容易补充调查，回答率较高，误差较小。但访问时间短，一般回答比较简单，难以深入探究问题。同时，这种方法只适用于电话普及率较高的国家和地区。

9.2.3 实施效果的评估方法

关于实施效果的评估方法，按照评估的实施者的不同可以把评估的方法分为以下三种：

1）自我评定法

这是由公关活动的对象通过亲身感受而对公关活动给予评定的方法。这种方法的缺点是，有时可能产生不真实的测量结果，尤其是向调查对象提出一些比较敏感的问题时更是如此。因此，采用自我评定法要特别注意问卷提问的方式，对敏感的问题宜采用灵活、委婉的方式进行调查。

2）专家评定法

这种方法是由公关方面及有关方面的专家来审定公关计划，观察计划的实施情况，对计划实施的对象进行调查，与实施人员交换意见，最后撰写出评估报告，鉴定公关活动的成效。专家评定法的价值完全取决于专家是否具备专门知识，如果他们对公关活动所涉及的某些领域的知识不足，那么他们也无法作出正确的评估。因此，采用专家评定法时，一定要聘请那些知识丰富、熟悉情况的专家。

3）实施人员的评估

公关计划的实施人员应经常自行对公关计划和实施的情况进行评估。这种评估能够及时地、充分地利用实施过程中的实际情况对该项活动的影响效果进行判断。这种方法的优点体现在反馈调整方面；缺点是实施人员对其实施的计划可能会尽量隐恶扬善，从而无法看出公关活动的真实影响。

在进行实施效果的评估时，应该注意到：一项公关活动总是处于一定的社会环境之中的，它所产生的影响，可能是公关活动本身引起的，也可能是其他社会因素作用的结果。理想的、科学的评估，最好能尽量排除公关活动以外的因素，显示出公关活动的真正的影响力。

9.3 公关评估报告的编写

9.3.1 撰写公关评估报告的意义

公关评估报告是提供给组织的一种正式的公正性文本。它是通过文字、图表或相应的其他形式来体现开展公关工作的成绩、经验、教训、建议等评估工作的成果形式，具有业务性强、理论性强、经验性强的特点。

撰写公关评估报告的主要意义，在于为公关评估成果的运用提供依据。通常，评估小组将公关评估报告分别提供给管理层领导，作为他们统筹管理和发布新决策的依据；送达各职能部门，作为各部门改善工作的参考；提供给全体员工，以利于员工了解外界的评价，提高士气，改善行为。还可以公开发表，供同行或其他社会组织参考与借鉴。通过撰写公关评估报告，社会组织对公关过程与绩效可以总结过去，积累经验；着眼现在，克服缺点；面向未来，指导工作。

到目前为止，我国许多社会组织仍然不太重视公关评估报告工作，能见到的公关专业评估报告甚少。它们也不太注重评估成果的运用，常常使公关工作带有盲目性和被动性，进而丧失了许多成功的机会。

9.3.2　撰写公关评估报告的基本原则

公关评估报告是对公关活动或工作的书面评价，是对已经做的公关工作的总结，是公关评估结果运用的依据。为此，公关评估报告除了要遵循科学性、公平性、真实性等原则外，还应符合以下要求：

1）针对性

公关评估报告的针对性很强。要么是综合项目的评估，要么是单项活动的评估，为了解决工作中的实际问题，最多的情况还是单项活动的评估，如庆典活动、赞助活动、展示展览活动、产品推广活动等。

2）完整性

公关评估报告的完整性主要有三方面的内容：一是按照公共关系评估报告的内容，对评估工作的目的、对象、原则、依据、方法、结果等进行全面的概括；二是正文内容与附件资料配套一致，尤其要注意附件资料起着完善、补充、说明正文的作用；三是被评估的范围和对象要做到完整无缺、无一遗漏。

3）及时性

公关评估具有较强的时效性，公关活动及其面临的环境也在不断地变化。因此，在公关活动结束之后，评估人应及时撰写公关评估报告，否则容易失去评估的意义。

4）客观性

公关评估报告是一种公正性的文件。在撰写报告时，必须真实、客观，有理有据。要避免空泛议论或掩盖问题，应力戒片面分析或夸大其词。

5）独立性

在撰写公关评估报告的过程中，通常要与公关活动主办单位的部分领导、员工等进行接触。评估人在作出结论时，要避免受到他们主观意志或一己之见的影响。在评估报告中，必须反映自己的独立评估结论。

9.3.3　公关评估报告的内容与格式

1）公关评估报告的内容

公关评估报告具有特定的目的。不同的目的，决定了评估的范围和对象不同。因而，公关评估报告的内容就不完全一样。根据公关评估实践的总结，公关评估报告的内容主要有以下几方面：

第一，评估的目的及依据。它是指为什么要进行公关评估，通过评估解决什么问题，以及评估所依据的文件或相关会议要求之精神等。

第二，评估的范围。公关活动涉及方方面面，为了突出重点，缩短篇幅，利于评估结果的运用，报告必须明确公关评估的范围。

第三，评估的标准和方法。在报告中，应说明评估的标准或具有可测量的具体化的目标体系，以及评估过程所采用的方法，比如直观观察法、问卷调查法、比较分析法、文献资料法、传播审计法等。

第四，评估过程。简要说明评估过程是怎样进行的，分哪些阶段。从阅读报告的过程和采用的方法等方面可以判断评估是否科学、系统、规范、完整等。

第五，评估对象的基本情况。在公关评估报告中，必须明确评估对象本身的情况，包括活动或项目名称、开展时间、实施的基本情况与特点等。

第六，内容评估、分析与结论。在评估报告中写明被评估的公关活动、工作或项目的内容，对运行与执行以及效果、效益进行分析，进而得出客观、公正的结论。

第七，存在的问题及建议。评估人根据掌握的实际材料、相关情况，有针对性地提出问题，并提出有利于解决问题的建设性意见。

第八，附件。附件主要包括附表、附图、附文三部分。

第九，评估人员名单。它包括评估负责人和评估人员的姓名、职业、职务、职称等。有时为了利于咨询，评估人还需要写明电话、通信地址、邮政编码等。

第十，评估时间。由于公关活动处于动态的状态下，不同时间评估所得出的结论会不同，因此，评估报告必须写明评估时间或评估工作开展的阶段。

2）公关评估报告的格式

“文无定法”，公关评估报告没有固定的结构格式。按照评估的目的与要求，公关评估报告的结构可以采用不同的格式，可以灵活安排结构。结构服从于内容表达的需要。通常，公关评估报告的格式依次包括以下项目：

第一，封面。其主要内容包括评估报告的题目、评估时间、评估人以及保密程度、报告的编号。题目要反映出评估的范围和对象。排版应醒目、美观。

第二，评估成员。其反映哪些人参加了评估工作，负责人是谁。

第三，目录。设置目录能方便阅读报告的人使用。

第四，前言。其反映评估任务或工作的来源、根据，评估的方法、过程以及其他特别需要说明的问题。也有的评估报告把评估的方法、过程等写进正文部分。

第五，正文。它是评估报告最重要的部分，也是评估报告的主体。它包括评估的原则、方法、范围、分析、结论、存在的问题、建议等。

第六，附件。其内容是对正文内容的详细说明和补充，是正文的证明材料。

第七，后记。其主要说明一些相关的问题。比如报告传播的范围，致谢参加人员及相关单位等。

9.3.4 撰写公关评估报告应注意的问题

公关评估报告的写作是相当有难度的。在写作过程中，既要求执笔人员客观、公正、全面，又要求报告可读、简洁、明了。为此，除格式方面的要求外，在写作过程中还应注意如下问题：

第一，定量与定性相结合。通常，评估结论是定性的，但必须用定量的指标做说明。注意定量与定性的密切结合。

第二，建议与策略具有可操作性。只有切合实际情况的建议才具有可操作性。

第三，语言准确、精练。尽量用最少的文字、篇幅来说明问题，提出建议。切忌有太多的学术词汇，让评估报告的阅读者难以理解。

第四，结论客观具体。评估结论要客观，既要看到成就、效益，又要看到缺点和不足。在结论中，避免使用“可能”“大概”“也许”等模糊词语。所有的结论都应该找到相应的材料做证明。

9.3.5 公共关系评估成果的运用

公共关系评估成果对于整个公关工作有极大的应用价值。它能够承前启后，使公关工作高效开展，使组织拥有良好的公共关系环境。

在提高对公共关系评估作用认识的基础上，公共关系机构应善于做评估，善于运用评估成果来有效地开展公共关系工作。公共关系评估成果的运用，可以包括以下诸方面：

第一，用于调整公共关系工作计划，使计划更趋科学合理。

第二，对策划新的公关目标方案有直接的帮助，可以促使新的公共关系计划借鉴成功经验，吸取失败的教训，避开误区，有效地开展工作。

第三，用于组织决策的改进，对于组织走向市场、为公众所认同，有较大的参考价值。

第四，用于改进组织的公共关系工作。组织的管理层通过运用评估成果，可调整行为，改善工作，提高绩效，寻找有效的策略和技巧，为下一步公共关系工作奠定基础。

公关实训

公关活动效果评估报告的撰写

【实训目的】

通过实训，掌握公关活动效果评估的标准，熟悉公关活动效果评估报告的格式及内容，并能够对实际的公关活动进行分析，撰写公关活动效果评估报告。

【实训内容】

公关活动效果评估标准的制定，公关活动效果评估报告的撰写。

【实训主要仪器设备及材料】

电脑、网络。

【实训方法及步骤】

1. 实训方法：小组讨论法。

2. 实训步骤：

（1）教师给定具体的公关活动案例材料，布置实训任务，并提出实训要求。

（2）学生分组进行公关活动效果评估标准的制定。

（3）结合标准分组讨论公关活动效果。

（4）撰写公关活动效果评估报告。

（5）学生按小组进行成果汇报。

（6）教师进行点评。

【实训报告要求】

1.格式要规范，分析要有理有据。

2.语言表达要准确、清晰。

3.实训报告后附评估标准与评估报告。

4.可以以小组形式提交报告，也可以独立提交报告。

【实训注意事项】

1.要注意同学间的配合。

2.要进行小组互评。

3.要制作课件并进行演示。

公关活动案例材料：

2010年4月6日，肯德基在网上推出“超值星期二”三轮秒杀活动，64元的外带全家桶只要32元，于是在全国引爆热潮。但当消费者拿到从网上辛苦秒杀回来的半价优惠券（优惠券上标明复印有效）后，肯德基突然单方面宣布无效。肯德基发表声明称，由于部分优惠券是假的，所以取消优惠兑现，并向顾客致歉。但是，“各门店给出的拒绝理由并不一致”。

消费者认为是肯德基忽悠了大家，纷纷在各大论坛发表谴责帖子，不时出现“出尔反尔，拒食肯德基”这样的言论，有网友甚至把各地的秒杀券使用情况汇总，一并向肯德基投诉。肯德基陷入“秒杀门”。

4月12日，肯德基发表公开信，承认活动欠考虑，未能充分预估可能的反应，承认网络安全预防经验不足，应对不够及时，个别餐厅出现差别待遇带来不安全因素，承认第一次声明中“假券”一说用词欠妥。

6月1日，肯德基在中国内地的第3 000家餐厅落户上海，公司高层首次就“秒杀”事件公开向消费者致歉。

本章小结

公关评估是改进公关工作的重要环节。公关评估的内容包括公关工作程序的评估、公关活动类型的评估、公共关系状态的评估、公关机构工作绩效的评估等。

公关评估的程序包括设立统一的评估目标、将评估过程纳入公关计划中、统一评估意见、将目标具体化、选择适当的评估标准、收集最佳证据、保持完整的公关活动记录、使用评估效果、向组织管理者报告结果、提高对评估重要性的认识。

公关评估的标准及方法包括准备过程的评估标准及方法、实施过程的评估标准及方法、实施效果的评估标准及方法。

撰写公关评估报告要坚持针对性、完整性、及时性、客观性、独立性等原则，公关评估报告的内容包括评估的目的及依据、评估的范围、评估的标准和方法、评估过程、评估对象的基本情况、评估内容、存在的问题及建议、评估时间与评估人员等。

同步测试

一、单项选择题

随堂测9

1.（　　）是根据特定的标准，对公共关系计划、实施及效果进行衡量、检验、评价和估计，以判断其优劣。

A.公关调查　　B.公关策划

C.公关实施　　D.公关评估

2.评估组织对消费者关系的传播沟通及人际协调方面的工作成效属于（　　）。

A.内部公共关系评估　　B.媒介关系评估

C.社区关系评估　　D.消费者关系评估

3.以下不属于准备过程的评估标准的是（　　）。

A.背景材料是否充分　　B.信息内容是否正确充实

C.检验信息的表现形式是否恰当　　D.检查发送信息的数量

二、多项选择题

1.公关实施过程评估的要点包括（　　）。

A.信息内容准确度如何，信息表现形式如何，信息发送数量如何

B.信息被传媒采用的数量如何，质量如何

C.接收到信息的目标公众有多少，成分如何，和组织有多大关系

D.注意到该信息的目标公众数量有多少

2.公关评估报告撰写的基本原则包括（　　）。

A.针对性　　B.完整性

C.及时性　　D.客观性

三、简答题

1.公共关系评估的意义何在?

2.怎样在公关实施的不同阶段进行评估?

3.公关评估报告的内容有哪些?在撰写评估报告时应注意哪些事项?

四、情景题

1.某公司刚刚举办完新产品展销会，公关经理要求公关员小鲁交一份本次活动的传媒报道评估报告。小鲁把这次活动的各种报刊报道的剪报、电台报道的录音、电视台报道的录像汇总一起交给公关经理。你认为小鲁的做法正确吗?

2.某公司要进行一次公共关系状况的评估，负责这一工作的公关员李平由于缺乏这方面的工作经验，不知道公共关系评估有哪些程序，你能帮助李平解决这个问题吗?

五、案例题

案例分析一：只有一人的航班

据报载，有一年，英国航空公司由东京飞往伦敦的波音747客机因故停飞，要求已买该航次机票的乘客改乘其他飞机。乘客中一位名叫大竹秀子的日本老人说什么也不肯换机，非要乘英航客机不可。于是，英国航空公司就改变了原来的计划，在东京至伦敦的13 000千米航线上，带着该机353个坐席、6位机组人员和15位乘务员为这位日本老人做了一次“专机”飞行。有人估计，这次只有一名乘客的国际航班使英国航空公司至少损失10万美元。

公关活动效果评估是公共关系工作的最后一环，也是最重要的一环。通过效果评估可以肯定取得的成果，总结经验，也可以检查和了解公关工作中存在的缺点和不足，为今后的公关活动提供可借鉴的经验，完善公共关系工作。通过效果评价还可以为决策者制订下一个公关活动计划提供决策依据。

请思考：

（1）英国航空公司该不该“损失10万美元”？

（2）评估这次活动的效果。

案例分析二：国际家政员工节顺利举行

第七届国际家政员工节于2018年8月9日在厦门市集美市民广场举行，本次活动由国家发展和改革委员会、厦门市发展和改革委员会和厦门市集美区政府指导，好慷（厦门）信息技术有限公司主办，厦门幕厚文化传播有限公司（MOHO共创）承办。

本届国际家政员工节以“为每个人，更为每个家”为主题，整场活动由三大篇章和8个节目以及1 589架无人机与厦门歌舞剧院交响乐团组成的空陆表演编队串联而成；第一篇章《NEW CITY · 城市》向社会大众诠释了：厦门是一个对劳动者非常尊重的城市，而集美，更是以嘉庚精神、华侨文化、闽南文化、学村文化的深刻人文底蕴而闻名于世。第二篇章《NEW HOME · 家园》，表达出：家，是我们心中最柔软的地方，是我们每个人为之努力奋斗的地方。国际家政员工节，是为了全体家政从业者而创造的节日，它属于这个行业的每一个人。第三篇章《NEW DREAM · 梦想》，好慷在家公司希望通过每一年做一点努力、一些行动，怀揣着一颗让家政行业更好的心，让所有家政从业者以坚实的脚步不断迈向未来。

集美区人民政府区长何东宁，集美区委常委、宣传部长赖朝晖，好慷在家公司CEO李彬，好慷在家代言人著名演员朱茵以及好慷在家近3 000名员工均参加了本届员工节活动。此次活动获得了社会各界的高度关注和广泛好评，赢得了区委区政府的充分肯定。

从项目沟通策划到落地执行，仅仅只有50天的时间。在项目进度把控上，幕厚团队为项目制定了详细的项目倒计时推进表，并且各项工作均严格按照项目进度表推进：从项目沟通、方案策划制作、平面视觉设计及舞美设计、演艺编排、亮点资源统筹、舞台内容规划排练，再到现场搭建、舞台彩排、现场执行，均按计划向前推进。

为了整体的舞台呈现考量，工作人员在酷暑高温的现场，不断确认点位、协调各参与单位，关注舞台的每一个细节设置，确保整个舞台的支撑架构稳定，调试灯光位置及与节目搭配的效果等。持续5天的搭建时长，确保每一个环节都落实到位，为当日活动的成功举办打下坚实的基础。

此次活动虽然时间紧、任务重，但是多方沟通顺畅，配合较为默契。合理规划现场布置与流程控制，整体活动顺利，与相关部门沟通顺畅，安保措施恰当，人员的进、出场分流合理。幕厚团队筹备计划性强，执行力强，协调各方现场积极参与、配合，活动顺利进行，无人机飞行时间把控准确，使节目配合节点顺利，整体流程进展顺畅并完美呈现，达到了预期效果。

请思考：

请根据以上资料评估本次活动的效果。

第10章

部门公共关系

情景导入

一刻钟，"圈"出美好生活

春光正好，早晨7时，北京市朝阳区红庙北里社区，渐渐涌起热闹的人声。头戴灰色帽子、身穿紫色外套的蔡女士开始了她的晨间活动：下楼步行2分钟，她先来到小区里的器材锻炼区做运动；锻炼完毕，又走到旁边的便民生活超市选购菜品；接着她离开小区，步行5分钟去到街对面的菜市场。经过一番精心挑选，蔡女士拎着一包蔬菜、一袋面条，悠闲地回家，"不用走多远，该办的事都办妥喽！"

2021年7月20日，商务部办公厅等11部门印发通知，公布《城市一刻钟便民生活圈建设指南》，明确指出，城市一刻钟便民生活圈是以社区居民为服务对象，服务半径为步行15分钟左右的范围内，以满足居民日常生活基本消费和品质消费为目标，以多业态集聚形成的社区商圈。运动、购物、休闲、进餐、观影、就诊……多种服务功能圈集中在一刻钟的步行范围内，让居民生活的便利程度大大提高。

商务部表示，将结合前期试点经验，在全国范围内开展一刻钟便民生活圈建设三年行动，努力把居民的"需求清单"转化为一刻钟便民生活圈的"满意清单"。随着这一实践的实质推进，更多居民将享有更便利、更宜居的城市生活。

资料来源　叶子，侯婧怡.一刻钟，"圈"出美好生活[N].人民日报·海外版，2023-03-29（05）.

【思考与讨论】

（1）商务部属于哪种类型的社会组织？

（2）它所开展的城市一刻钟便民生活圈建设三年行动意义何在？

（3）你是如何看待政府公关的？

学习目标

通过学习，了解公共关系原理在营利性组织、非营利性组织和政府等特殊的社会组织中的应用；重点掌握公共关系原理在非营利性组织和政府中的特殊性；学会在不同的社会组织中灵活运用公共关系原理。

社会组织门类很多，依据其目标和职能，大致可以分为三类：①营利性组织，如各种企业；②非营利性组织，如学校、医院和各种群众团体；③政府和其他特殊的社会组织，如银行、军队和新闻机构。社会组织是公关的主体，主体的特性不同，与之相对应的公众也有所不同，相互之间的期望和要求也不尽一致。“兵无常阵，水无常形，运用之妙，存乎一心”，公关本来就是这样，在不同类型的组织中同样能有用武之地。

10.1 工商企业的公共关系

工商企业是指那些向社会提供产品、劳务或服务的营利性经济组织，包括各种工业企业、商业服务企业，如制造企业、加工企业、采掘企业、旅游企业、餐饮企业、运输企业、邮政通信企业等。公共关系虽然最早起源于政府部门，但得到广泛运用却是与其进入工商企业分不开的。直到现在，工商企业的公共关系也是现代社会公共关系的最主要力量。

在商品经济日益发达、竞争日趋激烈的现代社会，公共关系对工商企业的作用越来越大。树立良好的组织形象，已不再仅仅是那些大型跨国公司或管理良好的公司的专利，而成为每一个现代企业的共同追求。良好的产品和服务以及由此而形成的良好企业形象，已成为公司竞争力的一部分，甚至成为公司的核心竞争力。牛仔裤、化妆品都是运用形象战略取胜的典型产品，一些耐用品（如轿车）以及快餐服务、碳酸饮料等也因此赢得了顾客的支持和合作。

职场链接10-1　2018天猫“双11”战绩出炉：GMV 2 135亿元，物流单量超10亿单

2 135亿元，是2018年天猫“双11”的最终成交额。同时，截至2018年11月11日23时18分9秒，物流订单量超过10亿单。至此，2018年“双11”最大的两个悬念已经依次揭晓。

微课10-1

乔致庸的诚信公关

没有意外，天猫再一次交出了一份令人满意的答卷。“双11”开启当晚，2分零5秒成交额就超过100亿元；一小时达到672.6亿元（接近100亿美元）；15时49分39秒，已破2017年11月11日全天交易额……

不停滚动的大屏带来的刺激感在提醒我们，“交易额（GMV）”这一数字依然是2018年天猫“双11”的主题，也依然是人们用来审视阿里成绩的标准。自2009年诞生至今，“双11”的交易额每年都保持着可观的增速。

资料来源　编者根据相关资料整理。

10.1.1 工商企业公共关系的特点

工商企业的公共关系除了具有树立组织形象、承担社会责任、协调内部关系、沟通外部公众等一般组织都具备的作用外，还有以下一些独有的特征。

1）对公关成本的高度关注

关注公关成本是工商企业公共关系的第一个特征。对任何一家竞争性的营利组织而言，公共关系的成本都是总经理需要考虑的问题之一。组织的决策层每天都在问同样的问题：各职能部门和生产环节的成本能否再低一些。公关部门当然也不例外，它也必须考虑成本及效益。公关部门要想在工商企业中生存，它要做的就不仅是建立和维护与员工及邻里的关系，还必须借助工商企业建立一个投资环境，在这个环境中，大小股东都对他们投入的资本所产生的回报感到满意。因此，从这个意义上说，工商企业公共关系的主要工作就是：帮助市场营销部门吸引新的顾客，并留住对产品和服务满意的现有顾客。也就是说，公共关系必须在竞争的环境中为工商企业的盈利作出贡献。

正因为如此，公关部门可能经常会面临来自内部裁员或精简机构的压力，一些不是很了解公关工作性质和作用的股东或员工，可能会指责公关部门不务正业或无所事事，特别是在形势紧、经济滑坡或竞争激烈的情况下，公关部门的生存和发展更会引人关注。因此，工商企业的公关部门和公关人员应该充分关注公关成本及公关效益问题，以及由此而形成的各种压力。

当然，这种讲求公关成本及效益的压力也可能成为激励公关人员努力工作的一种动力，从心理上激发他们的成就感和使命感。因为对公关人员来讲，通过公关工作，把自己在某方面的策划和观点变成现实后，既可以提高企业的知名度、塑造组织的良好形象，又能获得良好的社会效益和经济效益，这样在无形中就使公关人员获得了信心和力量，对企业和公关人员的个人发展都是非常有利的。

2）对产品质量和服务质量的双重追求

对产品质量和服务质量的双重追求，是工商企业公共关系的第二个特点。工商企业在不停地为它的顾客提供各种类型的产品（劳务或服务）。对制造加工类型的企业而言，它们提供的是汽车、家电、啤酒、化妆品等有形的物质产品；对运输公司、仓储公司、旅游公司等而言，它们的产品就是给顾客提供无形的服务；对咨询公司、会计师事务所、律师事务所而言，它们的产品同样是无形的精神产品。

对这些企业而言，企业形象是一系列因素（如产品或服务质量、员工精神面貌、厂容厂貌、企业实力等）综合作用的结果，但产品质量形象无疑是其中最重要的因素。许多成功的企业都从创立名牌产品开始，进而树立企业的良好形象。追求产品质量不仅是单个企业的行为，而且越来越成为全球企业的共识和共同行动，全面质量控制、全面质量管理、ISO 9000和ISO 14000在全球范围内的兴起和扩展就是极好的证明。

对工商企业而言，除了提供产品以外，服务质量及服务形象正变得越来越重要。在这里，我们所指的服务是一种涉及某些无形性因素的活动，它包括为顾客或他们拥有的财产提供的服务活动，它不会造成所有权的更替。这种服务包括在购买行为发生之前向用户提供信息、培训和指导，在购买过程中为使交易顺利完成而进行的解释、说明、调试、安装等，也包括售后服务，但不包括本身就是服务性质的企业为其顾客提供的咨询服务、运输服务等，因为这些服务本身属于产品范畴。在提供这些产品的过程中，同样有服务是否优质和满意的问题。服务质量的高低、服务形象的好坏，是组织的公关人员必须关注的。

3）致力于新型的竞合关系的建立和商业生态系统的培育

尽管人们早就在谈论商场如战场、市场竞争是残酷无情的，但只有到了今天，人们才真正领会到什么是竞争，什么是不断升级的超强竞争。产品的更新换代比以往任何时候都快，企业在市场上的优胜劣汰速度也越来越快。在这种超强竞争时代，企业要想取胜就得争取主动，就得和别人合作。因此，聪明的企业和它的企业主管总是在合作中寻求双赢。这反映在它们的交易与对待员工的态度上，也反映在它们与竞争对手的关系上。这些聪明的公司经常与别的公司既合作又竞争，而且这种既合作又竞争的现象越来越普遍，人们甚至因此而创造了一个新词“竞合”（Co-Competition）。传统的客户观把客户当成被征服的对象，而这种态度可能惹恼客户。一位媒体公司的老总说过一则销售员向他推销新电脑系统的故事。那位销售员不停地用“针对（Targeted）”这个字眼，就此产品针对媒体业、广告针对新客户、销售预算针对这个区域等，最后销售员被赶了出去。这位老总说：“他没有一句话是在说明新产品如何能替我赚更多的钱。”与竞争对手合作正在成为越来越多现代企业的成功之道。一般人认为，与竞争对手合作很不容易，相比而言，与供应商和销售代理商等的合作就要简单得多。其实，要真正搞好工商企业与这些公众的关系并非轻而易举，特别是当我们把这些关系作为商业生态系统的一部分去培养时，难度就更大了，但这正是工商企业公共关系的使命所在，也是工商企业公共关系发展的新趋势。

商业生态系统是客户、供应商、主要生产厂家，以及其他有关人员相互配合，以生产产品和提供服务为目的而组成的群体。一个完整的商业生态系统还应包括那些提供资金的人（股东），以及有关的行业协会、工会、政府、半政府机构及其他方面。这种商业生态系统可能是有意建立的，也可能是自发形成的，但这并不影响这些成员之间的相互完善和相互补充。像生态链一样，这些工业群落的成员的能力也会因共同进化而不断提高。在寻找伙伴和维护商业生态系统稳定方面，公关部门可以发挥比其他部门更大的作用。因为对外宣传标准的确定、对群落成员的监督和争端的解决，都与公关部门密切相关，而这些工作完成的好坏直接影响着商业生态系统的培育和完善。

职场链接10-2　　中国企业将面临七种竞合模式

中国发展战略学研究会副理事长管益忻曾撰文指出，加入世贸组织后，中国企业面临七种竞合新模式。

1）海尔模式

这是典型的由制造业介入的产业融合。这是一种可直接充作金融资本主导下的产业资本化企业集群，它正在成为可以在国际范围内同外资展开全方位、多视角的竞合的大跨国集团公司。它有品牌、服务、顾客偏好技术，尤其是相当优越的客户资产等，以及堪称一流的企业核心能力。

2）中信模式

这是由金融资本介入工商实业产业形成的金融主导下的产业资本化企业集群。中信、中保等进入实业产业的战略行动都是这样的案例。它们正在大举向实业产业渗透，但其每一较大举动几乎都有同外资的竞合交错、关联，同时，亦产生一些摩擦和矛盾，最终以竞合关系而处之。

3）长虹模式

这种类型的企业集群一般亦有金融作后盾，但这是国家而非民间资本支持的半产业化资本的竞合关系。长虹亦有包括营销、品牌、相当高顾客忠诚度的客户群资产，但其凸显优势的核心能力则主要是其核心技术。当然，属于此类的还有像中石化这样的“中”字头“大国企”，其官方色彩较之长虹等更浓。

4）燕（京）青（啤）模式

这是一类民营化（机制）色彩已相当浓厚的国企上市公司，它们有的不乏资金支持（如燕京），品牌亦发展到一个相当高（或原本就很高）的水平；而有的（如青啤）则是大名鼎鼎品牌的持有者。但二者尚未真正进入金融层面，不具备正面应对跨国公司之竞合实力。

5）光明（乳业）模式

光明乳业主要是靠“上市”作后盾以继续同外资进行较量的。可以这样说，在达能将乐百氏等兼并之后，光明乳业可能是民族水（乳）业的举旗者之一了，它有可能成为一个同外资竞合胜出的企业。

6）梅林模式

这是更低一级的模式了。梅林正广和作为已卖掉50%股权的公司，又无多少国家资金支持，在同外资较量的过程中，只能建立一种较难获胜的竞合关系。

7）农夫山泉模式

这是一种行将落入下一层面（仅在产品经营、资本经营）内的竞合关系，如无大资本支持的话，很难持续发展。

10.1.2 工商企业公关工作的主要内容

工商企业的公关同一般公关一样，也是通过与其公众的协调、沟通和传播，树立和维护企业的良好形象。具体地说，其主要内容包括：

1）通过CI策划，塑造组织形象

CI的内涵是非常丰富的，一个完整的企业形象识别系统通常由三大要素构成，即理念识别、行为识别和视觉识别。这三者各有其特定的内容，它们之间相互联系、相互制约，共同塑造企业独特的形象。

工商企业导入CI是一项科学的循序渐进的计划性活动，必须精心组织、合理规划，一般需要经历以下几个阶段：

（1）调查阶段

这一阶段主要是从内外两方面把握工商企业的经营现状、环境条件、外部认知、市场形势，客观地分析企业的优缺点，以作为CI设计开发之依据。

（2）策划阶段

这是CI策划的关键阶段，其主要任务是以调查结果为依据，通过综合分析和论证，进行企业形象定位，构筑经营理念系统，形成切实可行的形象塑造方案。

（3）设计阶段

这是策划阶段的具体化，其主要工作就是将前面各项作业所设定的识别概念、基本理念等较抽象的内容，转化为具体的视觉表述形式，其中标志、标准字、标准色的创造设计颇为关键。

（4）实施阶段

这是将通过策划、设计的识别系统制成规范化的手册或文件，选择适当时机，对外进行导入CI的发布活动，建立相应机构，监督执行CI战略方案，并拟出符合CI系统的广告推广传播方案。

2）进行内部沟通，培育团队精神

处理和内部员工、股东的关系是公关部门的重要工作之一。通过沟通，建立组织内部和谐的人际关系，进而培育团队精神，是内部公关的主要目标。对此，公关部门主要应做好或协助做好以下几项工作：

（1）推动决策民主化、公开化，实现内部信息共享

现代企业都力求实现决策民主化和公开化，公关部门在这个方面扮演着非常重要的角色。办好公关内刊是公关部门为此而进行的一项主要工作。这种企业自编自办发行、免费提供给员工阅读的内部刊物，是企业决策民主化、公开化的主要窗口，也是企业内部正式沟通的媒介。它可以让企业以自己的语言、自己的方式，不断地或不走样地传播那些对于实现组织目标至关重要的信息，给企业提供一个传播的手段。为了使这些刊物更吸引内部员工，内部刊物登载的都是员工关心的事情，如企业经营宗旨、服务方向和目标及其高速变化，企业人事变动，企业生产经营状况、工资、福利和生活条件的改进，企业新获得的荣誉，企业中的先进个人、集体及其业绩，员工的批评意见或合理化建议，竞争对手动态等。

职场链接10-3 **企业的内部刊物**

企业办刊物可能采用简单的时事通讯或一张小报的形式，也可能采用那种把报纸的版式和杂志风格结合起来的“大报”形式。在美国，绝大多数企业都有自己的刊物，有的企业还不止一种，如通用汽车公司的内部刊物就有37种之多，总发行量达90万份；福特公司的《福特时报》（Ford Time）、克莱斯勒公司的《友谊》（Friend）的发行量更是高达150万份。在一些跨国公司或职员来自不同语种国家的公司，甚至还发行多语种报纸，如西瓦·盖基加拿大有限公司就用英语和法语两种语言发行其内刊。封面和中心装订线的页面是一种语言，把内刊翻个面，封底就变成了以另一种语言发行的封面。

除了内刊，公关部门还可以充分利用各种传播媒介与内部公众沟通，如墙报、宣传栏、标语、简报、闭路电视、告示牌、手册、内部信函、有线广播等，陈列和展览也是可以运用的手段。随着网络技术的不断发展，电子邮件和企业内联网已成为企业内部员

工之间、员工和高层领导之间沟通的极好工具。

（2）激发员工的参与意识，完善员工参与制度

对企业而言，员工参与意识的增强是无价之宝。因此，成功企业的公关部门总是想方设法激发员工的参与意识，并不断完善员工参与制度，使每一个员工都可以发表自己对企业的意见、看法、观念，都有机会体验企业当家人的感觉。

职场链接10-4　日本企业的合理化建议

日本的松下电器公司不仅鼓励员工随时向公司提出建议，而且由员工选举，成立了一个旨在推动提供合理化建议的委员会，在员工中广为号召，收到了良好效果。1975年，公司的茨木工厂有员工1 500名，提案就多达7.5万件，平均每人50多件；1976年，全公司6万多名员工共提出663 475条建议，其中被采用的达61 299条。公司对每一件提案都认真对待，及时、公正地评审，视其价值大小给予奖励，即使没采用，公司也给予适当奖励。1976年，公司用于奖励合理化建议的支出达30万美元，而员工合理化建议所产生的经济效益则远远不止30万美元，松下公司劳工关系处处长阿苏津说："即使我们不公开提倡，各种提案仍会源源不断，我们的员工随时随地——在家里，在火车上，甚至在厕所里，都在思索提案。"公司创始人松下幸之助希望每个员工都参与管理，每个员工都视自己为其工作领域的"总裁"。

资料来源　作者根据相关资料整理。

并非每个员工都会主动地发表自己的意见、参与到组织的经营管理中来，这还需要企业公关部门做好以下工作：①编发合理化建议手册，并告诉员工如何向企业提出合理化建议；②将合理化建议制度化、规范化；③设立合理化建议评审委员会和奖励基金；④定期组织员工在这方面进行业务交流，促使他们不断提高业务水平。

（3）重视文化网络建设，培育员工团队精神

企业文化理论中的文化网络，是指那种非建制性的信息传播渠道，它常常与非正式组织联系在一起，交流和传递非正式的文化信息，而不是官方信息。企业的正式组织都以培育团队精神为己任，但事实上，非正式组织在这方面做得更好。非正式组织虽然没有共同目标，成员和活动经常发生变化，组织也是靠习惯和感情来维系，但它往往具有很强的凝聚力和特殊的力量。因此，在强文化公司，管理者为了确切地知道人们真实的想法，以及影响人们的日常行为方式，采取的是这样一种办法：承认这种文化网络的存在和重要性，因势利导地管理和开发此种网络，通过这种网络不断地传播和强化公司的信仰和价值观，以保持文化的生命力，并使之深深渗透到企业的各阶层、各部门和员工内心中。为了增进感情，培育团队精神，公关部门还可以定期举办各种形式的座谈会、交流会、联欢会、体育比赛、文艺娱乐等活动。

3）加强对外传播，维系良好关系

在加强对外传播、维系良好关系方面，工商企业与一般组织的差别并不太大，只不过工商企业有它的特殊公众。因此，我们在这里只就工商企业的一些特殊类型的公众对象，谈谈如何开展公关工作。

工商企业对供应商公关工作的主要内容包括：向供应商提供有关资料，帮助其了解企业的生产程序、生产能力，需要的产品类型、质量标准和进货周期；让供应商了解企业与采购有关的购买、验收、检查、会计等部门的工作方式和检查标准；收集供应商对企业政策、采购政策、付款方式的意见和建议；通过供应商了解社会环境和供货品种的市场变化趋势；建立双方长期友好的合作关系，谋求双方共同利益的发展。

工商企业对经销商公关工作的主要内容包括：向经销商、代理商介绍本企业的政策方针、生产状况及能力、经营方式及产品性能，培养经销商、代理商对企业及其产品的信心；向经销商提供产品服务、技术支持、售后服务、广告支持等；了解经销商对企业产品的性能、价格、质量、代理方式等的意见和建议，并通过经销商了解企业产品及整体形象；通过多种方式与经销商和代理商交流与沟通，建立合作关系。

饭店业外部公关工作的主要任务包括：塑造并维护享有良好声誉的饭店形象；加强与顾客及新闻界、社区的沟通，增进了解和友谊；妥善处理顾客投诉和突发事件。

旅游业外部公关的主要内容包括：树立良好的旅游地形象；运用各种公关手段吸引游客；提高旅游景区及社区居民的心理承受力。

10.2　政府公共关系

政府是开展公共关系工作最早的组织类型，直到今天，政府公关仍然是公共关系的一个重要领域，政府部门也是专业公共关系公司的重要客户。事实上，政府的每一个层面都与公共关系紧密相关，并有赖于公共关系。公安、消防、国防、交通、司法系统、野生动物保护、国家博物馆、税务系统、教育系统等这些看起来作用迥异的部门及其服务，都是政府给人们提供的。政府的工作正在变得越来越复杂，人们对政府的期望也越来越高，今天的政府正在变为解决人类所有活动中不公正和不平等问题的主要力量。一句话，政府越来越重要了。与此相应，政府公关也受到了比以往更多的关注。

10.2.1　政府公共关系的主要目标

政府公共关系是公共关系一般理论在政府活动中的运用，是政府部门通过传播、沟通、协调来提高政府美誉度、塑造政府良好形象，争取公众对政府工作的认同、理解和支持的一系列活动的总称。政府的公关活动通常包含在公共事务、公共信息或公众传播中，并逐步发展成了一种用来完成不同组织目标的政治和行政手段。

随着政府工作变得日益复杂和无处不在，政府对公关的依赖性也日益增强。在美国，有一个庞大的公关网络和人数众多的公关人员在为政府公关部门工作。据美国政府传播者协会估计，全美各级政府大约有40 000个政府传播者，仅在华盛顿地区，就有11 000个公关专家为联邦机构服务。

政府机构不论级别高低、规模大小，其公共关系工作要达到的主要目标基本是一致的，那就是：通过政府机构的活动，维护本国公民的知情权；确保公民对政府活动的积极配合；促使公民支持已经制定的一些政策和项目；在国际上塑造和维护国家的良好形象，确保国家利益不受侵害。

10.2.2 政府公共关系的基本特征

政府公共关系是指政府机构与社会公众之间的关系。政府机构是政府公关的主体，在政府公关活动中始终居于主动地位，起着控制和组织的作用；政府机构的内外公众是政府公关的客体，是政府机构开展公关的对象，政府开展公关活动必须从公众利益出发，为公众谋取利益；传播是政府开展公关的基本手段。三者共同构成政府公关的基本要素。政府是上层建筑的核心部分之一，政府公共关系与一般组织的公共关系不同，它具有以下特征：

1）政府机构的特殊性

政府是一种特殊的社会组织，其特殊性首先表现在政府拥有法定的权力，具有权威性。它可以制定政策、颁布法令，并能约束它所管辖范围内的公众执行政策。其次，政府具有唯一性。在同一国家或地区，不可能有几个政府并存，它处于独一无二的位置。由于这种特殊性，开展公关活动、接受公众监督、密切公众关系就显得尤为重要。

2）公众对象的广泛性

政府机构面对的公众包括各方面的人员、各阶层的利益和各种社会组织，可以说政府机构面对的公众比其他任何组织面对的公众都广泛、复杂。因此，为社会全体公众服务，是政府公关的重要原则之一。

3）谋求利益的整体性

政府公关不以谋求某一组织、某一方面的局部利益为目标，而是以国家、社会公众的整体利益为目标。社会整体利益包括社会经济利益、生态利益、心理利益、综合利益等。社会整体利益是政府公关活动的基本依据和出发点，是检验政府机构公关成功与否的根本标准。

10.2.3 政府公共关系的主要内容

1）建立新闻发布制度，对外发布政府信息

及时发布政府信息，保证公民的知情权，是政府公关从业人员的首要任务，也是政府公关的一种常规性工作。政府工作涉及大量公共事务，与社会大众的日常生活密切相关，如新的财政预算报告，有关社会、经济的重要决策，重大建设工程的立项，重要的外事活动，新的法律法规的制定过程、发布及生效时间等。政府对外发布信息的渠道是多种多样的，如我国政府部门定期向人民代表大会汇报工作，接受人大代表质询；定期召开新闻发布会，向新闻机构提供有关材料信息；还可以通过公告、简报等方式告知公众。随着互联网技术应用的普及，网上政务也成为政务公开的一个主要渠道，很多政府机关都设立了自己的网站，及时地在网上发布政务信息，中国政府也在积极地推进电子政府的建设。政府部门在对外发布信息时，为了保证信息真实、准确、全面、及时，应注意做好以下两项工作：一是建立政府发言人制度；二是充分发挥新闻媒介的作用。

2）建立协商对话制度，鼓励公民参政议政

政府从业人员的一个非常重要但又经常受到忽视的职责，就是激发和鼓励公民参与政务，其中包括决策的过程，即我们通常所说的参政议政。而这些工作，更严格地讲应该在政府公关部门的组织下完成。

公众对政府和政治性事务的冷漠是一种国际化趋势。在美国，符合全国大选投票条件的选民的投票比例总是维持在一个比较尴尬的低水平上。1988年总统选举，只有50%的成年人投票；1992年稍有回升，但也刚刚过50%；1996年总统大选，投票率又回落到50%以下；2012年总统大选，投票率也是刚刚过50%。人们对政府的普遍看法就是僵化、腐败、效率低下，以及充满技术术语和行话的官样文章和报告，从而失去了同政府有效合作的信心。

这种冷漠和不合作的态度，对一个政府而言是非常危险的。正如某位伟人所言，一个政府不怕人民的声音，最怕的就是静寂无声。因此，每个国家的政府都在致力于改变这种状况，中国政府在这方面的做法显然值得各国政府借鉴。

在中国，围绕公众关心的重大问题，政府有关机构的负责人会与有关的公众群体或团体进行平等的、直接的、公开的对话，面对面地听取公众意见，回答公众提问，从最高级别的中国人民政治协商会议中政协委员就国家大政方针、社会经济文化发展事务协商，到与老百姓日常生活关系密切的相关问题的听证会，如铁路价格听证会、公交车票价听证会，都对政府部门与公众沟通并鼓励和启发公众参政议政发挥了重要作用。

在中国，政府部门有时还会主动出击，借助大众传播媒介，动员公众更广泛地参与政府和社会事务。如广州市委、市政府先后举办过“假如我是广州市市长”征文；各地方政府也经常就“菜篮子工程”“安居工程”“暖房子工程”等话题举行专题讨论，让市民献计献策，参政议政。

3）建立民意采集制度，为政府决策提供依据

当今社会已进入信息时代，任何社会组织自下而上的发展都离不开信息。特别是政府部门，面对复杂多变的公众、变幻莫测的环境、形式迥异的工作，更离不开信息。因此，对于政府公关部门来讲，必须高度重视信息和舆论工作，为政府领导进行科学决策提供依据。一般来说，政府公关部门主要应收集以下几方面的信息：社会公众对政府各项政策、法令、法规的意见和看法；社会各界公众对政府领导人的领导才能、个人魅力、工作业绩等的评价和看法；社会公众对政府机关办事作风、办事效率、办事程序等的意见；社会舆论的主要热点问题及人们对热点问题的看法和观点；社会公众对国家事务、政府事务的关心程度、了解程度。

职场链接10-5

人民网开通“区块链频道”

2018年10月23日，在北京举办的2018人民网区块链技术秋季论坛上，人民网区块

链频道宣布成立。目前，人民网已在区块链领域初步形成了内容、科研、培训、资本的“四位一体”业务格局，此后将继续扎实推进业务布局，推动区块链价值的普及传播和区块链行业的健康发展。此次区块链频道的正式上线，将使人民网能够更好地把握发展脉络、整合行业资源、推进产业布局，在区块链领域的网络舆论生态中发挥“领航者”“排头兵”作用。

人民网总裁叶蓁蓁在谈及区块链的行业现状时指出，当前行业可以概括为“四个没有改变”：第一，区块链作为新一代技术的定位没有改变；第二，区块链技术仍处于早期阶段并有待持续完善的状态没有改变；第三，区块链具有广泛应用前景的逻辑没有改变；第四，中央和各级主管部门积极推动区块链发展的态度没有改变。

他认为，各级党政部门不仅是区块链政策的制定者，并且已经成为区块链的应用者和场景管理者，相关尝试和应用正在加快推进。区块链本质上是一套治理架构，其核心是基于多种技术组合而建立的激励约束机制。加强对区块链的治理和规范，不仅有利于区块链的健康发展，更有利于提升国家治理体系和治理能力的现代化水平。

资料来源　佚名. 人民网区块链频道正式成立［EB/OL］.［2018-10-23］. http://blockchain.people.com.cn/n1/2018/1023/c417685-30357476.html.

4）建立高效、廉洁的政府，塑造政府良好形象

提高政府的威望和美誉度，塑造政府良好形象，是政府公关的又一主要目标，这就要求政府部门采取切实可行的措施，勤政、廉政，为社会公众办实事、办好事。因此，政府部门要做好以下几方面的工作：

第一，本着公众利益至上和勤政爱民的思想，改善服务态度，提高工作效率。

第二，善于选择开展工作的突破口，把群众意见最大、最需要解决的问题优先解决。

第三，大力加强政府廉政建设，努力纠正行业不正之风。

5）建立国际对话机制，塑造良好国际形象

随着科技进步和经济全球化的不断发展，国与国之间的交往越来越频繁。因此，树立一个良好的国际形象，争取更多的国际支持、理解、合作，对一个国家的发展就显得越来越重要，特别是对于中国这样的发展中国家就更有特别重要的意义。

由于种种原因，外部世界对中国并不是很了解，甚至有误解。因此，让世界了解中国，让世界各国消除对中国的误解和偏见，是中国政府公关的一个重要任务。要达到这个目的，最好的办法就是接触、交往、协商、对话、交流、沟通。

中国政府的公关活动还有一个很重要的任务，就是致力于建设国际政治、经济新秩序，争取一个有利于中国经济社会发展的国际环境。尽管和平与发展已经成为时代主题，但由于不合理的国际政治、经济秩序的存在，发展中国家仍然得不到公正的、公平的发展机会。因此，作为发展中国家的代表，中国这些年一直致力于推动建立国际政治、经济新秩序。国际新秩序的建立，也有利于中国树立起一个负责任、敢仗义执言的大国形象，为我国创造良好的国际环境，促进改革开放和现代化建设。党的二十大报告指出，要“加强国际传播能力建设，全面提升国际传播效能，形成同我国综合国力和国

际地位相匹配的国际话语权。深化文明交流互鉴，推动中华文化更好走向世界”。因此，在国际交往中，要掌握国际传播的规律，构建对外话语体系，提高传播艺术。要采用贴近不同区域、不同国家、不同群体受众的精准传播方式，推进中国故事和中国声音的全球化表达、区域化表达、分众化表达，增强国际传播的亲和力和实效性。

课堂讨论

2011年1月17日，由国务院新闻办筹拍的《中国国家形象宣传片——人物篇》在美国纽约时代广场大型电子显示屏上播出，中国各领域的杰出代表和普通百姓在片中逐一亮相，让美国观众了解了一个更直观、更立体的中国国家新形象。请思考：该国家形象片中哪些地方体现了中国的自信？国家形象片在美国播放的意义有哪些？从公共关系角度看，怎样理解国家形象片的作用？

职场链接10-6　海地国际救援

2010年1月13日，加勒比海岛国海地发生里氏7.3级强烈地震，首都太子港大量房屋倒塌、交通通信中断，造成惨重的人员伤亡和巨大的财产损失。中国政府毫不犹豫地向海地灾民伸出援助之手，第一时间派出由搜救队员、医疗队员和地震专家等组成的中国国际救援队紧急奔赴海地，成为最早抵达海地的国际救援队之一。中国海地救援不仅仅是一次救援行动，更是在联合国组织框架下，利用多边渠道与合作来积极履行国际义务的一次复杂的外交活动。在整个救援行动中，中国救援队不仅与其他国家的救援队分享救援信息、研讨救援方案，还及时向联合国驻海地相关机构汇报救援进展。与此同时，中国救援队定期组织新闻发布会，向各国媒体公开中国救援队的救援工作。

舆论评价：新闻媒体是国家形象传播的一个重要载体，由于中国政府在此次海地地震国际救援行动中反应快速、行动及时，吸引了西方主流媒体的眼球。法新社以“中国领先启动海地救援”为标题，专门配发了中国搜救队在北京集合出发的大幅图片。加拿大广播公司在报道海地救援中开篇就提到“中国、法国和西班牙的救援专机在通信塔倒塌、刚清理出跑道的太子港机场降落”。文章中提到，中国救援队带来大量的食物、药品和其他物资。

资料来源　中国公关网．2010年十大公关事件［EB/OL］．（2010-12-23）.http：//www.chinapr.com.cn.

10.3 非营利组织公共关系

10.3.1 非营利组织的类型与特点

非营利组织是指那些不以营利为主要目的，而是旨在通过努力，完成某项事业或使命的组织。在我国，非营利组织主要有两大类：一类是群众团体组织，如专业学术团体、业余爱好者协会、消费者协会、个体经济协会、工会、妇女权益保护协会、退休人员协会、退伍军人协会、宗教协会、校友会、同乡会等，这类团体数量多、分布广、社会影响大；另一类是事业性组织，包括学校、医院、图书馆、新闻媒体、文艺团体、科研院所、体育机构等。非营利组织有以下共同特征：

（1）组织性

作为一个非营利组织，必须是一种机构性实体。因此，这个组织必须有一个组织章程、组织运行规则、工作人员或其他一些相对持久的指标，正如作为营利组织的公司在设立时必须有公司章程、固定经营场所、最低限额的注册资金一样。

（2）独立性

非营利组织一般是独立于政府部门之外的自我管理和控制自身活动的组织，不是政府的下属机构，一般不受政府控制，有自己的董事会，独立地完成组织的使命。

（3）自愿性

这种组织使命的完成通常是团体成员自愿参与的结果，特别是一些公益服务组织，其会员、成员从事服务时，通常是义务的、无偿的、自觉的。

（4）不分配利润

非营利组织并不意味着不能靠自己的经营行为创造收入、创造利润，而是不能把利润分配给那些管理和经营这个行业的成员或会员。事实上，很多国家从提供服务获得的收入是非营利组织最重要的收入来源。这个收入占总资金来源的比例在美国是52%，在英国是48%，在意大利是53%，也就是说，非营利意味着不为业主或管理者个人谋利，而是把多余的收入也用在完成组织的使命上。

非营利组织的上述特点决定了非营利组织十分需要公共关系。这是因为对于非营利组织来说，通过有效的公共关系，可以达到下列目的：使组织的使命得到认可，如学术团体旨在促进学术交流，工会旨在维护工人利益，消费者组织就是为保护消费者利益而组建的；建立起与组织公众沟通的渠道；创造和保持筹集组织活动经费的有利环境；推动有利于组织使命的公共政策的制定和施行；告知和动员组织的关键成员，使他们能专心致力于组织的使命、目标和任务，并且为之有效地工作。

10.3.2 学校公共关系

学校是人才培养和科学研究的基地，在社会发展，特别是科学技术的发展过程中起着重要的作用。利用公共关系手段树立学校的良好形象，对于一所学校来说具有重要的意义。因为对于一所学校来说，其形象的好坏直接影响到教师和学生的来源以及经费来源。良好的学校形象首先应该以优良的教学质量和服务质量为前提，在此基础上应该把学校有关办学的信息及时准确地传递给社会公众。目前，我国各类学校所面临的问题较多，如教师收入偏低、师资队伍不稳定、办学资金缺乏、学生就业困难等。教育事业关系到国家的前途和命运，因而，应该受到政府以及各界公众广泛的关心和支持。但这种关心和支持有时并不会主动地发生，而需要学校通过各种公共关系手段去有意识地唤醒公众的意愿。至于学校内部的一些问题，如师生关系、教师与员工的关系、员工与学生的关系等，则需要通过有效的内部公关工作来协调、解决。因此，学校应充分重视公共关系在学校发展过程中的重要作用。学校公共关系的主要目标包括：①唤起社会公众对教育的认识、了解、理解、支持，争取办学经费；②吸引更多的学生到学校就读，促进与学生的交流，提高教学质量；③协调与教师的关系，稳定师资队伍；④与政府部门、新闻媒体和所在社区建立良好关系。

对学校而言，要实现上述公关目标，就应该处理好与下列关键公众的关系：

微课10-2

学校公关中的十种关系

1）与教师的关系

教师是向学生传授知识、承担学校教学任务的人员。教师能够和家长、学生、学校领导及其他人员进行经常性的联系，在学校公关活动中处于重要的位置，同时，教师还是提高教学质量的关键因素，所以，学校应与教师保持和谐的关系。其主要方式包括：学校主动关心教师的工作、学习、生活、工资、职称、学术研究等问题，对教师的管理应以“软方式”为主，同时，学校应增加学校管理的透明度，及时听取教师对学校工作的建议和意见，搞好双向沟通，使教师真正成为学校管理的好帮手。

2）与学生的关系

学生是学校培养的对象，他们是学校中人数最多、最有生气且最有影响力的公众。他们毕业后成为校友就会由重要的内部公众演变为重要的外部公众。学生来自社会各个阶层，是校内外各种信息传递的中介人。除了教师外，学生是提高教学质量的又一重要因素，因为教学质量的提高需要学生的密切配合。学校公关实质上是从教学开始的，如果公关活动首先落实在教学过程中，那么学校公关就有了坚实的基础。处理好与学生的关系关键在于在课堂上让他们学到知识，并掌握分析问题和解决问题的能力，因而教师的讲课艺术及知识水平的高低是至关重要的。影响学生关系的因素还有班主任、辅导员和行政后勤人员等。良好的学生关系的建立关键在于管理者和学生之间保持信息沟通渠道的畅通。沟通方式有会议、面对面的交流、校领导安排的学生接待日、学生信箱、黑板报、校报、校园广播等。

3）与行政后勤人员的关系

行政后勤人员是学校的非教师编制的员工，他们从事教学的服务工作，他们的工作态度、效率、质量直接影响着教学工作能否顺利进行，有时甚至影响到与外部公众的关系。因此，要重视行政后勤工作，与他们进行双向信息沟通，调动他们的积极性。在沟通的方式和原则上与教师相同，只是应该结合他们的工作性质和任务特点，加强针对性。

4）与家长的关系

家长是关心学校教育、支持学校工作的重要力量，是学校形象的主要评价者和宣传者。他们对学校的了解主要来自于学生，但是这种了解经常使家长只能片面掌握学校的一些情况。学校要想树立起良好的形象，应该首先取得家长的认同和支持。因此，处理与家长的关系时，应注意使学生准确地将学校的信息传递给自己的父母。除此之外，还可以进行家访，请家长听课，举办教师与家长的联谊活动，给家长写信，请家长参加校庆或其他重要庆典活动。学校还可以设立家长接待日，设立家长热线电话等，通过各种公关活动，搞好学校与家长、教师与家长之间的关系。

5）与校友的关系

校友关系是由学生关系演变而来的，大多数校友都愿意关心、支持母校的发展，对母校有着深厚的感情。因此，学校应该经常与他们保持联系。处理与校友之间的关系包括：经常请他们参加学校的活动，请校友在报刊上发表文章，请校友回校给在校学生作报告，组织校友会，建立校友档案，印发校友通信录，利用校庆充分开展各种联谊活动等。通过一系列公关活动，使校友产生“好像还是在校时代”的感觉，诚心诚意支持母校，为母校办一些实事、好事。

6）与社区的关系

学校有全国性学校和地方性学校之分，不仅地方性学校要重视与社区的关系，全国性学校也要重视与社区的关系，因为任何一个社会组织的存在都离不开一定的社区。对学校的许多支持来自社区，许多学生来源于社区，许多学生就业于社区，全校师生的大量日常生活用品来自社区，所以，如何充分利用社区资源发展教育事业是学校公关的重要课题。学校要为社区的物质文明和精神文明建设作出自己的贡献，要充分利用学校知识、技术、人才密集的优势为社区办事，为社区培训各类人才。为使社区了解自己，学校要向社区开放，参加社区组织的各项活动，聘请社区中的关键人物担任校外辅导员、顾问，并通过各种联谊活动加深社区与学校的感情。此外，还要特别重视充分发挥处于社区内的本校学生、校友和家长的作用。

7）与政府的关系

比起企业，学校受政府的影响可能更大一些，特别是在中国，政府部门对教育部门的监管、对新学校的准入管制，都要比工商企业严格得多。政府是公立学校资金的主要来源，因此，学校公关部门应该主动地去适应政府、影响政府，争取政府更多的支持。

此外，学校公关比较重要的公众还有董事会成员、新闻媒体、工商企业界等。

10.3.3 医院公共关系

医院也属于服务性行业，医院公关的核心是提高医疗服务质量。在提高医疗、医术水平的同时，要特别注意改善对病人的态度和配套服务设施。高超的医术、热情周到的服务是医院形成良好的公关状态，树立自身形象的基础。应处理好以下几方面的关系：

1）医院与患者及家属的关系

医院公关首先要处理好医院与患者及其家属的关系，形成“想患者之所想，急患者之所急”的观念，为减少患者的痛苦、增加患者与疾病作斗争的勇气而竭尽全力。在保证医疗水平的前提下，对患者及其家属投入极大的热情，提供良好的配套服务，是处理好医院与患者及其家属关系的基础。为此，建立一些特殊患者的档案，走出医院，深入社区、边远山区甚至是患者家里是改善医院公关的又一方法。要妥善处理收费上的一些问题，制定合理的费用标准，对预缴费用后才给予治疗的规定要灵活掌握，坚持救死扶伤的原则。

2）医院与新闻界的关系

由于医院是服务性行业，医院的名声直接影响着经济效益，因而，医院的声誉和形象显得特别重要。所以，医院要特别注意与新闻界的关系，有利的报道能直接提高声誉并吸引患者，不利的报道会损坏医院名声。在处理与新闻界的关系时，应将医院的重大事件公开，而不应该含糊其词。向新闻界介绍的材料要准确，还要保护当事人的隐私，不能把患者当成嘲笑对象，要真诚地处理与各方面的关系。

3）医院与社区的关系

医院还必须处理好与社区的关系。医院的服务对象大多数在社区内，而且社区公众与患者及其家属经常处于变化之中，同时，医院的许多日常需要都是由社区所提供的。医院在处理与社区的关系时，应从以下几个方面着手：义务开展卫生保健与生活营养咨询；向社区公众宣传预防流行病和地方病的知识；与社区内各单位内部的医疗机构配合，帮助它们提高医疗水平，建立定期联系制度；为社区公众建立家庭病房，设立急救服务中心；建立社区热线电话，帮助社区公众解决实际生活中的卫生、健康、防病治病及营养问题；主动承担社区内发生的严重伤亡事故的医疗任务；向社区开放，举办义务讲座、培训班；与社区公众开展形式多样的联谊活动等。与社区建立良好的关系，有助于改善医院的生存及发展条件。

职场链接10-7　**医院和航企“开杠”?“美丽的误会”背后的公关逻辑**

关于医院质疑东航造血干细胞运输事件的新闻报道，可谓在网络上掀起了舆论的“口水大战”。

2018年11月30日，河北燕达陆道培医院工作人员发布微博指责东航拒载造血干细胞。原本该院工作人员欲搭乘下午4点由杭州萧山国际机场飞往首都国际机场的中国东方航空公司MU5148次航班运输造血干细胞，因双方未能在电话远程报备手续上达成一致，东航不予批准该项申请。

事件一经曝出，便引起了多家媒体的关注。12月2日，中国之声《新闻纵横》栏目对此次事件率先进行了相关的报道。事情真相究竟如何，双方各执一词。

12月2日下午，东航发布声明回应：医院相关申请报备不符合民航局规定，同时表态愿意加强沟通交流。

12月3日中午，医院方面也发布声明并要求公开客服通话录音。

随着整个事件的发酵，广大网友之间也发生了激烈的讨论。

其中一部分网友表示“规定是死的，人是活的”，东航应给予放行。

而更多网友则表示“不仅仅要为病人着想，更要为了整架飞机乘客的安全着想”，认为东航的行为是对的。

那么该事件的处理结果到底会按什么走向发展？是否有可能引起更大的舆论争端？正当网友进行各种猜测的时候，东航积极与医院方取得联系，并希望继续加强专业协助支持、强化快速指引机制、优化运行保障流程、共建“生命绿色通道”。

事件的转折点随即出现。经过多次有效友好的沟通后，东航与陆道培医院之间的“美丽误会”终于得到化解。12月4日，东方航空客服中心副总经理张晋等一行3人，赴河北燕达陆道培医院，与院方董事长助理谷业迪、社会服务部主任王丽丽及几位临床移植专家进行了友好交流，双方就建立跨行业交流长效机制、共同推动公益医疗事业发展达成了良好的共识。

至此，社会各界纷纷夸赞该事件得到完美解决，后续当面沟通及处理结果不仅体现了双方的责任担当，更为以后此类事件的发生提供了一个良好的解决模板，有利于形成一个和谐友爱、互相包容理解的社会氛围，更推动了公益事业的发展。

这是2018年经典的跨界公关案例，把一场“拌嘴”变成了一次有意义的沟通，不仅向全民普及了“生命绿色通道”的价值，而且形成了航空公司与医院之间更为完善的合作，提升了双方的服务品质，把绝对相反数变成了社会公益的最大公约数，让人们感受到满满的正能量。

资料来源 佚名．医院和航企“开杠”？美丽误会背后的公关逻辑［EB/OL］．［2018-12-06］．https：//news.163.com/air/18/1206/09/E2B7BU8100018106.html.

10.3.4 群众性团体公共关系

群众性团体是有广泛的群众基础，执行专门的职能，结构相对松散的非营利组织。一般由集体与具有一定资格的个人组成，如各种专业学术团体、社会各界的联合会等。

任何一个组织要想在公众中留有一个良好的形象，都要有意识地开展公共关系工作，以此实现团体内部、团体与社会公众之间的良性互动。对于群众性团体来说，其公共关系工作的内容主要包括：

1）扩大组织影响

在群众性团体成立之初或筹备过程中，运用各种可以运用的传播方式和传播媒介，及时地向公众传达有关本组织的宗旨、使命等方面的信息，让公众及早地、全面地认识自己，以扩大组织影响，争取新成员，如利用新闻媒介发布新闻、广告，参与社会公益事业，广泛散发本组织的宣传资料等。在组织发展新成员时，特别要注意吸收一些社会名流、政界要人、热点人物等，或者吸收他们为正式成员，或者请他们担任顾问或名誉成员。事实证明，这是一种提升组织知名度和美誉度的有效途径。

2）做好组织内部组织工作

很多人有一种误解，加入组织是一种自愿行为，只要人们愿意加入组织，就说明他们在利益、理想、目标、兴趣、观念等方面有一致的地方，因此，成员之间应该能团结一致，共同努力搞好组织工作，完成组织使命。这种想法固然不错，但人的兴趣会很快发生变化，有的人加入组织可能是一时冲动，这时组织就要通过内部公关维持他们对组织的情感。即便是那些对组织非常忠心的成员，也应该通过协调和沟通，使他们感受到组织的凝聚力和团队精神，感受到组织能给他们带来的愉悦和成就感、责任感。因为任何持久的、良好的内部关系都不是靠一时冲动维系的，而必须靠长期不懈的公关努力。在与内部成员进行沟通方面，群众团体可以采用多种方式，常见的有：定期召开的会议、内部刊物、联谊活动、专题交流、会员档案、提供会员生活和工作方面的帮助、为会员利益公开辩护等。

3）筹集活动经费

群众性团体的经费来源主要有四个：私人的慈善捐赠、政府的支持或资助、为消费者提供服务或产品所得到的收益以及团体成员缴纳的会费。尽管渠道很多，但经费短缺仍是困扰很多群众性团体的大问题，有的团体甚至连会费都难以收缴到位，更不要说争取赞助和捐赠了。

如何才能筹集到足够的活动经费，是群众性团体公关的一项非常有挑战性的工作。首先，群众性团体应该明确组织定位和服务宗旨、服务使命，维护自己的会员、成员的利益，赢得他们的支持、理解，搞好会费收缴工作；其次，群众性团体应处理好同政府部门的关系，争取成为政府部门的智囊团、顾问和朋友，主动地争取政府资助和拨款；再次，组织应努力塑造良好的外部形象，热心公益和公共活动，通过各种手段、方法来吸引、说服捐款人，为组织争取更多的捐款资助。组织还要积极开展各种正当的创收活动，为公众提供专门的、优质的服务，以弥补组织经费的不足。

总之，各种不同类型的非营利组织的公共关系的对象和方法由于其自身性质和特点有着一定的区别而有所不同，在公共关系实践中，可以根据实际情况有选择地加以灵活运用。

公关实训

学校公关活动策划

【实训目的】

通过实训，了解学校公众的类别与要求，有针对性地策划一系列公关活动，提升学校在公众心目当中的形象。

【实训内容】

调查学校公众、活动创意、活动策划书的撰写。

【实训主要仪器设备及材料】

电脑、网络、相关资料。

【实训方法及步骤】

1.实训方法：文献调查法、小组讨论法、情景模拟法。

2.实训步骤：

（1）教师布置实训任务，并提出实训要求。

（2）分组进行活动策划。

（3）先期调查，了解学校的首要公众及需求。

（4）确定公众对象，并以小组为单位进行活动创意。

（5）以小组为单位撰写学校公关活动策划书。

（6）分组展示策划书，老师进行点评。

【实训报告要求】

1.格式要规范，内容要全面。

2.要对实训过程及实训收获与体会进行详细描述。

3.语言表达准确、清晰。

4.可以以小组形式提交报告，也可以独立提交报告。

【实训注意事项】

1.公众对象选择是否合理。

2.公关活动的创意是否新、奇、特，是否能够满足公众的需求。

3.活动策划书是否规范、活动方案是否可行、预期效果是否明显。

本章小结

社会组织门类很多，公关在不同类型的社会组织中都有用武之地。

工商企业属于营利性经济组织，直到现在，工商企业还是现代社会公共关系的最主要力量。工商企业公共关系具有对公关成本的高度关注、对产品质量和服务质量的双重追求、致力于新型的竞合关系的建立和商业生态系统的培育等特点。工商企业公关工作的主要内容包括：通过CI策划，塑造组织形象；进行内部沟通，培育团队精神；加强对外传播，维系良好关系。

政府属于独占性的非营利组织，它是开展公共关系工作最早的组织类型。政府公共关系的主要目标是通过传播、沟通、协调来提高政府美誉度，塑造政府良好形象，争取公众对政府工作的认同、理解和支持。政府公关具有政府机构的特殊性、公众对象的广泛性、谋求利益的整体性等特点。政府公关的主要工作内容包括：建立新闻发布制度，对外发布政府信息；建立协商对话制度，促进公民参政议政；建立民意采集制度，为政府决策提供依据；建立高效、廉洁的政府，塑造政府良好形象；建立国际对话机制，塑造良好国际形象。

学校、医院以及群众性团体属于非营利性社会组织。学校公关主要包括处理好教师关系、学生关系、行政后勤人员关系、家长关系、校友关系、社区关系、政府关系等；医院公关主要包括处理好与患者及家属的关系、与新闻界的关系、与社区的关系。群众性团体主要公关工作有扩大组织影响、做好组织内部公关、筹集活动经费等内容。

同步测试

一、单项选择题

随堂测10

1.（　　）属于独占性的非营利组织，它是开展公共关系工作最早的组织类型。

A.政府　　B.学校

C.医院　　D.企业

2.（　　）关系属于学校内部公关的重要内容。

A.学生关系　　B.政府关系

C.家长关系　　　　　　　　D.社区关系

二、多项选择题

1.社会组织依据其目标和职能，大致可以分为（　　）。

A.营利性组织　　　　　　　B.非营利性组织

C.政府和其他特殊社会组织　D.新闻机构

2.工商企业公关工作的主要内容包括（　　）。

A.通过CI策划，塑造组织形象

B.进行内部沟通，培育团队精神

C.加强对外传播，维系良好关系

D.对公关成本的高度关注

三、简答题

1.工商企业的公共关系有哪些特征?

2.非营利组织的公共关系有什么特点?

3.结合我国实际谈谈政府公共关系的工作方式。

4.企业真的能够从与竞争对手所建立的竞合关系中获益吗？为什么?

四、情景题

1.某生产车间为提高生产效率，采取边听音乐边工作的劳逸结合措施，但嘈杂的音乐声影响到车间旁边的教师宿舍，教师因此无法正常备课。在这种情况下，你会如何解决这个问题?

2.某年12月底，位于深圳市龙岗区的一家民营医院一夜之间全国闻名。为了防止一起医患纠纷的家属闹事，医院的医生、护士头戴钢盔上班，保安手持棍棒守卫，甚至还有警犬参与守门。该事件引起了各方的强烈反响，许多人形容为“千古奇闻”。如果你是该医院的公关人员，会如何处理此事?

主要参考书目

[1] 丁军强. 公共关系原理与实务 [M]. 2版. 北京：北京交通大学出版社，2014.

[2] 中国就业培训指导中心. 公关师 [M]. 北京：中国劳动社会保障出版社，2013.

[3] 中国就业培训指导中心. 公关员（中级、高级）[M]. 北京：中国劳动社会保障出版社，2012.

[4] 张建新，房桂芝，雷焕贵，等. 公共关系原理与实务 [M]. 3版. 北京：中国农业大学出版社，2019.

[5] 陶应虎. 公共关系原理与实务 [M]. 3版. 北京：清华大学出版社，2015.

[6] 蒋楠. 公共关系原理与实务 [M]. 4版. 北京：中国人民大学出版社，2017.

[7] 吕维霞. 公共关系学 [M]. 北京：对外经济贸易大学出版社，2009.

[8] 居延安. 公共关系学 [M]. 4版. 上海：复旦大学出版社，2008.

[9] 周朝霞. 公共关系 [M]. 北京：机械工业出版社，2019.

[10] 周安华. 公共关系理论、实务与技巧 [M]. 北京：中国人民大学出版社，2019.

[11] 曹艳红. 冯惠棠. 公共关系理论、实务与技能训练 [M]. 北京：中国人民大学出版社，2019.

[12] 张岩松. 公关与礼仪 [M]. 3版. 大连：东北财经大学出版社，2018.

[13] 何伟祥. 公关礼仪 [M]. 4版. 大连：东北财经大学出版社，2019.

[14] 万国邦. 公共关系教程 [M]. 2版. 北京：机械工业出版社，2019.

[15] 成光琳. 公共关系原理与实务 [M]. 2版. 北京：中国人民大学出版社，2019.